改訂版

行動の基礎
豊かな人間理解のために

小野浩一 著

培風館

本書の無断複写は，著作権法上での例外を除き，禁じられています。
本書を複写される場合は，その都度当社の許諾を得てください。

まえがき

　本書は，行動とは何か，それはどのような仕組みで成り立っているのか，といった行動の基本的問題について，実証的データに基づいて解説したものである。おそらく，行動について日本語で本格的かつ体系的に書かれた数少ない本の1つではないかと思う。

　心理学において行動を研究対象とするのは，主として「学習心理学」や「行動分析学」とよばれる領域である。したがって，本書はこの両者と密接に関わりあっているが，しかし，学習心理学の本でもなく，また，行動分析学の本でもない。学習心理学や行動分析学の基盤をなしている行動そのものへの科学的アプローチの方法とその成果について述べたものである。読者の方々が，行動を学ぶことを通して，人間とは何かについてじっくりと思い巡らし，副題にある「豊かな人間理解」のための一助にしていただきたいとの願いから，この本を執筆した。

　本書が想定している読者は，まず一番に心理学あるいは，人間のこころや行動に興味を持っている一般の方々である。いま，心理学がブームである。多くの人々が「こころ」について高い関心を持ち，本を読み，考えている。ところが，「こころ」の問題を考えるときに，「行動」が省みられることはあまりないのではないだろうか。それはおそらく，「こころ」の問題と「行動」とは

別のものだと考えられているからであろう。しかしながら，本当にそうだろうか。本書では，「行動」は「こころ」の働きを含む人間の活動の土台であり，行動についての知識は，さまざまな人間の活動を包括的に理解するために必要欠くべからざるものだと考えている。人間に興味を持つならば「こころ」と同じように重要な「行動」に，ぜひ目を向けていただきたいと思う。

　もちろん，本書の内容は，学習心理学や行動分析学を学ぶ心理学系の学生，また，心理臨床，教育，福祉，産業などヒューマンサービスの領域での仕事を目指す人々，あるいは，すでにそれらの領域で活躍している方々にも最適のものである。

　本書の具体的内容は，目次でお分かりいただけると思うが，最初に，行動を統一的に理解するための基礎知識について説明し，その後に「レスポンデント行動」と「オペラント行動」という2種類の行動を詳述する形をとっている。以下に本書の特徴を列記しておこう。

　第1に，科学的な行動の説明を重視し，エヴィデンスベイストな（根拠に基づいた）記述方法をとっていることである。主要な現象は，原則としてオリジナルの実験データによって説明している。したがって，年代的に古い文献も含まれているが，読者は多数のオリジナル研究をその図と共にじかに学ぶことができる。

　第2に，行動の分野を学ぶ人が最初に当惑するのは専門用語の難解さであるが，本書では心理学の初心者でも理解できるように，専門用語をわかりやすく整理したうえで逐一詳細な説明を施した。したがってこの本は，結果的に各種試験に備えるための参考書としても便利に利用できるのではないかと思う。

　第3に，新しい試みとして，文献の全書誌情報を本文中に掲載した。これによって読者が，著者名の原綴りや論文のタイトル，学術雑誌名に自然に親しみ，研究というものを身近に感じてもらえるようにした。読み進んでいけば納得していただけると思うが，

まえがき

論文のタイトルは論文の一番短い要約，つまり，論文の顔であるということがよくわかるはずである。卒業論文や修士論文，さらに学術雑誌への投稿論文を準備している人，あるいは報告書や各種文書を書く機会が多い人はぜひ参考にしていただきたい。

　第4に，1人の著者が書いているので，全体にわたって首尾一貫した説明がなされている。一方では，行動分析学を専攻する著者の行動に対する考えが色濃く出ていると言えるかもしれない。それは長所であり，短所でもある。ただ，筆者としては出来るだけ客観的な記述になるように心がけたつもりである。

　このように本書は，行動について基礎的なことを学びながら，人間全体を見通す複眼的な視点が身につくように構成されている。読者は各自の心理学や行動についての知識に応じて，必要な個所から読むことも可能であるが，できれば始めから読んでいただきたいと思う。

　本書の執筆刊行にあたっては，培風館編集部の白間綾さん，小林弘昌さんをはじめとして，原稿を読んで貴重な意見や間違いを指摘してくださった方々など，多くの人のお世話になった。この場をかりて感謝の意を表したい。

2005年3月6日

小野　浩一

改訂にあたって

　2005年の初版発行から10年が経過した。その間，必要に応じて増刷を重ねてきたが，この時期を一区切りとして改訂版を刊行することにした。改訂といっても，本書はその趣旨として最新の研究を伝えるだけではなく，一つ一つの研究をできるだけその原点もしくは原典に遡って探求するという立場をとっているので，更新しなければならないものがそう多くあるわけではない。

　それでも見返してみると，明らかなミスや，説明が不十分あるいは不適切な箇所が少なからずあり，また，重要であるにもかかわらず取り上げなかったトピック，この10年間で大きく前進した研究など新たに追加すべき内容も出てきた。改訂版は，このような事柄を中心に修正，追加，削除を行ったものである。目次および全体の構成はできるだけ初版の形態を保つようにした。本書が読者の皆様のご期待に適うものであれば幸いである。

　また，改訂にあたっては培風館編集部の近藤妙子さんのお世話になった。記して謝意を表したい。

2016年1月15日

小野　浩一

目　次

第 I 部　行動についての基礎知識　　　1

1　序　　論 …………………………………………… 2
1-1　行動分析学のあらまし　2
1-2　行動についての考え方　5

2　人間は生体である ……………………………… 9
2-1　生体の行動　9
2-2　動物との連続性　10
2-3　社会的存在　13

3　行動は身体の変化である ……………………… 15
3-1　身体器官　15
3-2　身体で生じていること——3つの事象レベル　20
3-3　「こころ」のありか　21
3-4　心理学の対象としての私的出来事　22

4　身体変化の原因は環境にある ………………… 25
4-1　内的原因か環境か　25
4-2　なぜ原因を環境に求めるのか　28
4-3　身体変化は生体全体の連鎖的出来事である　34

5　3種類の環境変化がある ……………………… 36
5-1　生体の状態を変える環境変化　38

5-2 行動のきっかけとなる環境変化　42
5-3 行動の後に生じる環境変化　44

6　2種類の行動がある　47

6-1 レスポンデント行動とオペラント行動　47
6-2 2種類の行動の起源と生物学的制約　49
6-3 レスポンデント行動とオペラント行動の具体例　51

第Ⅱ部　レスポンデント行動　55

7　レスポンデント条件づけ　56

7-1 レスポンデント行動の学習はどのようにして起きるか　56
7-2 パブロフの条件反射　57
7-3 レスポンデント条件づけの決定因　60
7-4 情動反応の条件づけ　67

8　レスポンデント条件づけの諸現象　70

8-1 保持と消去　70
8-2 般化と弁別　77
8-3 複合刺激によるレスポンデント条件づけ　81

9　レスポンデント条件づけの新しい考え方　85

9-1 反応がなくてもレスポンデント条件づけは起きる　86
9-2 対提示がなくても条件づけは起きる　88
9-3 すべての刺激がCSになるわけではない　93
9-4 レスポンデント条件づけの適用範囲の拡大　97

第Ⅲ部　オペラント行動　103

10　オペラント条件づけ　104

10-1 オペラント行動の学習はどのようにして起きるか　104
10-2 オペラント条件づけの初期の研究　110
10-3 行動随伴性　114

11 行動の獲得と維持, 消去 …………………………… 122
11-1 新しい行動の獲得——シェイピング　122
11-2 行動の維持——基本的強化スケジュール　128
11-3 消　去　146

12 複雑な強化スケジュール …………………………… 156
12-1 オペラントクラスと行動次元　156
12-2 分化強化——結果による選択　158
12-3 複合強化スケジュール　163
12-4 強化の遅延　167
12-5 行動の連鎖化　169

13 負の強化——逃避行動と回避行動 ………………… 174
13-1 負の強化に関する古典的研究　175
13-2 逃避条件づけの諸現象　178
13-3 回避条件づけとその理論　185

14 弱　化 …………………………………………………… 200
14-1 正 の 弱 化　202
14-2 負 の 弱 化　212
14-3 罰的方法の使用に関する諸問題　217

15 先行刺激によるオペラント行動の制御 …………… 220
15-1 刺激性制御の基礎　222
15-2 刺激性制御の諸現象　229
15-3 高次の刺激性制御　238

16 言 語 行 動 ……………………………………………… 251
16-1 言語行動の基本的特徴　251
16-2 言語行動の獲得　257
16-3 ことばの「意味」と「理解」　264
16-4 日常言語行動の特徴　271
16-5 言語刺激による行動の制御　274

第IV部　オペラント行動研究の展開　　291

17　選択行動 …………………………………………………… 292
17-1　並立スケジュールによる選択行動の研究　293
17-2　並立連鎖スケジュールによる選択行動の研究　297

18　迷信行動 …………………………………………………… 306
18-1　行動に依存しない随伴性のもとでの迷信行動　306
18-2　行動に依存する随伴性のもとでの迷信行動　313
18-3　人間社会と迷信行動　316

19　社会的行動 ………………………………………………… 321
19-1　社会的随伴性　321
19-2　模　倣　行　動　323
19-3　協力行動と競争行動　331
19-4　行動における個体差　336

20　研究と実践の統合 ………………………………………… 342
20-1　応用行動分析学　342
20-2　単一被験体法による研究デザイン　343

図 表 出 典 …………………………………………………………355

引用文献一覧 ………………………………………………………361

「あとがき」にかえて ……………………………………………368

索　　引 ……………………………………………………………373

第 I 部
行動についての基礎知識

1

序　論

1-1　行動分析学のあらまし

　人間を理解するためには，その行動（behavior）をよく知ることが大切である——行動分析学はこのような考えの上にたって，動物や人間の行動の起き方や働きを科学的に研究し，またその知見を活かして人間社会のさまざまな問題の解決に取り組んでいる学問である。その歴史は，1930年代，アメリカの心理学者スキナー（Skinner, 1904-1990）の研究に端を発する。スキナーは，「問題箱」の実験で有名なソーンダイクの「効果の法則」（Thomdike, E. L. 1911 *Animal intelligence*. New York : Macmillan.）の考え方を発展させ，それまでの条件づけ研究がパブロフの条件反射学に基づくレスポンデント行動を中心としたものであったのに対し，オペラント行動を中心としたより包括的な行動の研究を目指した。1938年に出版されたスキナーの著作『生体の行動』（Skinner, B. F. 1938　*The behavior of organism*. New York : Appleton-Century-Crofts.）はその出発点である。

　1900年代前半，心理学においてはワトソンの提唱したいわゆる「行動主義」とその流れである「新行動主義」が全盛であった。そのためスキナーもハル，トールマン，ガスリー，スペンスなどと一緒に「新行動主義者」として扱われることが多い。しかしな

がら，スキナーの考え方は他の行動主義者とは大きく異なっている。最も重要な相違点を述べれば，他の行動主義者たちは「こころ」と行動を分けた上で，「こころ」を心理学の研究対象から除外したり，あるいは，行動を「こころ」を研究するための手段として考えたのであるが，スキナーは「こころ」を除外せず，「こころ」も行動も同じ体系，考え方でとらえようとした点である。

スキナーはその後ミネソタ大学からインディアナ大学を経てハーバード大学の教授となり，オペラント条件づけに関する膨大な実験的研究と併せて理論的研究を推進させ，その学問を行動分析学として体系化させていった。1950年代には，スキナー自身は『科学と人間行動』(Skinner, B. F. 1953 *Science and human behavior.* New York : Macmillan./河合伊六他訳 2003 二瓶社)，『言語行動』(Skinner, B. F. 1957 *Verbal behavior.* New York : Appleton-Century-Crofts.) といった理論的著作を出版すると同時に，行動分析学自体の研究の裾野も大きく広がり，1958年には行動分析学の専門学術誌「実験的行動分析誌」(*Journal of the Experimental Analysis of Behavior*) が発刊された。

また，その頃から，行動分析学の基礎研究によって明らかになってきた行動の法則が，教育，臨床，福祉，産業など人間社会におけるさまざまな問題の解決に有効に適用できることが確かめられ，その実践に取り組む人々も多数登場してきた。これらの研究実践分野は「応用行動分析学」とよばれ，1968年に専門学術誌「応用行動分析誌」(*Journal of Applied Behavior Analysis*) が発刊されている。「研究」と「応用」は，一般には異なる分野の活動として分けて考えられることが多いが，行動分析学では「こころ」と「行動」が区別されないのと同じように，「実験研究」と「応用実践」も区別されることはない。どちらも「単一被験体法 (20章)」などの研究デザインに基づく厳密な科学的アプローチを土台としているので，「実験研究」から「応用実践」へ，また

「応用実践」から「実験研究」へといった連続的な相互交流が可能なのである。この頃には日本からも何人かの研究者がアメリカ各地の研究拠点に行き，行動分析学を日本に導入し始めた。

1960年代以降になると，情報科学や脳神経科学の発達に伴い，心理学において改めて「こころ」を研究しようとする動きが出てきた。それはまた，それまでの心理学が行動に重点を置きすぎていたことへの反動でもあった。認知心理学という研究領域が確立され，知覚，記憶，思考，言語などの分野で次々と実験的事実を積み重ね，新しい理論を展開していった。その中で，行動分析学以外の行動主義は力を失い，あるいは新しい領域に吸収されていった。行動分析学は依然としてその独自性を維持しながら発展を続けたのであるが，その過程において「こころ」を中心に研究する研究者との間で激しい論争もあった。行動分析学への批判は，「人間に対する機械的な考え方」，「人間の子どもを動物のように扱う」，あるいは「こころのない心理学」などである。これらの批判は多くの場合，行動分析学とそれ以外の行動主義を混同した誤解に基づくものが多かったが，「精神」と「行動」とは別物であり，行動のみに注目することは人間の尊厳を損なわせるものであるといった批判は，人間観の違いに基づく感情的なものであり，生産的なものではなかった。行動分析学からの批判は，主に「こころ」を研究する研究者の「精神主義」やまた彼らが多用する「内的構成概念（4章）」に向けられたものであった。また，「こころ」を研究する研究者が「こころの構造」を重視して，「こころの働き」に注目しない点も批判の対象とされた。

これらの論争の核心的な点は依然そのままではあるが，1980年代，90年代と時を経て心理学もさらに発展し，研究領域の細分化や統合が進み，また，他領域との学際的な研究や実際に人間社会の役に立つ心理学が求められるようになるにつれて，論争自体はあまりみられなくなった。論争ではなく実績を示すことが必

要な時代になったということであろう。

現在，行動分析学はさらに進化と発展を続けている。アメリカに本拠地をおく国際行動分析学会（Association for Behavior Analysis International）を中心として世界の多数の国に行動分析学の学会（日本には，日本行動分析学会）が設立され，それを支える研究者や実践家の数も年々増加している。その主だった対象領域を国際行動分析学会の分類に準拠して述べると，自閉症，行動薬理学，臨床・家族・行動医学，コミュニティ・社会・倫理問題，環境問題，発達障害，人間発達・老年学，実験的行動分析，教育，組織行動マネージメント，行動分析学教育，理論的・哲学的・概念的問題，言語行動，と多岐にわたっている。行動分析学がスキナー1人の個人的な主張に終らずに，このように広がりを持った学問体系として発展してきたのは，スキナーの考えに共鳴する人，また，同じ考えを持つ人々が，科学的な態度で常に新しい領域にチャレンジし，その可能性を拡大してきたからだと思われる。

1-2 行動についての考え方

本書ではこのあと2章から6章まで少し多めのページを割いて行動の基礎知識について述べる。その理由は人間の行動を理解するためには，その前提として「人間とはどのようなものであるか」についての知識と洞察が必須であると考えるからである。行動研究の骨格部分は第Ⅱ部，第Ⅲ部で述べる「レスポンデント行動」と「オペラント行動」に関する研究であり，そこで述べられる行動についての実験事実や理論に関する知識はもちろん重要なものである。しかしながらそのような知識も，それらが生きている個々の人間においてどのような意味を持っているのか，またそれらが社会の中でどのように機能し，他の諸領域とどのような関係をもつのかといった全体の文脈の中で考えられなければ，単な

る断片的な知識に終わってしまい，時間空間の中で自在に変化するダイナミックな存在として人間をとらえることはできない。2章から6章までの5つの章は，人間行動を理解するための5つの基本的前提について述べたものである。

これら5つの基本的前提は，ことさらユニークで難解なものではない。私たちが人間の行動を科学的に，すなわち観察された事実に即して客観的に研究していこうと考えるならば，むしろ当たり前のことであり，なるほどと首肯できるものであると思う。ただし，読者の中には，本書を読み進むにつれてある種の違和感を覚える人がいるかもしれない。それはこれらの基本的前提を突き詰めていくとき，私たちが日常生活の中で考えている「行動」についての常識的な考え方と多少異なる思考法が求められるからである。

その違いをここで簡単に述べておくことにしよう。私たちの普段の生活では，一般に行動は「こころ」あるいは「意識」と対置させて考えられることが多い。つまり，人間の身体の内部で生じている事柄が「こころ」あるいは「意識」で，外部に現れている身体の活動が行動であるというものである。また，多くの心理学の教科書では，

$$S-O-R$$

の図式によって行動が説明されている。行動すなわち，反応R (Response) は刺激S (Stimulus) によって生じるが，それは生体O (Organism) を介してなされるというものである。

この図式は一見もっともで，環境と人間と行動の仕組みをうまく説明しているようにみえるが，私たちの行動の理解に大きな誤解をもたらす可能性をはらんでいる。まず，このように生体と行動とを分けた場合，生体とは別に行動が存在することになり，それでは行動は誰がしているのかということになる。そこでこの矛

1 序　論

盾を避けるために，Oを生体そのものというよりは，生体の内的事象（「こころ」あるいは「意識」，媒介変数とよぶこともある）と考える。Oを内的事象と考えると一応この図式の説明は可能になるが，次には，行動と内的事象の関係が問題となる。そこで「行動は，刺激をきっかけとして，生体内部の諸々の媒介変数の影響を受け，加工されて生じる」という説明がなされる。具体的に述べるならば，刺激によって人間内部にもろもろの感覚や感情が起こり，それはまた，記憶や意志や期待あるいは人格的要因といった媒介変数の影響を受けたのちに行動として発現する，というものである。そして最終的には，感情や意志，人格などの媒介変数は単なる「媒介的」な役割に留まらず，行動の原因とみなされるようになる。

　媒介変数が行動の原因となるというこの二元論的な考え方は，内的事象と行動の関係についての日常社会における次のような常識的理解と軌を一にする。

> 好きだから会う
> やる気があるからよく働く
> 好奇心旺盛なのでよく勉強する
> 神経質なので何度も点検する
> 悲しいから泣く

　これらの例は，特定の個人における「会う」や「働く」などの行動は「好き」や「やる気」などの内的事象を原因として生じると推測する論理である。しかし一方，私たちはしばしば逆方向の推測も同時に行っている。たとえば，

> よく会っているので好きなのだろう
> よく働き，やる気がある
> よく勉強し，好奇心旺盛だ

> 点検ばかりして神経質らしい
> 泣いているので悲しいのだろう

　このように生体の「内的事象」と「行動」の関係は双方向的なものなのであるが，日常社会生活においても，また，心理学の研究においても「内的事象」から「行動」への一方向的な因果性が強調されることが多い。しかしながら，後の章で述べるように行動の科学的研究においては，「内的事象」という仮説的構成概念を前提とした常識的な行動理解が適切であるかどうかについての検討が求められる。さらに，「行動」と「内的事象」が二元論的に対置されること自体の妥当性も改めて考慮される必要がある。「行動」と「内的事象」の関係は説明の前提ではなく，それぞれがどのように生起し，どのような関係にあるかが科学的に探求されなければならない心理学の重要課題なのである。

2

人間は生体である

2-1 生体の行動

　本書における行動の考え方は，人間を生体と考えるところから始まる。**生体**（an organism）ということばは，生命を持つ独立した個体をさすことばで，心理学ではまた「有機体」あるいは「生活体」ともよんでいる。人間に対する考え方には大きく分けると，人間を生物として考えるかコンピュータのような機械と考えるかの2通りがあるが，人間を生体と考える立場は生物学ないしはより広い意味での生物科学的な考え方の上に立脚することを示している。行動分析学で行動を定義するときに「死人テスト」といって，行動は生きている「生体」が示す変化であり，「死体」でも起こりうることは行動ではないというものがあるが，これは1つのわかりやすい判別方法であろう。スキナーは『生体の行動』の中で，行動は「環境の中で生体がすること」と述べている。ここで「生体がすること」とは具体的には身体の諸器官の働きである。

　人間を生体とみる考え方は，また，生物進化の考えの上にたって行動を理解するということに通じる。行動分析学では行動の起源について言及するとき**系統発生**（phylogeny）と**個体発生**（ontogeny）という2つの側面から説明する。系統発生は生物種の

進化に関するプロセスで、生物種が長い年月をかけて進化してきたなかで、その種の生体にはその種に特有の行動が備わっているというものである。生体が学習を必要とすることなく備えている生得的行動は系統発生に基づくものである。一方、人間が受精卵の減数分裂から発生し、出生後さまざまな行動を学習していくプロセスが個体発生的なものである。

　生物学では普通、生物種としての人間をさすときに「ヒト」ということばを用いる。正式には、霊長目真猿亜目ヒト上科ヒト科で学名はホモ・サピエンスである。「人間」ということばは、生体の幅広い活動を含み、また、社会的存在であることを示していることばである。本書ではヒト全体を一般的にさすときは、諸々の機能をもった社会的存在であることを強調するために原則として「人間」という語を用いるが、実験の被験体（ヒトの場合被験者という）をさす場合は原則として「ヒト」という語を用いる。

　なお近年は、特にヒトに対する「被験者」という用語は、その英語である subject が「服従する」の意味があることから、「実験参加者（participant）」と書くようになってきている。本書もそれを考慮して変更すべきところであるが、本書では動物実験の引用が多数あり、「被験体」との統一性を保つため初版の表記のまま「被験者」としている点に留意されたい。

2-2　動物との連続性

　生物学的な立場は、人間と動物は進化の過程で分離してきたものであり、したがって、両者の活動には多くの共通点があると考える。心理学においても行動分析学をはじめ科学的な学習行動研究において、その初期から動物を被験体とした多くの研究がなされてきた。いな、むしろ科学的な行動研究は動物実験からスタートしたといっても過言ではない。しかしながら、動物と人間との

2 人間は生体である

間のいくつかの共通点を認め，動物実験の意義は認めながらも，「本質的」に人間と動物は違うと考える人は多い。言語，文化，家族，2足歩行，道具の使用など人間に特徴的な現象といわれていたものが類人猿にもかなり認められることが研究でわかってきた。それでも「本質的」に違うと考えるのはなぜだろうか。

それは人間には，動物が行うこと以上のもの，端的には「こころ」ということばに代表される何ものか，があると考えるからである。例で考えてみよう。ここに人間とチンパンジーがいてそれぞれ空を見ている，あるいはキーボードを介して画面に向かい，画面に現れたドットの数を数字キーで押している。2個体とも姿かたちは多少異なるが，やっていることは同じである。もしここで違いがあるとしたら行動面のことではなく，それぞれの個体の内部で生じていると思われる出来事であろう。人間は空を見て，空想し，大気汚染について憂え，また，数字の問題では複雑な論理操作をしているが，一方，チンパンジーは空を見てふるさとの空を思い出したりしないし，数字問題も教えられたとおりやっているだけだ，と考える。ましてラットやハトなどの小動物の行動と人間の行動とは比べものにならない，と考えるのは自然な心情であろう。

しかし，このような考えをもちながら実生活で私たちは，とくに身体面における動物と人間の連続性について強い信頼をおいていることがある。その典型例は新薬の開発における動物実験である。新薬の開発においてその効果や副作用を調べるために一般に用いられる動物はラット，マウス，ウサギ，イヌなどである。薬の開発の場合，候補になっている化学化合物について薬理作用や薬理（治療）効果の試験に加え，毒性試験や発癌性の試験など多くの試験が，一定環境で飼育された疾病のない純系の実験動物によってなされる。そして動物実験により作用性と毒性において一定の基準をパスすると，次にヒトによる臨床試験が行われる。臨

床試験は健康人と患者について行われ，とくに第1相試験とよばれる試験は少数の健康人の志願者に対して行われる。この臨床試験は，動物とヒトの身体面の連続性を前提として，動物で得られたデータがヒトにも適用できるかどうかを確かめるものである。このとき臨床試験の志願者は，金銭的な見返りはあるとしても，動物実験によって得られたデータが基本的にヒトにもあてはまるという信頼感なしに臨床試験に応じることができるだろうか。

また，このような特別なケースに関与しなくても，たとえば日々のニュースで「脳への発がん作用なし＝携帯電磁波，ネズミで実験――総務省」のような記事を目にすると，多くの人はそれがヒトにも即座に適用されていることに疑いを持つことはないのではないだろうか。

> 「総務省は10日，携帯電話が発する電磁波が人体に与える影響を調べるため，ネズミを使った2年間の実験を行い，現行の法定電磁波強度では脳腫瘍発生比率への悪影響は認められなかったと発表した。実験した同省『生体電磁環境研究推進委員会』は『長期間の携帯電話の使用がヒトの発がん促進作用に及ぼす影響はない』と結論付けた。同省はこれを受け，現在の法定強度は維持する方針」(2003年10月10日19時21分，時事通信。一部個人名削除，下線は筆者)

このように，もし「身体」における動物と人間の連続性を認めることができるならば，同じ身体器官の出来事である「行動」においても多くの共通点があると考えることは可能なのではないだろうか。

ただ，このように述べたからといって，動物実験によって得られた知見がすべての人間行動にあてはまるわけではないことは当然である。また，動物研究によって人間行動のすべてがわかるわけでもない。避けるべきことはむしろ，上の例に示したような動物実験から人間行動への短絡的な一般化である。実際，動物と人

間とは多くの点で異なり，人間に特有の現象もたくさんある。そもそも多様な動物種を「動物」とひとくくりにすること自体も適切ではないであろう。大切なことは，人間と動物の間に違いがあるかどうかを議論することではなく，人間と特定の動物種との違いを多面的に調べ，それに基づき何が人間に特有の現象かといった問題そのものを科学的に研究することである。

2-3 社会的存在

　人間を生体としてとらえることは，人間が生物学的な存在であり，また，動物との連続性を前提としていることを述べた。それに加えて，人間が生体であることは，人間が社会的存在であることを意味している。動物にも，人間社会とは形態的，機能的にかなり異なるが，社会があることが知られている。

　社会は集団，組織，コミュニケーション，文化的慣行などもろもろの要素から成り立っているが，その基本となるのは他者の存在である。人間が人間らしい人間になるためには他者との交流が不可欠である。人間はもともと生理的早産といわれる状態で生まれてくるので，出生時から他者との頻繁な接触が必要であり，他者による養育がなければ成長が困難となる。また，直接生命維持に関わるものではないが，2足歩行，道具を使用しての食物摂取，トイレットトレーニング，衣服の着脱，言語使用など多くの基本的生活様式とよばれる行動群が他者との交渉を通して形成される。このようにして他者を介して発達する人間の行動は，社会の中でその特有の意味や働きをもってくる。たとえば同じ手を上に上げる行動でも，教室での挙手，横断歩道での合図，人に会ったときの挨拶，他者に対する威嚇など，社会的文脈の中でその働きが異なっている。

　人間にとって，物から構成される自然的（物理・化学的）環境

はむろん重要であるが，それにもまして社会的環境としての他者の重要性は高い（19章）。とりわけ後でみるように社会的環境における言語の役割はきわめて大きい（16章）。人間はこれまで長い間，直接身体と身体が接する形で他者とコミュニケーションをとることが多かった。しかしながら，現代のような高度情報化社会で，見えない他者というものが登場し，見えない他者との間で言語的接触が行われる時代になると，社会的環境の考え方や，そのような環境のもとでの人間の行動やコミュニケーションの理解にも新たな枠組みが必要になるだろう。

3

行動は身体の変化である

　行動は**身体**（body）の変化である。変化とは生体の身体上に生じるなんらかの出来事である。身体で生じている出来事には外部から観察できる身体の変化だけでなく，「こころ」や「意識」といった外部からは観察できない生体の内的事象も含まれる。「こころ」や「行動」についてさまざまな考えが可能だとしても，少なくとも科学的なアプローチをとる限り，それらが身体の上で生じている事がらであり，また，身体なくしてはありえないという点については異論はないであろう。ここでは行動や内的事象が生じる人間の身体および身体諸器官について概観し，さらに身体上に生じるさまざまな出来事について述べる。

3-1　身体器官

　身体は細胞，組織，器官，器官系の4つのレベルでとらえられる。このうち，細胞と組織は器官を構成し器官の働きをバックアップするもので，行動と直接関連しているのは器官と器官系である（図3-1参照）。器官はたとえば食道や胃，小腸，あるいは目，耳，脳など個別の機能単位であるが，さらにいくつかの関連する器官が協働して消化器系，神経系などの器官系を構成している。

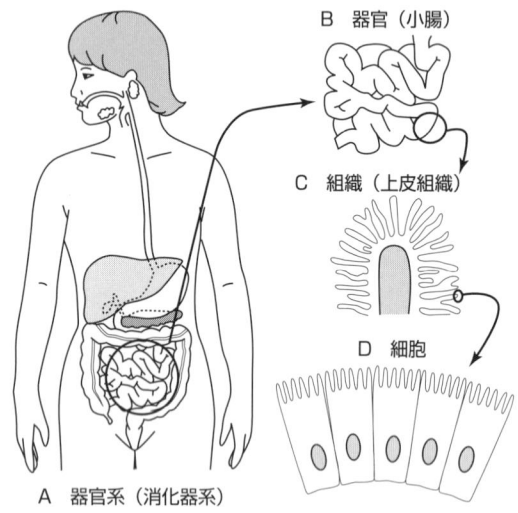

図3-1 細胞, 組織, 器官, 器官系（佐藤昭夫・佐伯由香ら, 2003年を改変）

　これらの諸器官は大きく**植物性器官**と**動物性器官**に分けられる。表3-1はこれらの器官とその働き，そして行動との関連を示したものである。

　人間を含めた生物体の身体は，これらの器官や器官系を通して外部環境と接している。たとえば，呼吸器は外界から酸素を吸収し体内で炭酸ガスと交換し熱を発生させる，消化器系は外界から食物を摂取し排出器により外界に排出する，感覚器は外界の刺激を受容し，感覚を生じさせる。また，独立した器官としては目立たないが生体防御器官は外界から侵入する異物に対して防衛反応を起こす免疫機構として重要な器官である。以下に，植物性器官と，動物性器官の骨格筋系，感覚器系，神経系について略述する。

3 行動は身体の変化である

表3-1 身体諸器官とその働き

	植物性器官	動物性器官
主な器官系	呼吸器系，循環器系，消化器系，排出器系，生殖器系，内分泌器系，生体防御器官	骨格系・筋系（運動器），感覚器系，神経系
身体における働き	代謝，免疫，再生	感覚，運動
関連神経系	自律神経系	脳脊髄神経系
反応形態	不随意反応	随意反応，不随意反応
関連する行動	主にレスポンデント行動	主にオペラント行動

(1) 植物性器官

　植物性器官は呼吸器，循環器，消化器，排出器，生殖器，内分泌器，生体防御器官などの一般に**内臓器官**とよばれている器官である。これらの内臓器官は通常は自律神経系の支配のもとで「不随意」な反応として働いている。これらの自動的な働きが，体温や血液の濃度などを恒常に保つ**ホメオスターシス**をもたらし，身体内の環境を生命維持に最適な状態に保つのを可能にしている。ただ，呼吸だけは例外で，睡眠時や日常における不随意な反応のほかに，さまざまな「呼吸法」にみられるように随意反応としてなされることもある。このように通常は意識されることなく自動的に働いているこれらの内臓諸器官が時に意識されることがある。たとえば，内臓の働きになんらかの変化が生じ，その結果として胃の空腹感，増大した心臓の鼓動，胸の息苦しさ，異物感，痛み，嘔吐感などが感じられたときである。この植物性器官の反応の変化は主に後に述べる**レスポンデント行動**に対応している。

(2) 動物性器官

a. 骨格筋系

　次に動物性器官としてまず骨格系，筋系を含めた**骨格筋系**をみてみよう。これは脳脊髄神経系によって支配されている運動器の活動である。骨格筋の活動に基づく身体変化に関しては 2 種類の変化を区別する必要がある。1 つは，**不随意反応**といわれるもので，外界からの刺激に対して自動的になされる骨格筋の変化である。強い空気の吹きつけに対してまぶたを閉じる**眼瞼（瞬目）反射**や，熱い物に触れた手を引っ込める**屈曲反射**など人間は多数の骨格筋の反射を備えている。

　もう 1 つは，**随意反応**とよばれるもので，首を回転させたり，手を上に上げたり，脚を動かしたり，声を出したりという私たちが普通に「身体の動き」というときの身体変化である。これらの身体変化を作り出す筋肉の収縮や腱や関節の動き自体は通常意識されることはない。しかし，これも内臓器官の働きと同じように，骨格筋になんらかの変化が生じたときに関節や筋肉の緊張感や痛みとしての感覚が生じることがある。この骨格筋系運動器官の働きの大部分は，後に述べる**オペラント行動**に対応している。

b. 感覚器系

　感覚器系の各器官は，人間が環境の変化や身体自体の変化を感受する重要な器官である。感覚器官の働きは主として外部環境の変化を感受することであるが，自らの身体の変化を感受する**自己受容感覚**も存在する（表 3-2 参照）。

　人間の身体変化は，これら身体外部および内部の環境刺激を感受することによって生じるが，さらに後のオペラント行動の項で述べるように，自らの行動によって環境がどのように変化したかを感受することによってもまた生じる。したがって，知覚や認知分野だけでなく行動研究においても，環境の変化を感受する感覚

表3-2 感覚の種類と感覚器官

感覚の種類	感覚の質	刺激	身体器官
【外部環境の感覚】			
視覚	明・暗・色	電磁波	目
聴覚	音	空気圧の変化	耳
味覚	酸・塩・甘・苦	化学物質・イオン	舌
嗅覚	におい	化学物質・イオン	鼻
皮膚触圧覚	圧・触	受容器の変形	皮膚
痛覚	痛み	組織の侵害	諸器官
温度感覚	冷・温	熱	諸器官
【自己受容感覚】			
平衡感覚	身体位置変化	受容器の変形	三半規管
内臓感覚	複合感覚・痛み	内臓への諸刺激	内臓諸器官
運動感覚	身体各部の運動	筋,腱,関節の変化	骨格筋

器官の役割は大きいのである。また,たとえば麻酔をかけて痛覚の機能を停止させると歯の痛みが消失するように,感覚器官はいわゆる意識レベルの出来事にも大きく関与している。

c. 神 経 系

脳および神経系はとりわけ他の身体諸器官と密接な関係をもっている。大脳を中心とする**中枢神経系**は,**末梢神経系**を通じて各感覚器からの外部環境や自分自身の身体に関する情報を入手し,同時に末梢神経系を通して筋肉や内分泌腺といった効果器の働きを制御している。また,大脳皮質における神経活動は記憶,学習,思考など高次の知的活動とよばれるものと深い関連がある。間脳の**視床下部**に中枢をもつ**自律神経系**はすでに述べたように内臓諸器官の働きを調整している。ただし,これらの神経系の活動そのものも意識されることはない。

3-2 身体で生じていること——3つの事象レベル

　身体変化が生じる2つの主要な器官である植物性器官と動物性器官の働きには，**生理レベル**，**行動レベル**，**意識レベル**の3つの事象レベルがある。生理レベルは身体諸器官の働きを支えている細胞や組織の生理学的な変化，行動レベルは身体諸器官の変化そのもの，意識レベルは身体諸器官の活動についての生体の意識的変化である（図3-2参照）。

　身体器官の活動で，まず私たちが注目するのは行動レベルでの器官そのものの変化である。植物性器官を例にとると，口に食物が入ると唾液が分泌され，胃に食物が入ると胃酸が分泌されるのが行動レベルの変化である。寒さや恐怖で鳥肌が立つのは立毛筋の収縮による反射でこれも行動レベルの変化である。骨格筋系器官では，手を上げたり，首を振ったり，声を発したりという骨格筋の変化そのものである。感覚器系ではたとえば，眼球が動いたり，瞳孔が収縮するのは行動レベルであるが，全体として行動レベルの変化とみなせるものは少ない。

　生理レベルは器官の働きそのものではなく，その働きを支えて

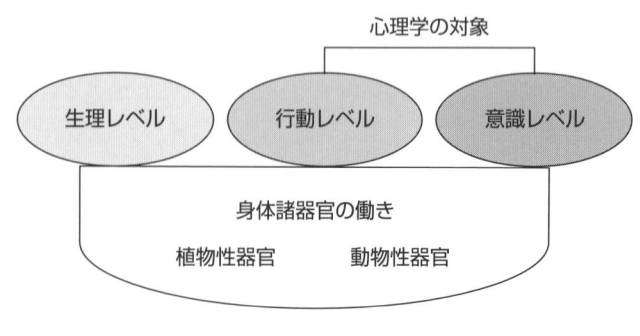

図3-2　3つの事象レベル

いる生理学的プロセスである。器官が活動するときにはその器官を構成している細胞や組織の生化学的な変化や電気的な変化が必ず伴っている。このような細胞や組織の「生理学的」な変化が意識されることはない。また，骨格筋系の筋の収縮や関節の変化に連動している神経系の働きも意識されない生理レベルのものである。

　意識レベルは，たとえば胃の痛みや空腹感，嘔吐感などの内臓感覚，筋肉が動いているなどの運動感覚，暑さや寒さの皮膚の感覚，「見ている」「聞いている」「臭う」などの感覚の意識，イメージの意識，「考えている」の意識など，私たちが経験しているすべての意識的事象である。

3-3 「こころ」のありか

　しかし，意識レベルの事象にはなお多くの問題が残されている。感覚や意識，たとえば痛み，はどこでどのように感じられるのだろうか。「木」はどうして「木」のように，「鳥」はどうして「鳥」のように見えるのだろうか。「虹」はなぜ美しいと感じられるのだろうか。身体のどこでものを考えているのだろうか。また，骨格筋系の運動は「随意反応」とよばれているが，「随意」とは「意識的」あるいはなんらかの「意図」のもとに行う運動である。それでは何が，あるいは身体器官のどこがその意図や命令をつかさどっているだろうか。

　これらの問題は，実は心理学の問題であるとともに，「こころ」をめぐる古くからの哲学的，宗教的な問題であった。たとえばプラトンは「こころ」の主体としてイデアを考え，古代インド哲学ではアートマンやブラフマンの存在が仮定された。また，身体器官としては，古代エジプトから近世まで世界各地で心臓が「こころ」の座であると考えられていた。また，フランスの哲学者デカ

ルトは，脳に付属した内分泌器官である松果体がその働きをもっていると考えた。

現代の科学的知識において最も関連があるとみなされているのは脳であろう。近年の脳科学の発展はめざましく，ニューロンの活動，シナプスの化学物質による興奮伝達，脳における機能分化など脳のさまざまな現象について日々新たな知見が得られている。脳の働きが「こころ」とよばれる身体の働き，また，感覚や意図などの意識レベルの出来事と密接な関わりをもっていることは確かである。しかし，このことからそれをさらに一歩進め，たとえば「意思決定は脳が行っている」，「ストレスによる不安は脳で感じる」のように述べることは適当であろうか。本当に脳はものを見たり，痛みを感じたり，善悪を判断したり，問題を解決したりすることができるのだろうか。

「なぜ意識は生じるのか？」，「こころはどこにあるのか？」といった問題を解決するための知識はいまだ十分とはいえない。したがって，科学的に人間を理解しようとするものがもつべき態度は，仮定や論理的飛躍によってわかり急ぎをするのではなく，わかっていること，より確からしいことを土台として，さらにその上に実証的な知識を積み重ねていくことであろう。

3-4 心理学の対象としての私的出来事

身体諸器官の働きには生理レベル，行動レベル，意識レベルの3つのレベルがあることをみてきた。このうち，生理レベルで生じていることは「生理学」の領域であり，心理学が直接その対象とするものではない。心理学の対象はこのうち，行動レベルと意識レベルの出来事である。

実証科学としての心理学の対象として扱うということは，直接観察や間接観察，あるいはなんらかの形で研究者がその出来事を

3 行動は身体の変化である

把握できなければならない。全体として観察が容易なのは行動レベルの出来事で，とりわけ骨格筋の変化は明瞭である。この骨格筋の変化には身体各部位の運動のほか，表情やまばたき，ことばの発声などが含まれる。同じ行動レベルでも内臓諸器官の出来事は，震えやよだれ，また皮膚の変化など限られた事例を除いて外部からの観察が困難な場合が多い。

感覚や意識，イメージといった意識レベルの身体変化は本質的に外部からの観察は不可能である。歯の痛みは，どんなに本人が強い痛みを感じていても外部からそれを知ることはできない。外部からできることは，顔をゆがめるとか歯を指差すとか，あるいは「歯が痛い」ということばなど，それと平行して生じる外的な身体変化から，ある生体に意識レベルの出来事が生じていることを推測することだけである。

スキナーは，皮膚の内側で生じ，その本人しか知りえないような意識レベルの身体変化を**私的出来事**（private events）とよび，私的出来事も外的な行動と同じように心理学の対象でなければならないと主張した。

それでは心理学の対象である私的出来事はどのようにして研究の対象になることができるのだろうか。主に3つの方法が可能である。

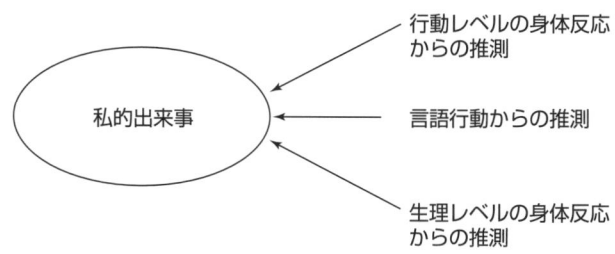

図3-3　私的出来事へのアプローチ

第1は，行動レベルの身体反応からの推測である。すでに述べたように顔のゆがみから歯が痛いことを推測し，眼球の細かな動きから不安の感情を推測する。その他，顔色，表情，息づかいなど多くの手がかりが利用される。

　第2は，同じ行動レベルであるが，言語行動からの推測である。「歯が痛い」，「海が見える」，「大きい音が聞こえる」，「寂しい」などの発声を観察することにより本人に生じている私的出来事を推測する。もちろん，この方法は，話し手と聞き手が同じ言語を使っているということが前提条件である。

　第3は，生理レベルの身体反応からの推測である。「痛み」や「恐怖」が公的にはまったくわからなかったとしても，「脳波」や「皮膚電位反応」あるいは「心電図」といった機械によって測定される生理的な変化によってそれを推測することができる。ポリグラフによって本人しか知り得ない「うそ」を明らかにしようとする「虚偽検出」はこの方法によるものである。

　以上からわかるように，本書でいう行動は，意識レベルを含む生体の広範な身体変化をさしている。このような用法は日常語としての行動の概念とは多少異なるので，違和感を覚える読者もいるかもしれない。ただ，注意してほしいのは，ここで述べていることは，意識レベルの身体変化あるいは私的出来事が行動かどうかの概念規定をしようとしているのではなく，身体上になんらかの変化が生じたときそれを行動とよぶ，という操作的な定義にしたがうとこうなるということなのである。

4

身体変化の原因は環境にある

4-1 内的原因か環境か

 「原因」はなぜかという問いに対する説明である。本章では,なぜある身体変化が起きたかということを説明するときに,その原因を身体の内部に求めないで,環境に求めることが重要であることを述べる。それでは原因を環境に求めるとはどういうことだろうか。1つの例で考えてみよう。

　　　行　　動：〈ある人が水を飲んだ〉
　　　原　　因：喉が乾いていたから

 ある人が「水を飲んだ」という行動を示したときに,その原因はいろいろ考えられるが,最も一般的に表現されるのは,「喉が渇いていたから」というものであろう。「空腹だったからパンを食べた」と同じである。ここで,「喉の渇き」や「空腹」は水を飲み,パンを食べた人がその直前に経験していた私的出来事の総称,あるいはその行動から他者が推測した内的状態の記述であって,環境による説明ではない。そこで次に,それではなぜ喉が渇いていたのか,という問いを発してみよう。

　　　行　　動：〈ある人が水を飲んだ〉

　　　　　内的状態：（喉が渇いていた）
　　　　　原　　因：長い間水を飲んでいない
　　　　　　　　　　塩辛いものを食べた
　　　　　　　　　　運動した

ここで「水を飲んでいない」「塩辛いものを食べた」「運動した」は推測された内的状態ではなく，実際に生体に加えられた具体的環境操作である。さらにこの操作は，実際に環境内で生じた出来事として時間や量，強さといった尺度で客観的に表現できる。環境変化とは，このように客観的に記述できる具体的操作が生体に加えられることをいう。そして，行動変化の原因を環境に求めるということは，〈ある人が水を飲んだ〉ときに，その個人の内的状態に言及する——つまり**内的原因**を求める——のではなく，長い間水を飲まなかった，塩辛いものを食べた，運動した，あるいは，水を飲まないで運動した，といった環境要因を具体的に明らかにすることである。

　行動の原因の究明はさらに，「長い間水を飲んでいない」ことに対して，「なぜ飲まなかったのか」という次なる問いを発することができる。これに対しても，「水がなかった」「飲むのを禁止されていた」というのが環境による説明であり，「喉が渇いていなかった」というと内的原因による説明のくり返しになる。

　もう1つ例を挙げよう。

　　　　　行　　動：〈課題をやらない〉
　　　　　原　　因：興味がないから
　　　　　　　　　　やる気がないから

　1人の生徒が「課題をやらない」という行動（正確には，課題からの逃避行動）を示したとき，これも原因はいろいろ考えられるが，多くの場合私たちはその理由を「興味がないから」「やる

気がないから」という内的原因に求める。しかしこれらの原因は，「喉が渇いていた」と同じように推測された内的状態である。ここでも，なぜ，「興味がない」のか，なぜ「やる気がない」のかという次のステップが必要となる。

　　　　　行　　動：〈課題をやらない〉
　　　　　内的状態：（興味がない）
　　　　　　　　　　（やる気がない）
　　　　　原　　因：課題が難しい
　　　　　　　　　　上達しない
　　　　　　　　　　やっても誰も見てくれない

　この最後の3つの原因は推測された内的状態ではなく，実際に生徒と環境との間に起きている具体的な出来事である。たとえば，課題が難しすぎることの結果として，「興味がない」という状態や「課題をやらない」という行動が生じたのかもしれない。このように身体変化は，推測された内的状態に言及しなくても，環境の状態から具体的かつ直接的に記述できるのである。

　ここで「喉の渇き」「興味」「やる気」のようなことばを，**内的構成概念**（または仮説的構成概念）という。つまり，人間の内部にあると推定されるものであるが，その実体はなく，あくまでも仮定として構成された概念であるということである。たとえば，「喉の渇き」ということばは，「喉の渇き」という身体変化そのものを指したものではなく，唾液分泌の減少，唾液の嚥下の困難さなど体内の水分が不足したときに生じる身体変化の感覚を表現したものである。また，「興味」や「やる気」は，課題をやらないなど一連の行動から推測された内的構成概念である。内的構成概念は，それ自体が出来事ではないので私的出来事ではないが，もし人が「喉が渇いた」「興味がない」と発話したときには，それは言語行動として実際にその人に起こった出来事として扱うこと

ができる。

　私たちは日常生活の中で「期待」「努力」「希望」「失望」「愛」「憎しみ」など数多くの内的構成概念を用いている。1章で内的構成概念が行動の原因として用いられる例をあげた。

> 好きだから会う
> やる気があるからよく働く
> 好奇心旺盛なのでよく勉強する
> 神経質なので何度も点検する
> 悲しいから泣く

　内的構成概念やそれを用いた因果づけが広範かつ頻繁に用いられるのは、それを用いるさまざまな利便性があるからである。日常生活における内的構成概念の多用は人間の言語行動の1つの特徴としてとらえればいいのであるが、しかし、人間行動の法則を科学的に探求しようとするとき、そして、その法則を適用して人間社会の問題について実効性のある問題解決を企てようとするとき、内的構成概念の使用は、しばしば大きな障害となる。

4-2　なぜ原因を環境に求めるのか

(1)　実証的根拠がある

　行動分析学をはじめ心理学の基礎研究によって、環境変化が実質的に行動変化をもたらすことが実証的に明らかになっている。たとえば、水を飲む機会が与えられたときに、生体が飲む水の量はそれ以前に飲まなかった時間の関数である。つまり、図4-1の実験結果に示されているように、他の条件が同じならば長い間水を飲んでいない場合はたくさん飲み、直前に飲んでいる場合はあまり飲まない（Steller, E., & Hill, J. H. 1952 The rat's rate of drinking as a function of water deprivation. *Journal of Comparative and Physio-*

4 身体変化の原因は環境にある

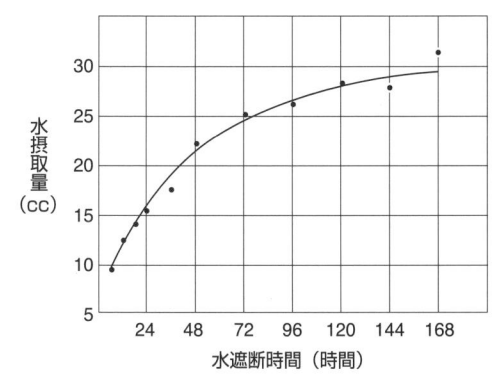

図4-1 異なる水遮断後の2時間内の水摂取量（4匹のラットの平均）
(Steller & Hill, 1952)

logical Psychology, 45, 96-102.)。

　また，たくさん水を飲み「喉が渇いている」とは思われないような状況でも，水を飲めば好きな行動ができるといった環境設定をすると，水を飲むようになる (Premack, D. 1962 Reversibility of the reinforcement relation. *Science*, 136, 255-257.)。さらに**スケジュール誘発性多飲**（schedule-induced polydipsia）といい，ラットがレバーを押すと餌が出てくるという実験で，餌が出るまでの時間を長くしておくと，その間に多量の水を飲むという行動が出てくる (Falk, J. L. 1961 Production of polydipsia in normal rats by an intermittent food schedule. *Science*, 133, 195-196.)。このように「喉が渇いている」という内的構成概念を用いなくても，環境条件の記述によって水を飲むという行動を説明することができるのである。

　また，〈興味がない〉といって，課題をやらない子どもに対して，少しやさしいくらいの課題を出し，できた課題は評価し，間違えは丁寧に直してあげるということを段階的に繰り返すと，やがて前にできなかった難しい課題もできるようになり，本人も「課題が楽しい」と言うようになることは，日常生活においても

(2) 内的構成概念は直接操作できない

　科学的研究の基本的な方法は，実験条件である独立変数の操作に対して，従属変数としての物質や生体の反応がどのように変化するかを観察するというものである。たとえば「喉が渇く」と「水を飲む」という2事象間の因果関係を実証するときには，「喉が渇く」が独立変数で，「水を飲む」が従属変数になる。そこで，具体的には実験条件として，数段階の「喉の渇き」を設定し，それぞれの条件での摂水量を測定することにする。このとき，どのように「喉の渇き」のレベルを決めることができるだろうか。

　仮に「非常に喉が渇いている」「中程度に渇いている」「渇いていない」の3段階の渇き具合を実験条件とするとき，人間が被験者の場合なら，喉が渇いている程度を本人に申告してもらうという方法がある。たとえば「喉の渇き」尺度などを用いて，その段階を評定してもらうのである。そして，この「喉の渇き」尺度の結果と実際に飲む水の量を調べると，おそらく両者の間にある程度の相関関係は認められるかもしれない。

　しかし，この方法はより確からしい因果関係を立証するには適当とはいえない。なぜならば，喉の渇きの程度は実験者が客観的に操作しているのではなく，被験者の主観的な評価を基準にしているだけだからである。主観的評価は，個人間で異なる可能性があるし，また，個人の中でも時と場合により変動する可能性がある。チェック項目の中に「何時間水を飲んでいませんか？」などの項目を入れたとしてもその報告が正確である保証はない。さらに，この方法は対象が動物の場合は研究できないという問題がある。このように，独立変数としての「喉が渇いている」状態を生じさせようとしたら，結局，図4-1のように摂水制限時間の長さなど環境側の状態を操作するのが最も正確であり，かつ妥当性

4 身体変化の原因は環境にある

が高いのである。

(3) 循環論を避ける

　原因を環境に求める第3の理由は，それによって循環論を避けることができるという点がある。たとえば，私たちはしばしば，ある個体が「水を飲んでいる」のを見て，「喉が渇いているからだ」という。次に，ではなぜ「喉が渇いていると思うのか」と問うと「水を飲んでいるから」となる。これが循環論である。

　同じように循環論に陥りやすい内的構成概念に「性格」に関する用語がある。たとえばある人を指して，「内向的」な人ということがある。それではなぜその人が「内向的」な人なのかと聞くと「口数が少なく」「いつも1人でいる」からと答える。そこでさらに，なぜ「口数が少なく」「いつも1人でいる」のだろうと尋ねると「内向的」な性格だからということになる。このような論理で用いられる内的構成概念と行動の関係は循環論的であり，因果関係を明確にすることはできない。「内向的」ということばは一群の行動につけられた言語ラベルにすぎないのである。

　もう1つ，内的構成概念は行動から推測されるものであるという例を示そう。タバコをやめたいがやめられない人がいたとする。そのときよく聞かれることばは，「うちの夫は意志が弱い」である。それに対して夫は「性格」だから仕方がないという。内的構成概念の2連発である。この論理でいくと，タバコをやめるにはまず性格を直し，そして意志を強くしなければならないことになる。中高年になって性格を変え，意志を強くするのは至難の業であろう。しかしながらこのときに，もし夫が「性格」を変えることなしに，密かに別の方法でもってタバコをやめることができたならば，夫は妻から「意志が強いのね」と尊敬されるのではないだろうか。

(4) 脱精神主義

　精神が行動の原因であるとする考え方を精神主義という。精神主義は内的構成概念を多用し，科学的な因果論にとらわれないところにその特徴がある。

　日常生活には内的構成概念を用いた精神的用語があふれている。凶悪な少年犯罪が起こるたびに教育関係者は「こころの教育」の必要性について訴え，独居老人のケアに関して「愛の福祉」が叫ばれる。あるいは政策の目標として「健やかな地域社会」，会社の目標として「活力ある職場」，クラスでは「明るい学級」，書名では「豊かな人間理解」などという。これらはどれももっともなことで誰も異存がない。スローガンや標語は，実際，行動を牽引する大きな力をもっているし，個人においても多くの人が座右の銘をもち，それによって自己の行動を律し，励ましている。このような日常生活における内的構成概念の使用も，もしそれがことばだけでなく，たとえば「こころの教育」ならその具体的内容，実現のプログラム等が示され，さらにそれに基づく実施計画がきちんと具備されていること，すなわち行動的事象のバックアップがあるならばそれは単なる精神主義ではない。

　代表的な日本文化で，一見きわめて抽象的な精神論を展開しているようにみえる禅や茶道，能楽には，その一方に非常に緻密な身体調整の方法が定められている。たとえば，道元の『正法眼蔵』という95巻の書物の多くの部分には，行としての坐禅の方法についてはもちろんであるが，その他日常生活の食事から洗面のことまで細かく記述されている。また，利休はわび茶という精神世界を完成させたが，その精神は茶室の構成，茶道具の製作，儀礼としての点前，作法，茶会の形式から料理の内容といった具体的な行動レパートリーとして遂行されるものであった。能楽はむろん舞台芸術であるから，身体的な表現抜きにしてはありえないが，あの夢幻能に代表される幽玄の世界は，『風姿花伝』をは

4 身体変化の原因は環境にある

じめとする世阿弥(ぜあみ)の著作にもあるように，厳しい身体の鍛錬なくしては創出されえないものである。このような身体の事象についての詳細な洞察やその世界の実現のための身体の調整法を具体的に備えた精神論は非常に優れた精神論といえよう。

　個人が個人としてどのような考えをもったとしてもそれは自由である。問題なのは，たとえば行政担当者やヒューマンサービス等の公的な仕事に携わる人々が振りかざす精神論である。未成年者の凶悪事件があるたびに繰り返される「こころの教育」は，多くの場合は標語だけで，子どもたちのためのよりよい環境整備を盛り込んだ具体的実施計画が伴うことは少ない。

　精神論に行動面が伴わない理由の１つは，精神論を口に出すのは容易であるが，より実効性のある行動計画をたて，さらにその具体的実施プログラムを策定するには多大の労力を要するからである。また，事件が起きたとき行政関係者が「こころのケアに配慮するよう通達する」といえば，当面の責任が回避できるという現実的な利点もある。

　もう１つの立場として，精神の価値や崇高さは行動や環境といった俗なレベルを超えたものであり，科学で調べられるようなものではないという考えがあるが，これは筋金入りの精神主義である。このような考えの前には，せめてスキナーが「虹のメカニズムが科学的に解明されたからといって，虹の美しさが失われるものではないように，人間を科学的に分析したからといってその尊厳が失われるわけではない」と述べていることを付記しておきたい（Skinner, B. F. 1971 *Beyond freedom and dignity*. New York：Alfred A. Knopf, Inc.）。

4-3 身体変化は生体全体の連鎖的出来事である

　科学的方法は，通常，身体の働きをたとえば，神経系，感覚，記憶，反射，行動などの単位に細分化して調べる。科学の研究方法はこのように分析的，個別的なアプローチの方法をとる。しかし，実際の身体諸器官の働きは独立しているわけではなく，多くの出来事が同時にかつ相互に関連しあって起きている。したがって，環境変化による身体変化は**生体全体の出来事**として起こることを理解しておくことは重要である。

　強い風に襲われたとき人はまぶたを閉じるが，それはミルク飲み人形のように，ただまぶたが閉じるだけのことではない。確かに風によって直接的に引き起こされた顕著な出来事はまぶたを閉じたことかもしれない。しかし，それと同時に，まぶたを動かすための，筋の働き，その筋に指令を出す神経系，さらに大脳の活動，体液の分泌を促す内分泌系，そして骨格筋の防御反射の姿勢，そして，「目が痛い」「風が強い」といった意識，このような身体全体の活動が同時に生じているのである。

　また，大きなクモが目前に現れたとき，眼球の網膜上には光学的なクモの像が作られ，それは，視覚受容器によってインパルスに変換され視神経を経由し，大脳視覚野の特定部位の興奮をもたらす。身体には震えなどの反応と同時にクモを見ているという意識や「気味が悪い」という意識が生じ，さらにクモから離れるという身体運動や，あるいは「クモだ！」という発声などさまざまな身体変化が生じる。このように，特定の環境変化によって，生体にはレスポンデント行動とオペラント行動（後述）の変化が同時に生じ，また，これらの行動レベルの変化とともに意識レベルの変化が生じるのである。

　加えて理解しておくべきことは，行動は連鎖しているということである。一般に実験室の中では，条件を厳密に統制するために

4 身体変化の原因は環境にある

単一の行動を取り上げ，その行動に及ぼす環境の影響を繰り返し観測するという方法がとられる。しかし，実際の行動生起場面では，人間の行動は絶え間なく連鎖している。たとえば，朝の洗面は歯を磨き，口をすすぎ，顔を洗い，タオルで拭くという具合に連鎖しており，さらに「歯を磨く」という行動それ自体もまた，洗面台に行く，歯ブラシを手にとる，歯磨き粉のフタを取り，歯ブラシにつける，口の中に入れる，歯ブラシを動かす，といった連鎖的行動で成り立っている。このように身体変化は，生体全体の出来事であると同時に**連鎖的な出来事**なのである。

5
3種類の環境変化がある

　環境ということばは，社会のいたる場面で使われている多様な意味をもった用語である。「環境」と聞いて最初に思い浮かべることばも，地球環境，環境汚染，環境ホルモン，都市環境，教育環境，文化的環境，就業環境，地球温暖化，生態系，アフォーダンスなど人によってさまざまであろう。一般的には，環境は「人間を取り巻くもの」として取り扱われることが多い。たとえば，人間が生存し行動する場として，次の2つの環境を区別する。

① **自然的環境**：ヒトもその一部である生物体が生息する場所。海，陸，森，空気，水などによって構成される
② **社会・文化的環境**：人間がつくり上げた社会・組織，都市，文化の慣習，そして人を取り囲む人そのもの

また，環境を刺激という点で分類し，

① **物理的刺激**：重力，熱，光，振動（音）
② **化学的刺激**：臭い，味
③ **社会的刺激**：人を発生源とするもの

としてとらえることも可能である。
　一方，行動分析学の環境についての考え方の特徴は，環境を物

5　3種類の環境変化がある

としてではなく，その働きからとらえる点にある。ことばで表現するならば，

　生体を取り巻くすべての事象群のうち身体変化をもたらす刺激

が環境である。ここで刺激とは生体に対してなんらかの作用をもたらす環境内の出来事である。したがって，身体変化をもたらさないもの，たとえば，外がどしゃ降りであることを知らずにビルの中で仕事をしている場合，上司が後ろにいるのに本人が気づいていない場合，天候や上司は環境ではない。また，環境は生体の外側の出来事だけでなく，身体自体の働きや私的出来事も環境となりうる。たとえば，おなかがグーとなったのを聞いて食事に出かけたり，歯が痛くて鎮痛剤を飲むような場合である。

　さて，環境を生体に対する働きとしてとらえるとき，環境変化は図5-1に示すように3種類に分類することができる。第1は，生体の状態を変える環境変化で，専門用語では確立操作という。第2は，行動のきっかけとなる環境変化で，**誘発刺激**と**弁別刺激**の2つの区別がある。第3は，行動の後に生じる環境変化，すな

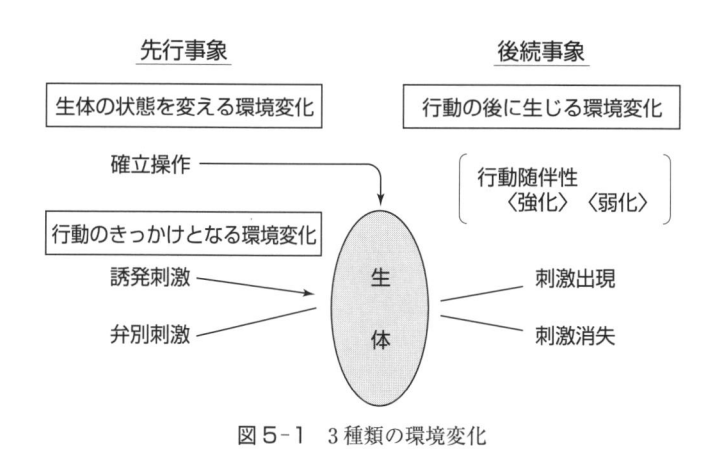

図5-1　3種類の環境変化

わち**強化**,**弱化**などの**行動随伴性**で表記されるものである。

第1と第2の環境変化は特定の行動の前に生じる環境変化（**先行事象**という），第3は行動のあとに生じる環境変化（**後続事象**あるいは**随伴操作**ともいう）である。環境変化は，通常は特定の刺激の出現や消失という形でなされるが，しかし，出現や消失だけでなく，一定の刺激状態が続くことも含まれる。生体は常になんらかの刺激や環境にさらされている状態にあるので，たとえば環境が変わらないことも1つの刺激として飽和（飽きること）などの身体変化の原因になるのである。

このように3種類の環境変化があるということは，ある時点における生体の環境は，外見的には同じように見えても実は大きく異なっていることを意味する。たとえば街のカフェで向かい合ってお茶を飲んでいる2人は，ほとんど同じ環境にいるように見えるが，1人がガラス窓越しに外の景色を見ており，もう1人は室内を向いているならば，誘発刺激や弁別刺激など行動のきっかけとなる環境が大きく異なっている。また，1人は時間的なゆとりがあるが一方はない，1人は昼食を食べているが一方は食べていないなどの生体の状態も異なっている。さらに，これらの異なる先行条件によって異なる行動が生じるならば，その行動の後に生じる環境変化も異なってくる。

5-1 生体の状態を変える環境変化

第1番目は，特定の行動が起きるときの生体の状態を決定するような環境変化である。この環境変化は直接行動を誘発したり，行動のきっかけになるものではないが，行動の頻度を変え，後続する環境変化（強化・弱化，10章）の行動に及ぼす効力を変える重要なものである。

これはアメリカの行動分析学者マイケルが「**確立操作**（establishing operation)」とよんだもので，専門的な定義では「ある事物あるいは事象の強化子としての効力を変え，同時にその強化子に基づく行動の頻度を一時的に変える環境変化」である（Michael, J. 1982 Distinguishing between discriminative and motivational functions of stimuli. *Journal of the Experimental Analysis of Behavior*, 37, 149-155.)。専門家の間では，「確立操作」は強化子としての効力を増加方向に変化させるときにのみ用い，減少させる方向に変化させるときは他の語を用いるべきであるという議論（Laraway, S., Snycerski, S., Michael, J., & Poling, A. 2003 Motivating operations and terms to describe them: Some further refinements. *Journal of Applied Behavior Analysis*, 36, 407-414.) があるが，本書では，両者のケースを含めて「確立操作」とよぶことにする。

確立操作は，一般的なことばで述べるならば，生体が「欠乏状態」「飽和状態」「嫌悪状態」になると予想される状態をつくり出す環境操作である。「欠乏状態」にする操作を「**遮断化**」(deprivation operation)，飽和状態にする操作を「**飽和化**」(satiation operation)，嫌悪状態にする操作を「**嫌悪化**」(aversive stimulation) という。「予想される」と書いたのは，たとえば「騒音」を提示したとしても，すべての個体が嫌悪状態になるとは限らないからである。

確立操作の具体的な手順については「オペラント行動の学習」の項に譲り，ここでは，「遮断化」「飽和化」「嫌悪化」についていくつかの例を示して説明しよう。確立操作を，生体の身体状態を変化させる無条件性確立操作（あるいは生理的確立操作）と外的刺激状態を変化させる条件性確立操作（社会的確立操作）の2つに分け，表5-1にその具体例を記す。表の例からわかるように，確立操作をほどこされると結果的に人は，一般に「～したい」「～したくない」，「～がほしい」「～がほしくない」などの表現で示されるような状態になる。確立操作は，実験場面や行動修

表5-1 確立操作の具体例

	無条件性確立操作	条件性確立操作
遮断化	水を飲んでいない 食べていない 部屋が暗い 空気が薄い 身体が拘束される	紙はあるが筆記具がない 読書家が本を読まない 話し好きの人が人に会わない 子どもがゲームを禁止される 部屋に入りたいが鍵がない
飽和化	洋食を続けて食べる 水をたくさん飲む 人の話を聞き続ける	同じ作業を続ける 単調な部屋 同じものをたくさん持っている
嫌悪化	騒音 室温が低い（高い） 身体の痛み 悪臭	無視される 自分を悪くいう人がいる 前に怖い経験をしたものがある 急激なインフレ

正と呼ばれる実践場面では実験者やセラピストが計画的に行うことが多いが，日常社会場面では非計画的，あるいは自然に確立操作がなされることもよくある。

すでに述べたように，確立操作は特定の行動の頻度を変化させ，後続事象の行動に及ぼす効力，すなわち強化子・弱化子（10章）の価値を変える操作である。具体的にどのように変わるのか各欄のはじめのケースを例として確認してみよう。「行動に及ぼす効力，価値」ということばは現段階ではわかりにくいと思うので，便宜的にそれを金銭価値に置き換えて考えることにする。

① 「水を飲んでいない」状態が続くと，水が飲めるようになったときに水を飲む行動は増加し，また，金額的に高くても水を買う。

② 筆記具がどうしても必要な人は，筆記具を手に入れることができるような行動を増加させ，また，金額的に高くても

筆記具を買う。
③ 洋食を続けて食べると，和食を食べる頻度が増加し，少しくらい高くても寿司を食べる。
④ 単純作業を長時間続けていると，他の変化のある行動の頻度が増加し，また，金銭的報酬が少なくてもそれをやる。
⑤ 嫌悪的な騒音状態にあると，騒音を止めるような行動の頻度が増加し，また，そのためにお金が必要ならば，多少高くても支出する。
⑥ 社会的に無視されると注目を集めるような行動が増加するし，たとえば見栄えのよい洋服を買うために高いお金を使う。

ただ，以上の6分類に関しては，多分に恣意的なところがあることに注意してほしい。たとえば，水が価値をもつのは，水の「遮断化」だけでなく，他の操作でも生じうる。4章で述べたように，「塩辛いものを食べたり」「運動をして汗をかいた」後でも同様であり，これらも確立操作である。

また，「洋食の飽和で，和食の遮断」，あるいは「身体の拘束」は「自由の遮断」と「拘束状態の飽和」の両面があるように遮断化と飽和化はある意味では表裏一体をなしていることも多い。さらに，「遮断化」と「飽和化」の多くは「嫌悪化」と重複している。たとえば，絶食状態や身体拘束は「嫌悪化」を伴うことがあり，嫌悪的な室温の低下は温度の「遮断化」と考えることもできる。加えて，複数の確立操作が同時に行われることもある。たとえば，嫌悪的な暑さの中で水が遮断されれば，多くの人は熱いミルクではなく，冷たいビールを飲むであろう。

確立操作において重要なのは，分類や予想される「欠乏状態」「飽和状態」「嫌悪状態」ではなく，確立操作としてなされた環境変化が，生体の状態を変化させるのに本当に有効であったかどう

か，つまり，実際に行動の頻度を一時的に変えたり，強化子の効力を変えたかということである。したがって，たとえば12時間水を遮断したとしても，もしその操作がこのような変化をもたらさないのであれば，確立操作がなされたとはいいがたいのである。この論理は，後述の強化，弱化の説明のところでも同様に用いられるのであるが，人間の行動を科学的に分析する上で非常に重要な点である。

さらに，特に人間行動においては，情報としての言語刺激がしばしば強力な確立操作として機能することがある。たとえば，「インフレが急激に進んでいる」という情報を耳にすれば，その国の貨幣の価値は下がり人々が貨幣を金や不動産に替える行動が増加するであろうし，「疫病で牛乳の生産量が減少している」と聞けば，乳製品の価値が高まり人々はバターを求めてスーパーに行き，そして，「誰かが自分の悪口を言っている」と聞けば，言っている相手への嫌悪感が増加する，といった現象が生じるであろう。

一方，身体状態という観点からみるならば，生体の身体状態は常に，「遮断化」「飽和化」「嫌悪化」の状態にあるのではなく，特別の確立操作が働いていない適度な身体状態もありうる。この「中立化」とでもよぶべき状態においては，通常，大きな行動変化は起こらない。しかし，さまざまな「身体調整の技法」があるように，適度な身体状態を積極的につくり出そうとする「目的としての確立操作」も考えられる。

5-2 行動のきっかけとなる環境変化

第2の環境変化は，生体がある行動を起こすきっかけとなるような環境変化である。この場合は，生体が感知しうる刺激変化を伴うことが多い。先行事象としての刺激は誘発刺激（eliciting stimulus）と弁別刺激（discriminative stimulus；S^D と略記する）の2種類に区別される。

誘発刺激は，
　その刺激が出現したとき生体が特定の反応を必ず引き起こすような刺激である。
弁別刺激は，
　反応や行動のきっかけや手がかりにはなるが，特定の反応や行動との関係は任意のもの（代替可能）であり，また，反応や行動の起こり方も確率的（必ず起こるとは限らない）である。

　誘発刺激によって引き起こされる反応の代表的なものは，反射とよばれる皮膚や内臓諸器官の反応である。たとえば，バビンスキー反射，膝蓋腱反射，立毛反射，唾液反射などである。
　一方，弁別刺激は，「6時の時報」を聞いて起きたり，「青信号」で交差点を渡ったり，仕事場で「同僚」を見て"おはよう"と挨拶したり，オフィスの「着信メール」を見て返信するなど，行動のきっかけをつくる刺激である。弁別刺激の場合，平日は「6時の時報」で起きても休日は起きないであろうし，「青信号」だからといってどの青信号でも渡るわけではなく，信号の代りに「警察官の身振り」で横断歩道を渡ることもあるだろう。また，「同僚」と会ってもいつも"おはよう"と言うわけではないし，「着信メール」があっても必ず返信するわけではない。このように，弁別刺激と行動との関係は，任意であり，確率的なものである。
　この2種類の刺激は，次章で説明するレスポンデント行動とオペラント行動にそれぞれ対応している。すなわち，誘発刺激はレスポンデント行動を引き起こす刺激であり，弁別刺激はオペラント行動のきっかけとなる刺激である。

5-3 行動の後に生じる環境変化

　行動の後続事象として，行動の後に生じる環境変化の代表的なものは，「強化」および「弱化」とよばれる行動随伴性である。誘発刺激によって引き起こされる行動の生起頻度や形態は誘発刺激の頻度やその特性によって決定されている。一方，弁別刺激をきっかけとして自発される行動は，その行動に随伴する環境変化によってその生起頻度が変化する。したがって，行動の後続事象はオペラント行動において決定的な役割を果たしている。オペラント行動における行動随伴性については，第Ⅲ部のオペラント行動の項で詳述することとし，ここでは，行動の後に生じる環境変化についての基本的留意事項についてふれておこう。

　行動が環境における生体の身体変化であると考えるとき，その身体変化は刺激として環境側になんらかの働きかけをしているとみることができる。そして，その働きかけにより環境が変化する。この環境変化は物理的な環境の変化だけでなく周囲の人の反応を含むさまざまな様態がありうるので，いくつかのケースに分けて列記してみよう。

［骨格筋を働かせて，身体を環境内で移動する］
　　　その移動によって環境内の生体の位置が変化する。さらにその移動によって，嫌悪的なものから離れたり，好ましいものに近づいたりといった変化も生じる。
［骨格筋を用いて環境内の「もの」に働きかける］
　　　蛇口をひねるといままでなかった水が出てくる，ボタンを押すといままでなかったラジオの音が鳴る。紙に字を書く，眼鏡をかけるなどによっても環境が変化する。
［骨格筋の発声器官を用いて他者にことばを発する］
　　　レストランで「水をください」と言うと水が来る。「教

えて」と言うと問題が解ける。「すみません」というと周りの人がその人を見る。「元気出して！」と言うと相手がうなずく。

［皮膚や内臓の反応に対する環境変化］

　誘発刺激によって引き起こされた行動によって環境が変化することもある。たとえば，涙を流していると「どうしたの？」，鳥肌が立っていると「寒いの？」といったことばが他者から発せられたり，怒った顔をしていると周りの人が離れるといった環境変化が生じる。

　以上の例のように，生体の行動によってさまざまな環境変化が生じる可能性があるのであるが，ここに重要かつ困難な問題が2つある。まず第1は，ある行動の後に環境が変化したとしても，その環境変化が確実にその行動によってもたらされたものだということをどのように確かめることができるのかということである。環境は特定の生体の行動がなくても常に変化し，刻々と異なる姿をとっていくものであるから，どれが特定の行動による環境変化でどれが違うかを見極めることは簡単ではない。

　第2の問題は，行動によって生じた環境変化の生体への効果，つまり，環境変化が次に生体にどのような影響を及ぼすかについてもあらかじめ決定されているわけではない，ということである。なぜならば，行動によって生じたすべての環境変化がその個体に同じように効果をもつわけではなく，また，特定の環境変化が常に同一の効果をもつわけではないからである。行動の後に生じた環境変化の生体への効果は，その後生体がどのように行動するかをみて推定するしかないのである。

　この話は少しわかりにくいと思うので，例をあげて説明しよう。朝，職場に着くなり上司が「疲れたぁ！」と叫んだとする。するとその場に居合わせたAからDの4人の部下の反応は，

「疲れたぁ！」 ⟶ A「大変ですね」
　　　　　　　　　B「なにかあったんですか？」
　　　　　　　　　C 黙ってコンピュータに向かっている
　　　　　　　　　D 立ち去る

だったとする。4者4様の反応があったわけである。このうち，AとBの2名は直接答えているので，上司の行動による変化ということができよう。しかし，Cは実は上司の声が聞こえなかった，そして，Dは聞こえてはいたが，会議の時間なのでちょうどその場を出ようとしていたという場合は，たとえ上司の行動の直後に起きたことではあっても，上司の行動による変化とはいえないだろう。

　さらにこの例で，AからDの環境変化のうちどの部下の反応が，どのようにその後の上司の行動に影響するかを前もって決定することは困難である。どの環境変化がもっとも効果をもっていたかを知るための唯一の方法は，その後の上司の行動を観察することである。たとえば，次の日も元気よく「疲れたぁ！」と言って入ってきたならば，おそらくAやBの問いかけに気をよくしたのであろう。しかし，「疲れた」と控え目に言うか，あるいは言わなかったとしたら，黙っていたCや立ち去ったDの反応が影響を及ぼしていたと推定することができる。もちろん上司が，「部下C，Dはけしからん」などと言うならば，それが明白となる。

6

2種類の行動がある

6-1 レスポンデント行動とオペラント行動

　行動はレスポンデント行動（respondent behavior）とオペラント行動（operant behavior）の2種類に分類することができる。この2種類の行動は，主にその行動が生起する原因によって区別されるが，関係する器官や神経系，身体変化としての様態なども異なっている。表6-1にその違いをまとめておく。この2つの行動は，表の1行目と2行目から次のように定義される。

レスポンデント行動は，
　　行動に先立つ環境変化によって誘発される行動である
オペラント行動は，
　　行動の後の環境変化によってその生起頻度が変化する
　　行動である

　レスポンデント，オペラントはスキナーによる造語であり，レスポンデントは「応答する（respond）」，オペラントは環境に「働きかける（operate）」に由来する。レスポンデント行動には生得性のレスポンデント行動と学習性のレスポンデント行動があるが，オペラント行動はすべて学習性である。
　付随的特徴としては，レスポンデント行動が主として，自律神

表6-1 2種類の行動とその特徴

行動の種類 行動の起源	レスポンデント行動 [生得性][学習性]	オペラント行動 [学習性]
原因	行動に先立つ環境変化	行動の後の環境変化
記述の仕方	誘発される	生起頻度が変化する
主な器官	内臓諸器官	骨格筋
関係神経系	自律神経系	脳脊髄神経系
様態	身体反応	環境へ働きかける行動

経系に支配される皮膚や内臓諸器官の身体反応であるのに対し，オペラント行動は主として脳脊髄神経系に支配される骨格筋運動によって環境に働きかける行動である。「主として」と述べたのは，それぞれ，レスポンデント行動にも骨格筋の運動によるものがあり，また，オペラント行動としての内臓反応も少数ではあるが認められているからである。したがって，レスポンデント行動とオペラント行動の区別はあくまでもその原因によってなされなければならない。

レスポンデント行動は，その多くが皮膚や内臓器官に現れる身体「反応」であり，一般に「行動」とよばれているものとは異なるが，定義の上からはこれらもまさしく「行動」である。ただし，本書では，たとえば唾液分泌や「赤面」などの個別的身体変化は，「行動」よりも「反応」とよぶほうが自然であると思われるので，レスポンデント行動を全体としてよぶときは「行動」とするが，個別の身体変化については「反応」とよぶ。オペラント行動には全体として「行動」という用語を用いるが，個別の身体変化をさすときはやはり「反応」とすることがある。

表6-1におけるレスポンデント行動とオペラント行動の違いは，行動レベルの出来事によって説明したものであるが，3章で述べたように，身体変化にはもう1つ意識レベルの変化がある。

意識レベルの変化は行動レベルの変化と同時に生じる私的出来事である。したがって，もし，誘発刺激によって行動レベルのレスポンデント行動が誘発され，さらに同時に意識レベルの私的出来事が誘発されたならば，その意識レベルの出来事も「行動に先立つ環境変化により誘発されたもの」なので，レスポンデント行動ということになる。

一方，オペラント行動における意識レベルの私的出来事はこのように単純には処理できない。なぜならば私的出来事である意識レベルの出来事に対して，その後環境が変化することはないからである。しかしながら，もしオペラント行動と同時に生起した意識レベルの私的出来事が，弁別刺激，あるいはオペラント行動自体，あるいは付随するなんらかの刺激によって誘発されたことが確認されるならば，それはレスポンデント行動ということになる。

6-2　2種類の行動の起源と生物学的制約

レスポンデント行動には生得性のものと学習性のものがある。生得性のレスポンデント行動では，特定の反応を誘発する刺激は遺伝的に決定されている。すなわち，その起源は系統発生に求めることができる。一方，学習性のレスポンデント行動における誘発刺激は個体発生的，すなわち個体誕生後に誘発刺激としての働きを獲得したものである。その刺激と反応との関係は任意につくられたものであり，他のものでも代替可能である。オペラント行動はすべて学習性の行動，すなわち個体発生にその起源をもつものである。

学習性の行動を考えるときに1つ注意すべき点は，各生物種には固有の「**生物学的制約**」があり，すべての種，あるいはその種内のすべての個体が同じ学習条件でまったく同じ行動をとるわけではないということである。たとえば，課題を学習するときに，

視覚的な課題が得意な種もあれば，聴覚的な課題が得意な種もあり，また，反応のレパートリーも運動器官の特質によって異なるなど，それぞれの種における学習形態は大きく異なっている。また，同じ種内においても遺伝的な個体差があることは，動物も人間も同じである。基本的な行動の原理はこれらの種差や個体差を超えた一貫性をもつものであるが，その中に種差や個体差がどのような形で関連しているかを見極めることも，生体の行動を理解する上で大切なことである。

次に「**学習**」という用語についてふれておこう。「学習」は一般に，「経験によって生じる比較的永続的な行動の変化」と定義されることが多い（たとえば，今田寛　1996『学習の心理学』培風館，実森正子・中島定彦　2000『学習の心理：行動のメカニズムを探る』サイエンス社）。「経験」とは生体が「同一のもしくは類似した環境に繰り返しさらされること」で，たとえば同じ音やことばを2回聞いたとき，同じ曲がり角に2回目に来たとき，同じ人に2回目にあったときはそれぞれ「経験」があるということになる。「行動の変化」は本書の「身体変化」を包括的に表現したもので，新しい行動の獲得，その維持，増加，減少，消失等のすべての変化を含むものである。

従来の「学習心理学」の本と本書の大きな違いは，おそらく「比較的永続的な」という修飾語の取り扱いにある。それは「学習」を中心にみるか「行動」を中心にみるかの立場の違いでもある。つまり，学習心理学では，疲労，心的飽和，薬物，病気などによる一時的な行動の変化，あるいは永続的ではあっても成熟による行動変化は学習の領域ではないという立場をとるのに対し，本書では，疲労や心的飽和，薬物，病気なども身体変化に及ぼす重要な環境要因として位置づけ，また，成熟は，幼児期から，青年期，壮年期を経て老年期にいたる時間的環境としての加齢要因であり，行動変化の重要な変数として取り扱う。これらの変数は

前に述べた確立操作（生体の状態を変える環境変化）の一種である。塩辛いものを好んで食べていた人でも，疲れたときや，病気のとき，あるいは年をとってから，甘いものが食べたくなるといった変化はよく経験するところであろう。

また，同じ「学習」という語を用いても，レスポンデント行動の学習とオペラント行動の学習は内容，働きともに異なっている。したがって，次章以降に述べるように2つのタイプの条件づけが区別されるわけであるが，一方，2つの行動の学習には同じ専門用語による現象やプロセスも多数存在する。それらの違いや類似性もよく理解する必要がある。

6-3 レスポンデント行動とオペラント行動の具体例

ここで，レスポンデント行動とオペラント行動の日常生活における具体例を表6-2にあげておこう。これらは日常生活のさまざまな行動の中から任意に選んだものなので，系統的に整理されているわけでもなくまたすべての例を網羅しているわけではないが，これによって両行動の全体像はある程度具体的に把握してもらえると思う。また，この表では各行動は単独に生起するものとして取り上げられているが，4章で述べたように，実際には，1) ほとんどの行動は行動連鎖を構成している，2) レスポンデント行動とオペラント行動は同時に起こる，さらに，3) 意識レベルと行動レベルの身体変化が同時に起こる，ことを考慮に入れておくことが重要である。

表6-2 レスポンデント行動およびオペラント行動の日常例

レスポンデント行動		オペラント行動
生得性	学習性	学習性
[身体反応] レモンを食べて唾液が出る（口がしぼむ） 虫歯で歯が痛い 空気の噴きつけでまぶたを閉じる	[身体反応] レモンを見て唾液が出る（口がしぼむ） 歯医者のドリル音を聞いて不快になる 子守唄を聞いてまぶたが閉じる	[非言語行動・言語行動] レモンを食べる "すっぱい"と言う "痛い"と言う 歯医者に行く ウインクでまぶたを閉じる
食事の非摂取でお腹が鳴る 水がなく喉の渇きを感じる 低温により寒さを感じる 寒くて震える 傷が痛くて涙が出る 光で瞳孔が収縮する 熊に遭遇して脚がすくむ 胡椒でくしゃみがでる 虫に刺されて痒い、赤くなる 爆発音で心臓が高鳴る 爆発音で血圧が上昇する 光刺激による脳波の変化	料理の写真を見てお腹が鳴る お化けの話で寒さを感じる 事故にあった場所に来ると脚がすくむ 死んだ家族の遺品を見て涙が出る 好きな人の名前を見ると鼓動が高鳴る 意地悪な上司の名前を聞くと冷や汗が出る ある曲を聴くと夏の花火を思い出す 「キリン」と聞くとその姿が浮かぶ バラの花を見て甘い香りを感じる CMの曲を聴いて商品を思い出す 仕事場に行くと血圧が上昇する 「虚偽の報告」で現れる皮膚電位反応	基本的骨格筋動作（歩く、走る、止まる、座る、手を上げる、指をさす、掴む、押す、横になる、首を動かす、音声を発する、字を書く、ものを見る） 基本的生活動作（顔を洗う、歯を磨く、電気をつける、テレビを見る、洋服を着る、化粧する、箸を持つ、料理を作る、コップで飲む、食べる、トイレに行く、靴を履く、風呂に入る） 社会的行動（切符を買う、乗り物に乗る、挨拶をする、会話する、働く、床屋に行く、カットを頼む、自転車・車の運転、合唱する、銀行でお金をおろす、買い物、節約する、病院に行く、遊ぶ、映画を見る、デートする、スポーツ、旅行に行く）
[骨格筋反応] ボールが来て首をすくめる 熱い物に触って手を引く 膝蓋腱反射・バビンスキー反射	[骨格筋反応] "あぶない"の声で首をすくめる 前に触って熱かったものに触りそうになって手を引く	名前を聞いてその人を指す（非言語行動） 人を見てその名前を言う（言語行動）
[骨格筋言語反応] 爆発音で悲鳴をあげる	[骨格筋言語反応] "あぶない"と言われて悲鳴をあげる	[内臓反応] 心拍数の変化 トイレットトレーニング

6 2種類の行動がある

表の解説

1. 表の上部の「レモン」「虫歯」の例は，同一の事がらについての生得性レスポンデント行動，学習性レスポンデント行動，オペラント行動の違いを示したものである。レスポンデント行動は刺激に誘発されるものなので，刺激例とともに記述した。「レモン」の例で説明すると，直接レモンを口に入れて唾液が出たり口が収縮するのは生得性のレスポンデント反応であるが，レモンを見ただけで唾液が出るのは学習性のレスポンデント行動である。なぜならば，前にレモンを見てそれを食べた経験がなければ唾液は出ないからである。ビン入りのレモン液しか知らず，本物のレモンを見たことのない人は，レモンを見ただけでは唾液は出ないだろう。レモンを食べるという行動は，レモンを見ることがきっかけにはなるが，レモンを見たら必ず食べるというものではなく，疲れていたり，また，紅茶や「牡蠣」が近くにあったときに自発される行動なのでオペラント行動である。

「まぶた」の例は同じ身体変化が，レスポンデント行動にもまたオペラント行動にもなりうる場合の例である。ウインクは人が誘発刺激になっているようにみえるが，特定の人以外にはしないことがあるので，レスポンデント行動ではなく，オペラント行動である。

2. 上記以外の例は一部に対応しているところもあるが，全体としては各行動間に対応関係はなく，任意に羅列したものである。各列の最下部にレスポンデント行動ではあるが骨格筋の活動であるもの（つまり，刺激によって自動的に誘発されるもの），内臓器官の反応ではあるがオペラント行動であるもの（練習によってある程度随意に変化させることができるもの）の例をあげておいた。

3. 生得性レスポンデント行動の「食事の非摂取でお腹が鳴る」は行動レベルの身体反応であるが，これは本人にしかわからない「私的出来事」の場合もあれば，外にも聞こえる「公的出来事」の場合もある。「水がなく喉の渇きを感じる」は「私的出来事」としての身体反応である。

4. 生得性レスポンデント行動最後の「光刺激で誘発される脳波の変化」で，脳波自体は生理レベルの身体変化を電気的に導出したものであるが，「脳電位の変化」という身体変化自体は光刺激によって誘発されたものであるので，定義によりレスポンデント行動ということができる。

5. 学習性レスポンデント行動の欄に書かれている刺激は，いずれも生得的つまり何らかの経験なしに，反応を引き起こすようなものではない。また，学習性のレスポンデント行動では，誘発刺激が提示されたときに，行動レベルの身体変化だけでなく，意識レベルの身体変化を伴うことが多い。たとえば，「好きな人の名前を見ると心臓の鼓動が高鳴る」とき，同時に「その人の顔やしぐさが思い浮かぶ」という意識レベルの身体変化も経験しているはずである。「思い浮かぶ」という現象は，一般には行動とはみなされていないが，ある刺激に誘発されて生じたものであるならば，これも定義によりレスポンデント行動である。したがって，謡曲にも「それ人の欺きには形見に過ぎたる事あらじ」（富士太鼓）とあるように，大切な人を失った人は，その遺品を見るたびにさまざまなレスポンデント反応に見舞われるのである。

6. ある反応が，生得性のレスポンデント行動か学習性のレスポンデント行動かを判別する方法として，駒澤大学大学院生の小沼宏輔君は「赤子テスト」を提案した。

ある程度の感覚的能力の発達が前提であるが，生まれて間もない赤ちゃんにテスト刺激を提示して，反応が生じたならばそれは生得性のレスポンデント行動，反応が生じないならばその刺激と反応の関係は学習性のものと判断する，というものである。たとえば，多くの成人女性は「クモ」を見ると嫌悪的なレスポンデント反応を生じさせるが，それが生得的なものか学習性のものかを赤ちゃんでテストすることができる。もし赤ちゃんがクモを怖がらず，平気でそれをつかむようであれば，クモに対する「嫌悪的レスポンデント反応」はおおむね学習性のものということができる。

7. オペラント行動の欄には刺激が書かれていないが，これはオペラント行動が環境刺激に依存していないことを示しているわけではない。すでに述べたように，オペラント行動は「生体の状態を変える環境変化」「行動のきっかけとなる環境変化，すなわち弁別刺激」，さらには「行動の後に生じる環境変化」など諸々の刺激に依存している。ただし，それらの刺激の多くは経験の中で決まってくるものなので，ここでは特定の刺激は記載しなかった。また，とくにオペラント行動は行動の連鎖として次から次へと生じるものなので，しばしば前の行動の結果が次の行動の刺激になるといったようなことが生じている。たとえば，「歯を磨く」を1つの行動として書いたが，歯を磨くという行動は，前に述べたように洗面台の前に立つ，歯ブラシを見る，歯ブラシをとる，歯磨きペーストを見る，ペーストの蓋を開ける，ペーストを押し出す，のような一連の反応の連鎖からなっている。これもとくにこの表で刺激を特定化しなかった理由の1つである。

8. ヘアスタイルにはオペラント行動が関与している。ただし，床屋に行く，カットを頼む，あるいは自分で髪をカットするのはオペラント行動であるが，髪の毛が切られること自体は行動ではない。

9. オペラント行動の「名前を聞いてその人をさす」と「人を見てその名前を言う」は，オペラント行動の非言語行動と言語行動の違いを明確に記したものである。

第 II 部
レスポンデント行動

7

レスポンデント条件づけ

7-1 レスポンデント行動の学習はどのようにして起きるか

　レスポンデント行動の大部分を占める身体反応は，もともとは特定の誘発刺激によって引き起こされる生得的な反応である。発達初期の新生児期，乳児期にみられる生得的なレスポンデント行動としては，眼瞼反射，吸啜反射，把握反射，バビンスキー反射などが代表的なものであろう。熱いものに触れたときに手を引っ込める屈曲反射や突然の音に対する驚愕反応，あるいは快，不快刺激に対して「微笑む」や「泣く」などの感情的なレスポンデント反応もみられるが，初めは十分に細分化されておらず，全体的な身体反応として生起することが多い。

　たとえば，眼瞼反射（まばたき）は空気の吹きつけや物体の接近によって生じる生得的な反射である。しかしながら，生得的な身体反応である眼瞼反射が，その後「ピー」という人工的な音や"あぶない"という人の声など他の刺激によって誘発されることがある。このように，特定の刺激による生得的な身体反応が，他の任意の刺激によって誘発されるようになることをレスポンデント行動の学習という。

　それでは，レスポンデント行動の学習はどのようにして起きる

のであろうか。それは，生得的に眼瞼反射を引き起こす刺激（たとえば，空気の吹きつけ）と，本来はそのような身体反応を起こさない刺激（「ピー」という音や"あぶない"という声）が時間的に接近して何回か起きることである。

無関係な刺激（ピー音） ┐
　　　　　　　　　　　├ 時間的に接近して起きる
生得的な誘発刺激（空気の吹きつけ）┘

このようなレスポンデント行動の学習をもたらす手続きは**レスポンデント条件づけ**（respondent conditioning）とよばれている。レスポンデント条件づけはまた，古典的（classical）条件づけやパブロフ型（Pavlovian-type）条件づけとよばれることもある。レスポンデント条件づけの仕組みはきわめて単純なものであり，したがって，レスポンデント行動の学習は私たち人間生活のあらゆる場面で生じている。

7-2 パブロフの条件反射

このレスポンデント条件づけのプロセスに最初に注目し，実験的研究を実施したのは，旧ロシアの生理学者パブロフ（Pavlov, I. P. 1849-1936）であった。パブロフは消化腺の働きに関する研究で1904年に生理学者として初めてノーベル生理学・医学賞を受賞したが，その研究の中で見いだされた，唾液の「精神的分泌」現象がやがて条件反射の研究へと発展した（Pavlov, 1927；林髞訳　1937『条件反射学』三省堂；川村浩訳　1975『大脳半球の働きについて［上・下］』岩波文庫）。

消化腺の研究においてパブロフは，被験体であるイヌの顎に手術を施し（図7-1(b)参照），唾液の分泌量を直接測定できるようにした上で，希釈した酸や肉粉などさまざまな物質を口の中に入

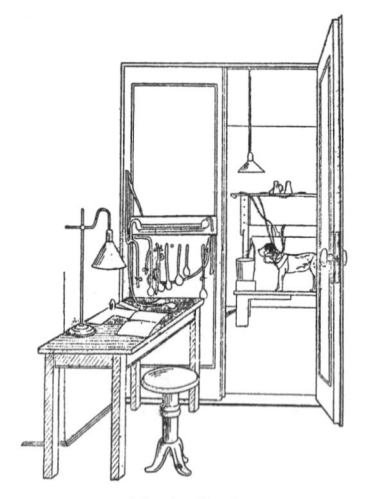

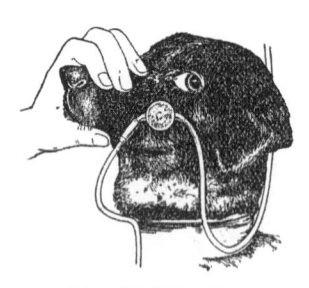

(a) 実 験 室　　　　　　　(b) 唾液分泌の測定
図7-1　パブロフの実験（パブロフ，1927／林髞訳，1937）

れ，その際の唾液分泌量を測定したのであるが，実験を続けるうちに，イヌが口の中に直接物質が入れられないときにも唾液を分泌していることに気づいた。それは，いつも実験を行う助手の足音がしたり，酸を薄める容器が視野に入ったときであった。足音や容器は唾液分泌を引き起こす生得的な誘発刺激ではない。そこで，パブロフはそれを「精神的分泌」と名づけた。

［条件反射の実験］

パブロフの実験（図7-1(a)参照）を例にとりながら，条件反射形成のプロセスを整理してみよう。基本的な手続きを図7-2に示す。

ここで，肉粉は生得的（無条件的）に唾液分泌反応を引き起こす誘発刺激であるが，メトロノームの音は本来唾液分泌とは無関係である。したがって，実験においては肉粉を無条件刺激(Uncon-

7 レスポンデント条件づけ

```
              メトロノーム      ............> r
              (中性刺激：NS)
反復対提示 ⎰
              ⎱
              肉　　粉  ─────────> 唾液分泌
              (無条件刺激：US)         (無条件反応：UR)
```

図 7-2　条件づけ試行

ditioned Stimulus：US), 唾液分泌反応を無条件反応（Unconditioned Response：UR）とよぶ。一方, メトロノームの音は唾液分泌とは無関係なのでこれを中性刺激（Neutral Stimulus：NS）とよぶ。ただし, 中性刺激といっても文字どおり中性的なのではなく, それが最初に生体に与えられたときには定位反射（r）という, それに注意を向けるような反応が起こるが, しかし, 数回提示されているうちに順応して反応しなくなる。一方, 生体は無条件刺激に順応することはない。

　さて, 条件づけ試行においては, このメトロノームと肉粉の同時提示（対提示という：パブロフの実験の場合は, 30秒ほどメトロノームを鳴らし, その最後に肉粉を口の中に入れることが多い）を何回か反復する（1回の対提示を1試行［trial］という）。そして, 後のテスト試行においてメトロノームだけが単独で提示されたときでも唾液が分泌されるようになったとき, あるいはメトロノームが鳴り出すとすぐに唾液の分泌が始まるようになったとき, 条件反射が形成されたという（図7-3参照）。このとき,

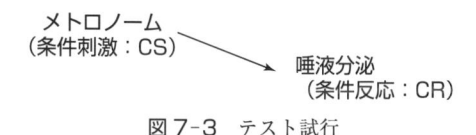

```
メトロノーム
(条件刺激：CS) ─────> 唾液分泌
                      (条件反応：CR)
```

図 7-3　テスト試行

メトロノームによって誘発された唾液分泌は，条件つきの反応という意味で条件反応（Conditioned Response : CR），それを引き起こすメトロノームは条件刺激（Conditioned Stimulus : CS）とよばれる。

7-3 レスポンデント条件づけの決定因

条件反射形成の基本的な決定因についてパブロフは次のように述べている。

> 「条件反射形成の第1のそして基本的な条件は，以前に無関係であった要因の作用と一定の無条件反射を引き起こす無条件要因とが時間的に一致して作用することである。……条件反射の形成にあたって無関要因は無条件刺激の作用よりいくらか先行しなければならない。」(パブロフ，1927／川村　浩訳，p.51.)

ここにはレスポンデント条件づけ形成において最も重要な2つの要因が記述されている。第1は「以前に無関係であった要因の作用と無条件要因とが時間的に一致して作用すること」とあるように2つの刺激の対提示である。何回位対提示を行えば条件づけが成立するのだろうか。第2はCSとUSの時間的関係である。「無関要因（中性刺激）は無条件刺激の作用よりいくらか先行しなければならない」というが，それではどのくらい先行する必要があるのだろうか。

(1) 対提示の回数

条件づけ成立に要する対提示の回数について，一律に何回位ということはできない。CSやUSにどのような刺激を用いるかに

よって違ってくるし、被験体の種差や個体差もある。さらに、反応のどの次元を観測するかによっても基準が異なってくる。たとえば反応があったかどうか（正反応率）によって判定するのか、反応の大きさ（反応量）によって判定するのか、CSが提示されてから反応が出現するまでの時間（反応潜時）によって判定するのかによっても変わってくる。

　実験的研究においては、対提示操作は比較的容易に実施することができるので何十回と多くの対提示を行うことが多いが、逆に「味覚嫌悪学習」（9章）の場合のように数回で成立する場合もある。人間の日常場面でもかなり少ない対提示で条件づけが成立していることがある。たとえば、非常に激しい情動的な衝撃を伴うような場合では、たった1回の対提示で条件づけが完成することもある。ここに参考までに、イヌによる唾液分泌条件づけ、ヒトの眼瞼反射条件づけ、ヒトの恐怖条件づけについての実験データを示しておこう。

　表7-1はイヌの唾液分泌条件づけにおけるCSとUSの対提示の回数と条件反射成立の関係を示したものである。CSである音とUSである肉粉の対提示回数が増加するにつれて、唾液分泌の量が増加し、潜時（音を聞いてから唾液が出てくるまでの時間）は短くなっている。この実験の場合、約30回の対提示でほぼ最

表7-1　イヌの唾液分泌 (Anrep, 1920)

対提示回数	唾液分泌の量（滴）	潜　時（秒）
1	0	—
10	6	18
20	20	9
30	60	2
40	62	1
50	59	2

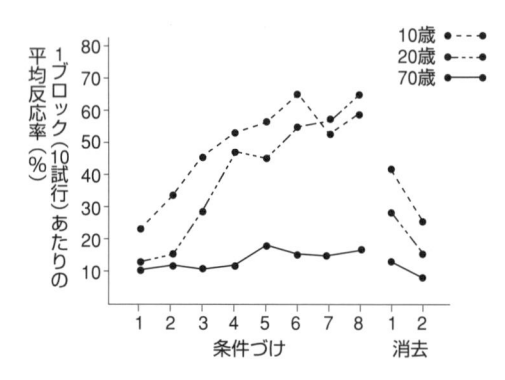

図7-4 ヒトの眼瞼反射 (Braun & Geiselhart, 1959)

大値に達している (Anrep, G. V. 1920 Pitch discrimination in the dog. *Journal of Physiology*, 53, 367-381.)。

図7-4は 約10歳（15名）と20歳（15名）と70歳（13名）のヒトを対象とした眼瞼反射の条件づけである。CSは1秒間の光，USは右目への0.5秒間の空気の吹きつけ（パフという），CSとUSの間隔は0.5秒である。図の値は，10回の試行を1ブロックとして，ブロックごとの条件反応（まばたき）の出現率の平均である。10歳と20歳の被験者群は約60回の対提示で最大値に達しているが，70歳の人たちはほとんど条件づけが成立しなかった（筆者らはその理由について刺激感受性の減退などいくつかの可能性を述べているが，決定的なものはないようである）。また，20歳よりも10歳群の方が条件づけの初期の進行が早いことがわかる (Braun, H. B., & Geiselhart, R. 1959 Age differences in the acquisition and extinction of the conditioned eyelid response. *Journal of Experimental Psychology*, 57, 386-388.)。

ヒトの条件づけの場合，もう1つ動物とは異なる重要な要因がある。それは言語の問題である。たとえば，教示（実験者が被験者に与えることばによる指示）によってレスポンデント条件づけ

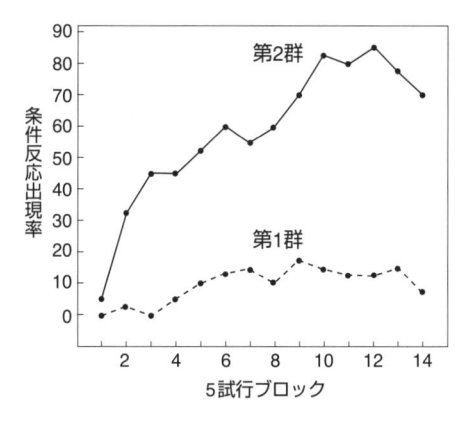

図7-5 教示の効果 (Norris & Grant, 1948)

の形成を操作することができるというデータがある。ノリスとグラント (1948) は，被験者を2群に分け，ヒトの眼瞼条件づけに及ぼす教示の違いの効果を調べた。

第1群の教示：「パフ（空気の吹きつけ）を感じる前にまばたきをしないように気をつけてください」
第2群の教示：「刺激に対しては自然のままにしてください」

図7-5に示すように，第1群の被験者は（高齢者ではなかったにもかかわらず！）条件づけを成立させなかった。この結果は，反応が「まばたき」という随意にコントロールしやすいものであったことが大きく響いており，ヒトのすべてのレスポンデント条件づけに言語による統制が強くはたらくわけではないが，実験場面では往々にして実験者の言語教示によって結果が異なることがあることは承知しておいた方がいいだろう。(Norris, E. B., & Grant, D. A. 1948 Eyelid conditioning as affected by verbally induced inhibitory set and counter reinforcement. *American Journal of Psychology,*

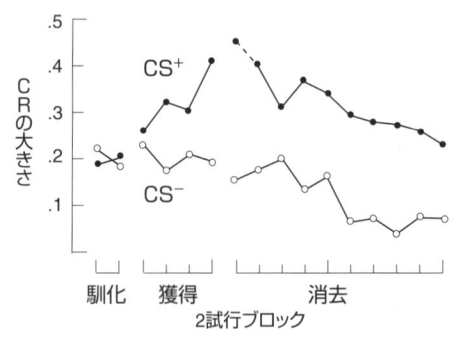

図7-6 ヒトの恐怖条件づけ
(Öhman, Fredrikson, Hugdahl, & Rimmö, 1976)

61, 37-49.)

　図7-6はヒトの恐怖条件づけの実験結果である。被験者は10名の大学生。CSはスクリーンに映る「ヘビ」か「クモ」のスライド写真，USは8秒間のCS提示の終了時に与えられる右手指先への電気刺激であった。図の縦軸はCRの大きさを示したもので，CS直後に現れる予期反応としての皮膚伝導度変化（SCR）の各個人の最大値に対する比率で示されている。図左の馴化段階（CSのみ提示）では両CS刺激に対する反応に差はない。中央の獲得段階では被験者によって「ヘビ」か「クモ」のどちらかがCS$^+$となり電気刺激と対提示され，一方の刺激はCS$^-$として単独提示される。図からCS$^+$，CS$^-$各8回の提示を繰り返すうちに，CS$^+$時の反応が増大して条件づけが成立し，一方，CS$^-$に対しては増大していないことがわかる。最後に消去（後述）でCS$^+$に電気刺激が対提示されなくなると，CS$^+$に対する反応は漸減するが，しかしCS$^-$との差は縮まらない。このようにUSとして電気刺激のような強い刺激が用いられると条件づけの成立は早く，かつその効果は長期間持続する（Öhman, A., Fredrikson, M., Hugdahl,

K., & Rimmö, P. 1976 The premise of equipotentiality in human classical conditioning : Conditioned electrodermal responses to potentially phobic stimuli. *Journal of Experimental Psychology : General*, 105, 313-337.)。

(2) 対提示の時間的関係

「条件反射の形成にあたって無関要因は無条件刺激の作用よりいくらか先行しなければならない」とパブロフによっても指摘された，このCSとUSの時間的関係は条件反射の形成において非常に重要である。前項の条件づけに要する対提示の回数も，この時間的関係によって変わってくる。

CSとUSの時間的関係は，論理的には図7-7のA，B，C，Dに示したようにUSの位置によって4種類のパターンが可能である。この図はCSの持続時間がパブロフの実験におけるメトロノームのようにある程度長い場合を想定しているが，眼瞼反射における純音とパフ（空気の吹きつけ）のように，もっと短いこともある。

　A：**逆行条件づけ**　CSの前にUSが提示され，CSが開始する以前か，あるいはCSの始発と同時にUSが終了する。条件づけは不可能ではないが非常に難しい。
　B：**同時条件づけ**　CSとUSが同時に開始される。
　C：**延滞条件づけ**　USの前にCSが提示され，CSが終了する直前か，あるいはCSの終了と同時に，

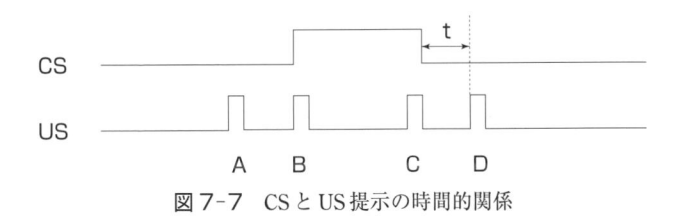

図7-7　CSとUS提示の時間的関係

USが提示される。パブロフの研究における条件反射はこのタイプである。

D：**痕跡条件づけ**　CSの終了後にUSが提示される。CSとUSの時間間隔（t）によって条件づけの大きさが変わってくる。

逆行条件づけ以外では，延滞条件づけ，痕跡条件づけ，同時条件づけの順で，条件反射が成立しやすくなる。眼瞼条件づけのように刺激提示間隔の比較的短い場合の痕跡条件づけでは，0.5秒から1秒程度のときがもっとも条件づけが成立しやすいが，味覚嫌悪学習（9章）のような場合だとCSより数時間後のUS提示でも条件づけが可能である。

以上の2つがレスポンデント条件づけ成立のための最も重要な要因であるが，その他，レスポンデント条件づけの成立に影響を及ぼすことが実験的に明らかになっている要因を以下にあげておく。

(3) CSの強さ

諸研究は，CSとして使用する音や光の強さが条件づけの頻度や大きさに影響を及ぼすことを明らかにしている。この場合，強いCSのときの方が条件づけが早く形成され，そしてレベルも高い（たとえば，Rodriguez, G., & Alonso, G. 2002 Latent inhibition as a function of CS intensity in taste aversion learning. *Behavioural Processes*, 60, 61-67.）。

(4) USの強さ

同様にUSの強さも影響する。とくにUSとして電気刺激やパフを使用した実験では，条件反応の大きさはUSの強度におおむね比例する（Fitzgerald, R. D., & Teyler, T. J. 1970 Trace and delayed heart-rate conditioning in rats as a function of US intensity. *Journal of Comparative & Physiological Psychology*, 70, 242–253.)。

(5) 試行間隔

1回1回の対提示をどのくらいの時間間隔で行うかということである。一般論としては，時間間隔をゆっくりとったほうが結果として強固な条件づけが形成される。早く条件づけようとして急いでも意味がないのである（たとえば，Spence, K. W., & Norris, E. B. 1950 Eyelid conditioning as a function of the inter-trial interval. *Journal of Experimental Psychology*, 40, 716–720.)。

7-4 情動反応の条件づけ

6章に記載したレスポンデント行動のリスト（表6-2）をみるとわかるように，レスポンデント行動には感情や情動に関連するものが多い。そのうちのあるものは，楽しさや喜びのような快を伴う情動反応であり，またあるものは怒りや恐れなどの不快を伴う情動反応である。

もろもろの情動反応のうち，私たちが経験する多くのものが学習性のものである。携帯電話に現れた11桁の数字を見て，顔を赤らめ心臓の鼓動が高鳴ったとしよう。数字自体にそのような情動反応を引き起こす生得的な働きはない。これらの反応は過去にその電話番号と好きな人が対提示されたことによる条件反応である。また，歯科医師の顔や白衣を見ただけで泣き出す子どもも，始めからその歯科医師や白衣を怖がっていたのではなく，白衣を着た歯科医師と虫歯治療のドリルの痛さが対提示された結果生じた条件反応である。このように，私たちの情動反応の多くを占める学習性の情動反応を「**条件性情動反応**（conditioned emotional responses）」とよぶ。条件性情動反応のうちとくに嫌悪的な感情

や恐怖を伴う反応は，少ない対提示で容易に形成され，また，打ち消そうとしてもなかなか消せないものである。とりわけ強い情動反応が現れる「恐怖症」とよばれる状態になると，日常生活にもさまざま支障をきたすようになる。

この条件性情動反応を最初に実験的に研究したのは，ワトソンとレイナー（1920）である。この研究はアルバートという孤児院に収容されていた生後11ヶ月の幼児を被験者として，白ネズミに対する恐怖反応を実験的に形成したものである。(Watson, J. B., & Rayner, R. 1920 Conditioned emotional reactions. *Journal of Expermental Psychology*, 3, 1-14.)

彼らはまず，アルバートが実験前は白ネズミに対する恐怖反応を示さないこと，鋼鉄棒の音が強い恐怖反応を引き起こすことを確かめた上で，白ネズミをCS，鋼鉄棒の音をUSとして条件づけを実施した。ワトソンは実験の様子を次のように記述している。

> 「11ヶ月と3日。突然バスケットから白ネズミを取り出して，アルバートに見せる。彼は左手をネズミの方に伸ばそうとする。彼がネズミに触れた瞬間に，背後で鋼鉄棒を激しく叩く。アルバートは飛び上がり，前向きに倒れ，マットレスに顔をうずめた。しかし泣かなかった」(Watson, J. B. 1930 *Behaviorism*. Norton & Company, Inc. Revised Ed. 安田一郎訳　1980『行動主義の心理学』河出書房新社)。

この後，6回の対提示を行ったのちに，CSである白ネズミだけを見せたところ，アルバートは「ネズミを見た瞬間に泣き出し，身体を鋭く左へねじろうとして倒れ，四つんばいで逃げ出した」のである。そして，この後この恐怖反応は，白ネズミと何らかの点で似ているもの，たとえば，ウサギ，イヌ，アザラシの毛皮，脱脂綿に対してもネズミほど強くはないが，起きるようになった

7 レスポンデント条件づけ

(後述の般化現象)。ワトソンとレイナーはこの後,アルバートから白ネズミに対する恐怖反応を取り除くことを計画していたが,アルバートに里親ができて孤児院から出てしまったため,実施できずに終わったという。

ワトソンとレイナー (1920) の試みは,倫理的な批判は否めないものの,「恐怖症」がレスポンデント条件づけで形成されることを実証したという点で貴重な研究であった。彼らが実施することができなかった恐怖症を"治療"する試みは,その後,ジョーンズ (1924) が行って成功したが,それが実際に治療場面で用いられるようになったのは 1950 年代に入ってからである (Jones, M. C. 1924 A laboratory study of fear : The case of Peter. *Pedagogical Seminary*, 31, 308–315 ; Jones, M. C. 1974 Albert, Peter, and John B. Watson. *American Psychologist*, 29, 581–583.)。

8

レスポンデント条件づけの諸現象

8-1 保持と消去

　無条件刺激との対提示によって中性刺激に条件づけられた反応は，どのくらいの期間保持されるのであろうか。文献に載せられたデータでみてみよう (Kimble, G. A. 1961 *Hilgard and Marquis' Conditioning and Learning*. New York: Appleton-Century-Crofts, p. 281)。

ヒツジの運動反応	2年
イヌの眼瞼反射	16ヶ月
ヒトの眼瞼反射	20週間・19ヶ月
イヌの屈曲反射	30ヶ月
ヒトの唾液分泌反射	16週間

　ちなみにオペラント行動では，ハトのキーつつき行動が4年間保持されたという記述がある (Skinner, B. F. 1950 Are theories of learning necessary? *Psychological Review*, 57, 193-216.)。これらの期間は実験という時間的制約の中で測定されたものであるから，実際にはさらに長期にわたって保持される可能性がある。このように一度条件づけられた反応は，その後特別な操作がなされない限りは，時間経過による多少の減衰はあったとしても，かなり長期間保持される。

8 レスポンデント条件づけの諸現象　　　　　　　　　　　　71

　それでは，獲得された条件反応を消失させるにはどうすればよいのだろうか。そのためには**消去**（extinction）という特別な操作が必要なのである。ただし，ここで消去という用語は2つの意味をもっているので注意してほしい。1つは条件反応を消失させる手続きとしての消去であり，もう1つは条件反応が消失した状態を表す消去である。したがって，「消去する」という使い方をすれば手続きであり，「消去した」といえば状態になる。

(1) 消去手続き

　レスポンデント条件づけにおける**消去手続き**は，条件刺激と無条件刺激の対提示によって条件づけが成立した後，

　　　　条件刺激（CS）のみを単独で提示すること

である。図8-1にパブロフの実験における消去の例を示した。これは条件反射成立後，CS（30秒間のメトロノーム）の単独提

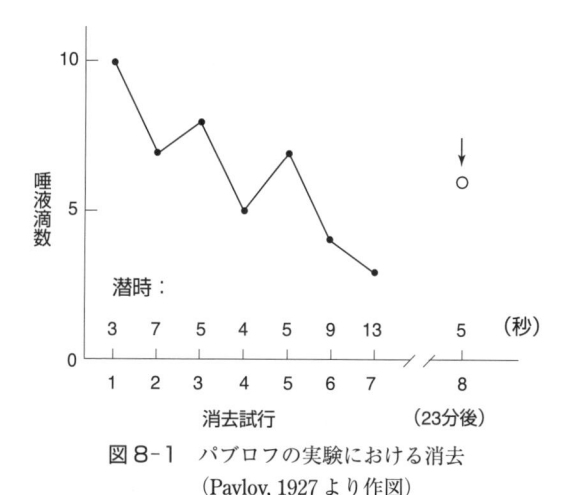

図 8-1　パブロフの実験における消去
（Pavlov, 1927 より作図）

示を7回行ったものである。図のように、条件反応はCSの単独提示になると徐々に減少していく。この実験では唾液分泌は消去7試行で10滴から3滴にまで減少し、また反応潜時は3秒から13秒に増加した。同様の消去プロセスは7章の図7-6でもみることができるので、参照されたい。

この実験でパブロフは、7試行まで2分間隔で行っていたメトロノームの単独提示を23分間中断し、その後再びメトロノームを提示してみた。すると図8-1の右端に矢印で示したように、唾液の分泌量が6滴に増加、反応潜時は5秒に減少した。このように、消去手続きによって反応が減少したあと、しばらく時間が経過した後のCSの単独提示によって条件反応が復活する現象を**自発的回復**（spontaneous recovery）という。自発的に回復した条件反応は、もう一度CSを単独提示すると再び減少し、また時間がしばらく経過したあとにCSを提示すると前よりも小さい自発的回復が起こる。このような手続きを繰り返すとやがて条件反応は完全に消去する。以上の条件反射獲得と、消去そして自発的回復のプロセスは図8-2のように模式化することができる。

図8-3は条件反応が自発的回復を繰り返しながら徐々に消去していく様子を示した実際の実験結果である。消去に先立ち1000 Hz（ヘルツ）の音と餌とを対提示する条件づけを1日10試行、20日間行った。図はその後消去を6日間実施し、1日のデー

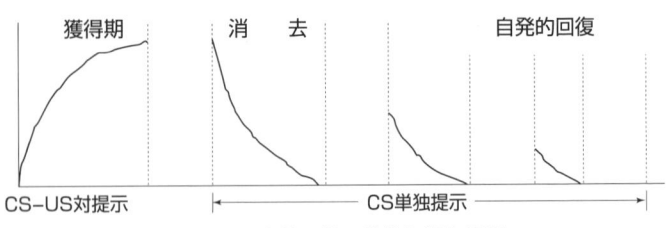

図8-2 条件反射の獲得と消失過程

8 レスポンデント条件づけの諸現象

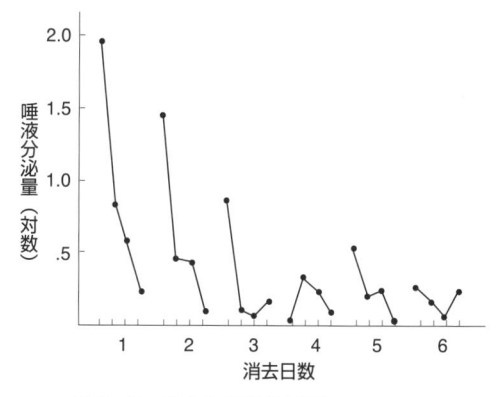

図8-3 消去と自発的回復
(Wagner *et al.*, 1964 より改変)

タを 1, 2-4, 5-7, 8-10 試行のブロックに分けて, 1000分の 2 mℓ 単位で計測した唾液分泌量の 7 頭のイヌの平均値を対数化してプロットしたものである。唾液分泌量は消去 1 日目に大幅に減少するが, 2 日目の開始時にはまた上昇し, セッションの最後には低下するもののまた翌日の開始時には増加するというように, 自発的回復現象を示しながら全体として徐々に消去していく様子がよくわかる (Wagner, A. R., Siegel, S., Thomas, E., & Ellison, G. D. 1964 Reinforcement history and the extinction of a conditioned salivary response. *Journal of Comparative and Physiological Psychology*, 58, 354-358.)。

自発的回復は, 対提示の回数, もともとの CR の大きさ, 消去時の CS 提示の時間間隔, 消去試行の回数, 消去と再学習の回数などさまざまな変数の影響を受けることが知られている。

条件反応の消去はこのように, 単に反応が自然に減衰するというものではなく, CS の単独提示という消去手続きによって条件反応の生起を抑制する積極的な操作なのである。条件反射の過程

を大脳の働きとして説明しようとしたパブロフは、条件反応の形成を大脳の興奮過程、消去を制止過程と名づけ、この2つの過程によって条件反射のさまざまな現象を説明することを試みている。

　私たちの日常生活には、知らず知らずのうちに中性刺激と無条件刺激の対提示がなされ、条件づけが形成されていることがよくある。恋人がいつもつけている香水の匂いがすると、胸が高鳴り、犬に襲われて怖い思いをした後は、その場所を通るだけで緊張するようになる。しかし、同時に日常生活では偶然的な消去プロセスもまた働いている。たとえば、恋人と別れた後、他の人がその香水をつけているのに遭遇すると一時的に思い出が蘇るが、何度もそれを経験するならば次第に薄れてゆくし、また、犬に襲われた場所も最初は恐怖心が沸いたとしても、何度も通るうちにやがては普通になるであろう。

(2)　消 去 抵 抗

　条件づけられたレスポンデント反応は、比較的早く消去する場合となかなか消去しない場合がある。条件づけの消去に際して生じるこのような消去のしやすさ、しにくさは「**消去抵抗**(resistance to extinction)」とよばれている。すぐに消去するものは消去抵抗が低い（小さい）、逆になかなか消去しないものは消去抵抗が高い（大きい）という。強い恐怖反応など生体の生存にかかわるものは全体に消去抵抗が高くなるが、一般的にいうならば、消去抵抗は、(a) 対提示の回数、(b) 対提示のパターン、の2つの要因によって変化する。ハンフレイズ (1939) は、このうち特に(b) の対提示のパターンが消去抵抗に大きな効果を持っていることを実験的に明らかにした (Humphreys, L. G. 1939 The effect of random alternation of reinforcement on the acquisition and extinction of conditioned eyelid reactions. *Journal of Experimental Psychology*, 25, 141-158.)。

8 レスポンデント条件づけの諸現象

ハンフレイズの実験は，ヒトを被験者として CS と US の連続対提示条件と間欠対提示条件の消去抵抗に及ぼす効果を比較したものである。CS はライト，US はパフ，観測する CR は眼瞼反射である。まず，被験者は条件づけ獲得試行の対提示条件の違いにより次の 3 群（各群の人数は 22 名）に振り分けられた。

第 I 群：96 試行連続対提示（試行間間隔 30 秒）
第 II 群：96 試行中ランダムに 50％ 対提示（試行間間隔 30 秒）
　　　　（48 試行は対提示，48 試行は CS 単独提示）
第 III 群：48 試行連続対提示（ただし，試行間間隔 60 秒）

対提示の回数でみると，第 I 群が 96 回，第 II 群と第 III 群は 48 回である。つまり，この実験は第 II 群の間欠的な対提示パターンにおける消去プロセスを，それより対提示回数の多い連続対提示群（第 I 群）および同じ対提示回数の連続対提示群（第 III 群）の消去プロセスと比較しようとするものである。獲得試行に要する時間は 3 群とも同じである。

どの群も獲得試行の最終試行を対提示で終了したあと，24 試行の消去手続きが実施された。結果を図 8-4 に示す。獲得試行は 12 試行（第 III 群は 6 試行），消去試行は 6 試行を 1 ブロックとして被験者の平均反応率をプロットしたものである。

図をみると，獲得試行においてはどの群も大きな違いはなく，対提示を重ねるにつれて徐々に条件反応の出現頻度が上昇している。しかし消去試行では第 II 群の消去抵抗が他の 2 群に比べて高くなっている。対提示の回数は第 I 群の半分，第 III 群とは同じであるにも関わらずである。このように間欠的な条件づけ手続きによってもたらされる高い消去抵抗は，この実験にちなんで**ハンフレイズ効果**，または**部分強化効果**とよばれ，その後の研究によって多くの生体に広範にみられる一般的な現象であることが明らかとなった。

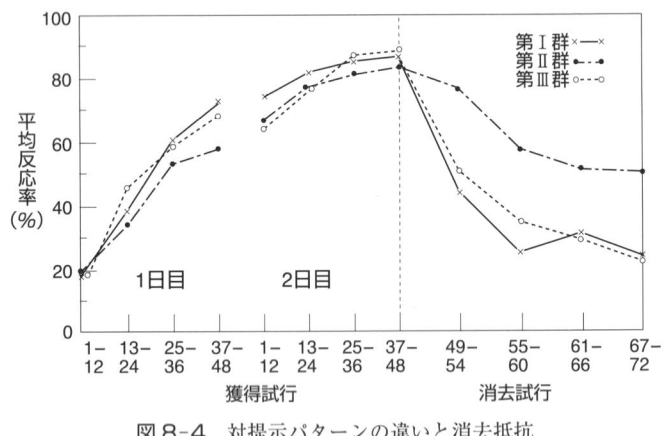

図8-4 対提示パターンの違いと消去抵抗
（Humphreys, 1939より改変）

(3) 拮抗条件づけ

　消去はCSを単独提示することによりCRの生起を徐々に「抑制」していくものであるが，そのCSを新たなUSと対提示することによって新しい条件づけを獲得させ，結果として元の条件反応生起率を減少させる方法がある。この方法は**拮抗条件づけ**（counterconditioning）とよばれ，とくに新しいURがもとのURと逆の反応を起こすようなUSを使うとき効果的である。パブロフは，音と電気刺激の対提示によって音に対する恐怖反応を形成した後，同じ音と食物を対提示したときに，音に対する恐怖反応が速やかに消失し，音がすると唾液分泌など食物に対する予備反応が恐怖反応にとって替わるようになったことを報告している（パブロフ，1927）。さらに興味深いことに，電気刺激と食物の対提示を行うだけでも，もしその電気刺激強度がそれほど強いものでなければ，電気刺激に対する恐怖反応が減少したという。この拮抗条件づけは，「恐怖症」などの治療を行うときに利用される方法の1つである。

8-2 般化と弁別

(1) 般　　化

　生体は，条件づけで使用されたCSに対してだけでなく，その刺激に類似した他の刺激に対しても同様に条件反応を示す。この現象を**般化**（generalization）という。たとえば，パブロフの条件反射で，1分間に112拍のピッチのメトロノームで条件づけられた犬は，80拍のメトロノームでも140拍のメトロノームでも反応を引き起こすようになる。あるいは，1000 Hz，80 db（デシベル）の純音で条件づけられたイヌは，異なる周波数や，大きさの音に対しても反応を起こす。そして，その反応の大きさは，その刺激が元のCSに類似している程度に応じて増減する。統制された実験条件のもとで，CSが同一の刺激次元（音の大きさやピッチ，光の明るさ，色のグラデーション，円図形の大きさなど）で変化するならば，条件反応の強さがCSを頂点として徐々に降下する**般化勾配**（generalization gradient）が得られる。

　図8-5はウサギの眼瞼条件づけにおける般化勾配の例である。CSは75 dbの音，USは右あごに対する電気刺激，URは電気刺激に対する眼瞼反応である。20羽のウサギが4羽ずつ5つの群に分けられ，各群はそれぞれCSとして500，1000，2000，3000，4000 Hzの音で1日100試行の対提示を4日間行った後，5日目にこの5つの刺激すべてを単独で提示して般化の状態を調べた。図からわかるように，CRの量は条件づけがなされたCSをピークとして，それからの距離が遠ざかるにしたがって低下している（Siegel, S., Hearst, E., George, N., & O'Neal, E. 1968　Generalization gradients obtained from individual subjects following classical conditioning. *Journal of Experimental Psychology*, 78, 171-174.）。

　この研究のように，動物を被験体とした実験では比較的きれいな般化勾配が得られることが多いが，ヒトが被験者の場合には常

にきれいな般化勾配が得られるとは限らないことが指摘されている（たとえば，Epstein, S., & Burstein, K. R. 1966 A replication of Hovland's study of generalization to frequencies of tone. *Journal of Experimental Psychology*, 72, 782-784.）。さらに，ワトソンとレイナー（1920，前述）の実験のように，CSが生きた白ネズミのような自然刺激の場合は，白ネズミが持っている諸々の特徴が般化刺激になりうることから，どのように般化するかを事前に予測することができず，結果から判断せざるを得ないことがある。

いずれにしても般化の現象は，条件づけによって生体に特定の変化をもたらすようになった条件刺激は，厳密に特定化されたものでなく，刺激群ともいうべき集合からなる比較的緩やかなものであることを示している。

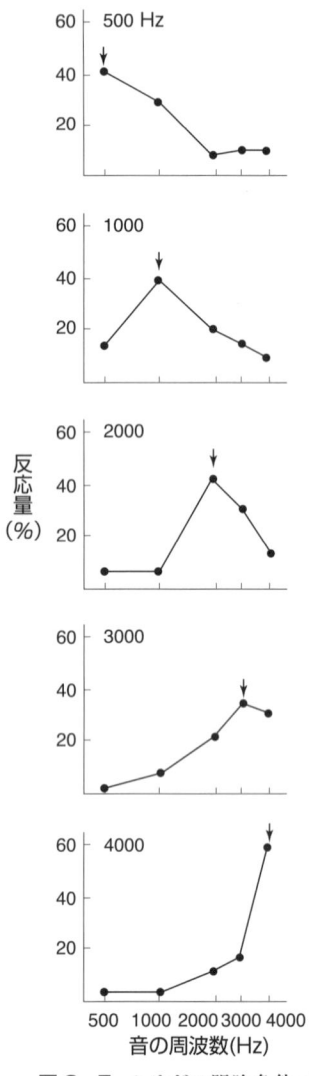

図 8-5 ウサギの眼瞼条件づけにおける般化勾配
(Siegel *et al.*, 1968)

(2) 弁　別

般化は，特定のCSについて条件づけを行うと，それと類似した他の刺激に対しても反応が

起こるようになることであるが、これとは逆に、<u>類似している刺激の一方には反応が出現するがもう一方には出現しない</u>という**弁別**（discrimination）を形成することもできる。弁別には分化条件づけという一定の手続きが必要である。

典型的な**分化条件づけ**の手続きは、2つの刺激、たとえば1000 Hzの音と2000 Hzの音を用意し、<u>一方の刺激にはUSを伴わせ、もう一方の刺激は単独で提示する</u>という試行を繰り返すことである。USを伴わせる刺激をCS$^+$、単独提示の刺激をCS$^-$として手続き例を図示すると、

```
試行  1    2    3    4    5    6    7    8
    CS⁺  CS⁺  CS⁻  CS⁺  CS⁻  CS⁻  CS⁻  CS⁺ ……
    US   US        US                   US  ……
```

のように対提示の試行と単独提示の試行をランダムに繰り返すのである。図8-6は、ウサギの眼瞼条件づけにおいて、75 dbで1200 Hzの音をCS$^+$、2400 Hzの音をCS$^-$として、1日CS$^+$（US対提示）を60試行、CS$^-$を60試行ランダムに提示する分化条件づけを3日間行ったものである。1日ごとの弁別の進行過程が20試行を1ブロックとして示されている。CRはCSとUSの時間間隔に生じる予期的な眼瞼反応の頻度（%）である（Moore, J. W. 1972 Stimulus control ; Studies of auditory generalization in Rabbits. In Black A. H., & Prokasy, W. F. (Eds.), *Classical conditioning II : Current*

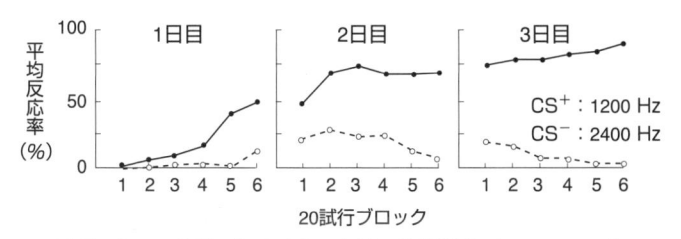

図8-6　ウサギにおける音の弁別の進行過程（Moore, 1972）

research and theory. New York: Appleton-Century-Crofts, pp. 206-230.)。

　このように類似している刺激に対して分化条件づけを施すことにより2刺激間に弁別が生じるということは，逆にこの方法を用いれば，生体が任意の2刺激を区別できるかどうかを調べることができるということになる。実際，この弁別の現象を手がかりにして，ことばをもたない動物がどのように外部の刺激を知覚しているかについての研究が行われている。

　この弁別に関連してパブロフ（Pavlov, 1927）はイヌの**実験神経症**（experimental neurosis）という興味深い現象を報告している。この実験ではイヌが円と楕円の弁別を行った。まずスクリーンにCS$^+$として円を投影しそれに餌を対提示して条件づけを行った。次にCS$^-$として同照度，同面積で横縦の比が2：1の楕円を導入して通常の分化条件づけを行い，その後CS$^-$を徐々に円に近づけ，比を3：2，4：3，9：8と変化させていった（図8-7参照）。イヌは横縦比4：3までは完全な弁別を示したが，比が9：8になったとき，最初の1回目は1滴しか反応しなかったものの，その後は楕円に対しても円と同じように多くの唾液を分泌するようになってしまった。また，その後に以前には弁別できた2：1の楕円に戻したところ，やはり唾液が分泌されるようになってしまった。

　同時にイヌの行動全体に，悲鳴をあげ，のた打ち回り，実験装置やチューブを歯で引きちぎるなどといった以前には見られなかった異変が現れるようになった。以前はおとなしかったイヌが，実験室に入れられると激しくほえるようになった。パブロフはこれらのイヌの症状が人間における「神経症」に類似すると考え，「実験神経症」と名づけた。

　この名称が適切であるかどうかはひとまず措くとして，同様の現象はその後，ヒツジ，ラット，ネコなどでも確認されており，また，弁別が困難なときだけでなく，動物がボタンを押すと

8 レスポンデント条件づけの諸現象

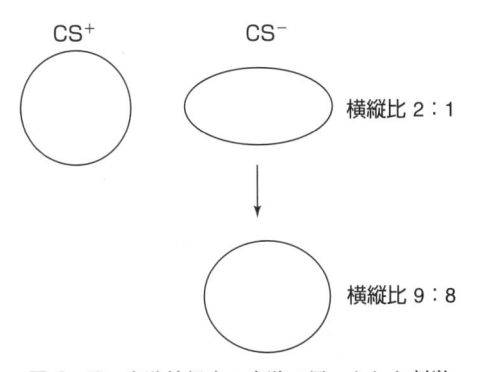

図8-7 実験神経症の実験で用いられた刺激

「餌」と「電気刺激」が同時に提示されるような場合にも同じような錯乱状態が生じることが報告されている。「実験神経症」の現象は，生起すべき身体反応について葛藤が生じるような環境事態では，生体は一貫性のない混乱した行動をとることがあることを示している。

8-3 複合刺激によるレスポンデント条件づけ

今までは，条件づけの際のCS（あるいはCS$^+$）が1つの刺激からなる単純な場合をみてきた。しかし，動物や人間の自然生活場面では，CSとなるべき刺激物が複数の要素から構成されていることがある。たとえば，アルバートに提示された白ネズミが首に鈴をつけていたとしよう。アルバートは白ネズミに対してと同じように鈴に対しても恐怖反応を示すようになったであろうか。あるいは最初に白ネズミに対する恐怖反応を形成した後に，白ネズミに鈴をつけてもう一度条件づけを行った場合，2度目の条件づけでアルバートは鈴に対しても恐怖反応を示すようになるだろうか（解答は表8-1，複合条件づけ，阻止の項参照）。

このような複合的な刺激が関連するレスポンデント条件づけについてさまざまな現象が明らかになっている。ここでは、そのうち2刺激が用いられる代表的な現象について説明しよう。2つの刺激は実験では、視覚刺激である光と聴覚刺激である音が用いられることが多いが、表8-1ではイメージしやすいように視覚刺激を「ネコ」、聴覚刺激を「鈴」として各現象のあらましをまとめた。

① **複合条件づけ** compound-stimulus conditioning
　「鈴」をつけた「ネコ」とUSを対提示すると、「鈴」に対しても「ネコ」に対してもCRが生じるようになる。ただし、一般に反応量は両方を同時に提示した場合より少ない。

② **隠　　蔽** overshadowing
　同じ複合条件づけであるが、「ネコ」の強度を大きくし「鈴」を小さくすると、鈴に対しては反応が生じなくなる。逆に「鈴」を大きくし、目立つようにすると、ネコに対する反応より鈴に対する反応が大きくなる。

表8-1　複合刺激によるレスポンデント条件づけの諸現象

	前 処 置	条件づけ	後 処 置	テ ス ト
複合 条件づけ		ネコ・鈴-US		ネコ ○ 鈴 ○
隠　　蔽		**ネコ**・鈴-US ネコ・**鈴**-US		ネコ ○ 鈴 × ネコ × 鈴 ○
阻　　止	ネコ-US (鈴-US)	ネコ・鈴-US		ネコ ○ 鈴 × (鈴 ○ネコ×)
感性予備 条件づけ	ネコ・鈴	ネコ-US (鈴-US)		ネコ ○ 鈴 ○ (ネコ ○ 鈴○)
高次 条件づけ		ネコ-US (鈴-US)	ネコ・鈴	ネコ ○ 鈴 ○ (鈴 ○ネコ○)

③ **阻　　止**　blocking

　最初に「ネコ」だけで条件づけておいて，次に「ネコ」と「鈴」の複合刺激で条件づけたとき，「鈴」に対しては条件反応を示さない。（　）内は「ネコ」と「鈴」が入れ替っても可能であることを示す。

④ **感性予備条件づけ**　sensory preconditioning

　最初に「ネコ」と「鈴」の対提示を行い，次に「ネコ」だけとUSで条件づけを行った場合，「鈴」でも条件反応が現れるようになる。

⑤ **高次（2次）条件づけ**　higher (second)-order conditioning

　④と逆の順序で，最初に「ネコ」とUSの条件づけを行い，次に「ネコ」と「鈴」の対提示を反復すると，「鈴」でも条件反応が現れるようになる。

　以上のような複合刺激によるレスポンデント条件づけのさまざまな現象が示唆していることは，レスポンデント条件づけによって生体が学ぶのは単に対提示された刺激と反応の関係だけではない，ということである。隠蔽と阻止は，CSが複合刺激の場合，付随的な刺激（冗長な情報）は無視されるという簡略化が起きることを示したものである。とくに，阻止は手続きとして対提示が行われても条件づけが生じないことがあることを示した点で，レスポンデント条件づけの従来の考え方に大きな疑問を投げかけたものであった (Kamin, L. J. 1968 "Attention-like" processes in classical conditioning. In M. R. Jones (Ed.), *Miami symposium on the prediction of behavior : Aversive stimulation.* Coral Gables, FL : University of Miami Press, pp. 9-31.)。また，感性予備条件づけ (Brogden, W. J. 1939 Sensory pre-conditioning. *Journal of Experimental Psychology*, 25, 323-332.) と高次条件づけ（パブロフ，1927）は以前から知られていた現象ではあったが，反応が関与しない「刺激と刺激」だけの対提示もレス

ポンデント条件づけの一形態であることを示している点で重要な現象である。

9

レスポンデント条件づけの新しい考え方

　パブロフの条件反射の「メトロノーム──→唾液分泌反射」の図式に代表されるように，一般にレスポンデント条件づけは「刺激と反応」の学習であるとみなされることが多い。しかし，1960年代以降の研究によって，刺激と反応の学習はレスポンデント条件づけによって行われる学習の一部であり，レスポンデント条件づけはむしろ「刺激と刺激の関係」，あるいは「事象（event）間の関係性」の学習であるとみなされるようになってきた。

　さらに，伝統的なレスポンデント条件づけの手続きに関してもさまざまな見直しが行われている。たとえば，本書でもこれまでレスポンデント条件づけの手続きを原則的に「対提示の反復」として述べてきたが，学習の種類や学習状況によっては必ずしも対提示の反復がなくても条件づけは成立することが明らかになってきた。それは場合によっては一回だけの対提示でも，2刺激間の時間間隔が緩やかでも，あるいは間歇的な対提示や確率的な対提示でも可能なのである。また，刺激関係も2刺激にとどまらず3刺激，4刺激が関連している条件づけも実際にはありうることである。

　本章では，レスポンデント条件づけの新しい考え方とそれらをもたらした代表的な研究について述べる。

9-1 反応がなくてもレスポンデント条件づけは起きる

レスポンデント条件づけで動物や人間は何を学ぶのであろうか。もう一度基本に戻って考えてみよう。レスポンデント条件づけの基本パラダイムは，

$$\begin{cases} NS \\ US \longrightarrow UR \end{cases}$$

つまり，中性刺激（NS）と無条件刺激（US）の対提示を反復すると，それまでは US によって引き起こされていた無条件反応（UR）が NS（CS）のみによって引き起こされるようになる（CR），ことであった。

$$NS(CS) \longrightarrow CR$$

典型的な実験では，US として唾液分泌反応を引き起こす肉粉や酸，あるいは強い情動反応を引き起こす電気刺激が用いられた。いま仮に NS をメトロノームの音，US として強い不快感情を引き起こす大きな音，UR として皮膚電位反応を想定してみよう。メトロノームと大きな音の対提示によって条件づけが成立すると，やがてメトロノームだけでも皮膚電位反応が生じるようになるだろう。

さて，このとき US の大きな音のボリュームを少し小さくして対提示してみたらどうなるだろうか。おそらく CR は前より小さくなるだろう。さらに音量を下げて，この音が 70 db 程度の普通の音になったらどうだろうか。こうなるとこの音はもはや皮膚電位反応を引き起こす無条件刺激ではなく，メトロノームと同じ中性刺激である。このように，中性刺激と対提示される刺激が無条件反応を起こすほど強くない場合は，レスポンデント条件づけとはよばれないのであろうか。この問いの意味はつまり，中性的な

9 レスポンデント条件づけの新しい考え方

刺激と刺激の対提示で，学習が生じるか生じないかということである。

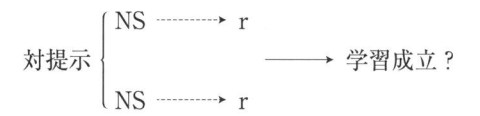

$$
対提示 \begin{cases} NS \dashrightarrow r \\ \\ NS \dashrightarrow r \end{cases} \longrightarrow 学習成立？
$$

8-3の感性予備条件づけや高次条件づけの項で，私たちは条件づけの前後に実施されるNSとNSの対提示が条件づけに影響を及ぼすことをみた。また，日常生活においても，もし，「鈴」をつけた「ネコ」を続けて見る機会があるならば，やがて「鈴」の音が聞こえれば「ネコ」の姿が浮んだり，あるいはその「ネコ」がドアの向こうを通ると「鈴」の音が聞こえるようななんらかの身体変化を――私的出来事としてではあるが――感じることがあるのではないだろうか。これは古くから観念連合といわれている一般的な現象である。

これらの例からも明らかなように，レスポンデント条件づけは無条件反応がなくても生じるのである。それでは**レスポンデント条件づけ**とはなんだろうか。それは2つの刺激を時間的に前後させて提示する手続きだということである。その対提示によって2つの刺激間の関係が学習されると，一方の刺激が提示されたときにもう一方の刺激に付随する身体変化が生起するようになる。従来の典型的な実験研究では，2刺激のうちの一方の刺激がたまたま生得的なレスポンデント反応を引き起こす無条件刺激（US）であったということである。

初期のレスポンデント条件づけ研究において，一方の刺激にUSを用いることは研究上の大きな利点があった。それは，条件づけが成立したかどうか，すなわち2つの刺激間の関係が学習されたかどうかが条件反応を観察することによって判定できる，ということである。しかしながら，そのことが逆にレスポンデント

条件づけの適用範囲を長い間，反応を生じさせる刺激とその反応という狭い範囲に限定してしまったのである。さらに，学習研究者以外の人にとってはパブロフの条件反射が「ベル！→唾液分泌」の定式としてあまりにも強烈なために（実際の研究ではベルはほとんど使われなかったのだが），新しい知識を「ブロッキング」したともいえるだろう。レスポンデント条件づけの近代化と理論化を推進したレスコーラは1988年に，アメリカ心理学会の機関紙である American Psychologist 誌に，"*Pavlovian conditioning : It's not what you think it is*" という論文を書いている（Vol. 43, pp. 151-160）が，いかに人々が古い考えから抜け出せないでいたかを物語るタイトルである。レスポンデント条件づけの新しい考え方についてのレスコーラら（1972）の理論は**レスコーラ・ワーグナー理論**とよばれている（Rescorla, R. A., & Wagner, A. R. 1972 A theory of Pavlovian conditioning : Variations in the effectiveness of reinforcement and nonreinforcement. In A. H. Black & W. F. Prokasy (Eds.), *Classical conditioning II : Current research and theory.* New York : Appleton-Century-Crofts, pp. 64-99.)。

9-2　対提示がなくても条件づけは起きる

たとえば2つの刺激 A，B が A がやや先行して対提示されると，A→B の学習が成立するが，それでは A と B が対提示されずに，常に時間的に離れて提示されたときは学習は生じないのであろうか。確かに A→B の学習は生じないであろう。しかし逆に，A の後に B は来ないという学習が成立することはないのであろうか。

レスコーラ（1966）の実験は，「A の後に B は来ない」ということも「A と B とは関係ない」ことも条件づけによって学習し得ることを明らかにした（Rescorla, R. A. 1966 Predictability and

9 レスポンデント条件づけの新しい考え方

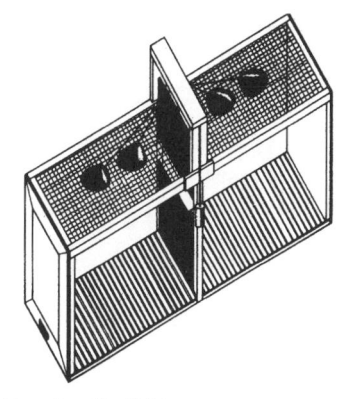

図9-1 イヌ用シャトル箱（図はSolomon & Wynne, 1953より引用）

number of pairings in Pavlovian fear conditioning. *Psychonomic Science*, 4, 383-384.)。実験では中央の障壁によって2部屋に分割されたシャトル箱が用いられた（図9-1参照，Solomon, R. L., & Wynne, L. C. 1953 Traumatic avoidance learning: Acquisition in normal dogs. *Psychological Monographs: General and Applied*, 67, 1-19.）。床は鋼鉄製のグリッドで1回あたり0.25秒の電流が流れるようになっている。中央の障壁は，通常は下から約40 cmでイヌが両部屋を行き来できるが，上の仕切り板が下りると往来が不可能になる。実験手続きは次の3段階に分かれている。

第1段階：回避訓練

　　被験体となる18匹のイヌはまず「シドマン型回避訓練」（13章）によって，障壁を乗り越えて2つの部屋を行き来することを学習する。シドマン型回避というのは，連続的に嫌悪刺激が生起するような場面で何もしない場合は嫌悪刺激を受けるが，特定の行動を起こしていれば嫌悪刺激を回避することができるというものである。この実験では，イヌが片方

の部屋にいると、10秒ごとに電気刺激が提示される（これをS-S間隔という。Sはshock）。しかし障壁を乗り越えてもう一方の部屋に移ると、その部屋では30秒間電気刺激の提示が猶予される（これをR-S間隔という。Rはresponse。30秒後にはS-S間隔が開始する）。これを3日間行い、イヌが一定間隔で2つの部屋を移動し、電気刺激を回避するよう訓練する。

第2段階：パブロフ型恐怖条件づけ

4日目から、5秒間の400 Hzの音をCS、5秒間の電気刺激をUSとして条件づけを行う。これはシャトル箱の仕切り板を閉じ、一方の部屋で行う。イヌを6匹ずつ3群に分け、各群に対して異なる条件づけを施す。

[**ランダム群**] CSとUSはランダムかつ独立に生起する

　CSは平均2.5分の間隔で、24回ランダムに生起し、USも同様に平均2.5分の間隔で、24回ランダムに生起する。したがって、偶然的に音の後に接近して電気刺激が提示されることもあるが、全く離れていることもある。

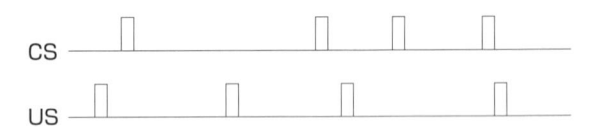

[**正の予測群**] CSとUSは時間的に接近している

　CSとUSの発生方法は同じであるが、実際にはCSの開始から30秒以内にプログラムされたUSだけが、イヌに与えられる。したがって、次の図では灰色に着色されたUSだけが実際に提示される。

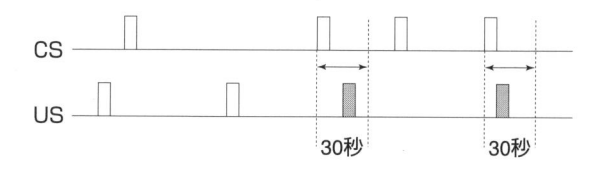

［負の予測群］CSとUSは常に時間的に離れている

　これもCSとUSの発生方法は同じであるが，この群では下図のようにCSの開始から30秒以上離れてプログラムされた（灰色に着色されている）USだけが，実際にイヌに与えられる。

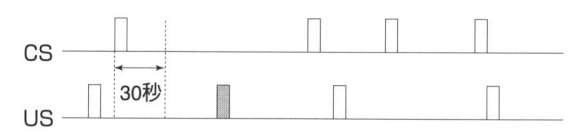

　この後，回避訓練と恐怖条件づけを一日おきに実施した後，第13日に第3段階を行う。

第3段階：テスト

　　シドマン型の回避訓練手続きを実施し，イヌが安定した回避行動を起こしているときに，CS（5秒間の音）のみを平均2.5分の間隔で24回提示し，CS提示時およびその前後の回避行動の変化を測定した。

　結果を図9-2に示す。横軸はテスト時のCSの提示とその前後25秒間のイヌの回避行動（部屋の移動）を5秒ごとに集計したものである。CSが提示される前はどの群のイヌもおおよそ1分間に6回から7回程度の安定した回避行動を示している。しかし，CSが提示された直後，3つの群のイヌは全く異なる変化を示した。「正の予測群」つまり，CSとUSが接近していた群のイヌは回避行動が2倍以上に増加し，「負の予測群」，CSとUSがいつ

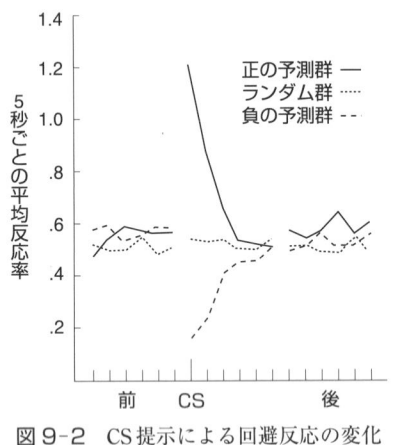

図9-2 CS提示による回避反応の変化
(Rescorla, 1966)

も離れていた群のイヌは回避行動が著しく減少した。「ランダム群」のイヌは変化がなかった。音による回避行動の変化はしかし，CS提示後しばらくすると収まり，その後はまた安定した回避行動に戻っている。

テストにおける3群の回避行動の違いは，第2段階でのCSとUSの時間関係の違いによってもたらされたものである。CSとUSの関係がオーソドックスなレスポンデント条件づけの対提示に近い「正の予測群」は，CS（音）の提示によってその直後に電気刺激が到来することを予測したような行動を示し，逆にCSとUSとが常に時間的に離れていた「負の予測群」では，電気刺激が来ないことを予測したような行動がみられたのである。「負の予測群」の結果は，この節の冒頭で述べた「Aの後にBは来ない」ことがレスポンデント条件づけの手続きによって学習されたことを示すものである。また，「ランダム群」の結果は，なにも学ばなかったのではなく，「CSとUSは無関係」であることを

学んだということである。

このように、この研究はレスポンデント条件づけが2つの事象間の関係についての学習であり、CSとUSが時間的に接近して対提示される形のものだけがレスポンデント条件づけではないことを示した貴重な研究であった。

9-3 すべての刺激がCSになるわけではない

毒物を食べて具合が悪くなったことがある動物は、その後同じようなものを食べるときに慎重になりそれを回避するようになるが、そのとき臭いや味覚には敏感になるけれども、それを食べた「場所」にはあまり頓着しないという。ガルシアとケーリング(1966)は、条件づけが起こる時にはこの例のようにCSになりやすいものとなりにくいものがあるのではないかと考え、それを実験的に確かめた。この実験は「**味覚嫌悪学習**(taste aversion learning, あるいは conditioned food aversion)」の実験とよばれ、「食あたり」など人間の日常生活でもしばしば起きていることの実験的根拠を提供するものである (Garcia, J., & Koelling, R. A. 1966 Relation of cue to consequence in avoidance learning. *Psychonomic Science*, 4, 123-124.)。

彼らはCSとして、視聴覚刺激（光音の断続提示）と味覚刺激（甘いサッカリン水）からなる複合刺激を用意し、USとしては吐き気などの嫌悪的な身体変化をもたらす処置（具体的にはX線の照射か塩化リチウムの投与）、あるいは電気刺激（直接ショックか遅延ショック）を用いた。ここでは簡単化してX線照射と直接ショックの2群に絞る。被験体は水を制限したラットである。この実験も3段階で行われた。

第1段階：事前テスト

　ラットに，「光音つき水」と甘い「味つき水」の2つを提示し，それぞれの水の摂取量を測定する。「光音つき水」はラットが摂水管のノズルを舐めるたびに白熱灯がつきクリック音がなるというものである。

第2段階：条件づけ

　2群ともCSは，「光音」+「味つき水」の複合刺激で，USが異なる。

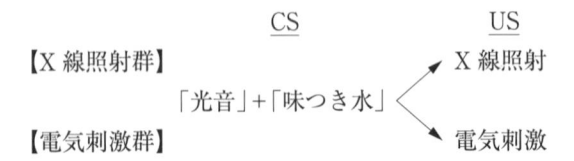

	CS	US
【X線照射群】		X線照射
	「光音」+「味つき水」	
【電気刺激群】		電気刺激

　「光音」+「味つき水」は，味つき水を飲むたびに，光と音が伴うものである。X線照射群は，20分間のCSとX線照射を3試行（3日），電気刺激群は2分間ラットがCSの水を飲む度に床に電流を流す（そして水飲みは一時中断する）という対提示を一日2試行（4日）実施する。

第3段階：事後テスト

　事前テストと同様「光音つき水」と「味つき水」の摂取量を別々に測定する。

　図9-3は各群の事前テスト，事後テストにおける「光音つき水」と「味つき水」の摂取量を比較したものである。中央の実線カーブは条件づけのときの強化試行におけるCS摂取量の変化，破線は間に挿入された非強化試行における水摂取量の変化である。両群とも事前テストにおける水の摂取量には大きな差はなく，両方を同じ程度に飲んでいることがわかる。しかし，事後テストに

9 レスポンデント条件づけの新しい考え方

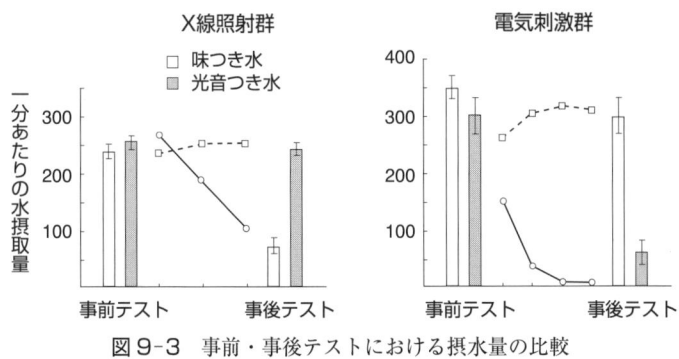

図9-3 事前・事後テストにおける摂水量の比較
(Garcia & Koelling, 1966)

なると，2つの群のラットは正反対の結果を示す。左のX線照射群は「光音つき水」は飲んでいるが「味つき水」の摂取量が少なく，一方，電気刺激群は「味つき水」は飲んでいるが「光音つき水」の摂取量が少ない。

つまり，X線照射との対提示によって「吐き気」や「胃の不調」が生じたラットは，CSの「光音」と「味」の複合刺激のうち「味」に対して嫌悪条件づけが成立し，反対に電気刺激との対提示によって「不快」を経験したラットは，「味」ではなく「光音」に対して恐怖条件づけが成立したのである。

このように，この実験はレスポンデント条件づけの際に，すべての刺激が同じようにCSとして機能するわけではないということを明らかにしたのに加えて，CSとUSの対提示回数が少なく，また，X線照射のように嫌悪的な結果がかなり遅れて出現するような場合でも条件づけが可能であることを明らかにした。味覚嫌悪学習の際に生じる，このような刺激の選択的連合の起源としては，主として系統発生的な原因が考えられている。

ガルシアらの別の研究は、味覚嫌悪学習によってさらにドラマチックな変化が生じることを報告している (Gustavson, C. R., Kelly, D. J., Sweeny, M., & Garcia, J. 1976　Prey-lithium aversions : Coyotes and wolves. *Behavioral Biology*, 17, 61-72.)。この研究は施設における実験と実際の牧場を使用した野外研究から成り立っており、コヨーテ、オオカミ、クーガーを被験体としたものである。1つの実験では、ヒツジの居住場所に毒性を持つ塩化リチウム入りのマトン（ヒツジ肉）をおいて置き、オオカミに1回だけ食べさせた。その後薬の影響が回復してからヒツジを放してみたところ、オオカミはヒツジを捕らえたものの一噛みしただけでやめてしまった。そして、そのあと30分後には捕食者と被捕食者の関係が逆転し、ヒツジが、逃げ回るオオカミを追いかけ回すようになった。1975年の冬から春にかけてワシントン州の3000エーカーの牧場で実施された野外研究では、コヨーテに塩化リチウムで汚染されたおとりのヒツジを食べさせたところ、コヨーテによるヒツジの被害がそれ以前の年に比べて30%から60%減少したという結果が得られている。

近年はさらに、味覚嫌悪とは逆の現象、たとえば、ある味が高カロリーの食物（好ましいUS）と対提示されるとその味に対する好みが増すといった**条件性食物選好**（conditioned food preference）の研究も行われている (Capaldi, E. D., Campbell, D. H., Sheffer, J.D., & Bradford, J. P. 1987　Conditioned flavor preferences based on delayed caloric consequences. *Journal of Experimental Psychology: Animal Behavior Processes*, 13, 150-155.)。

9-4 レスポンデント条件づけの適用範囲の拡大

(1) レスポンデント条件づけによって好き嫌いやものの価値が変わる

レスポンデント条件づけの手続きは、味覚の好悪だけでなく、さらに環境内の諸々の事物の好き嫌いや、快不快の感情、善悪の判断などに関係していることが、評価条件づけ(evaluative conditioning)に関する最近の研究によって指摘されている (De Houwer, J., Thomas, S., & Baeyens, F. 2001 Associative learning of likes and dislikes: A review of 25 years of research on evaluative conditioning. *Psychological Bulletin*, 127, 853-869.)。

評価条件づけの一般的な手続きは、CS（中性的な写真やことばなど）を情緒的な反応を誘発するようなUS（中性的でない写真、芳香、ネガティブなことば、笑顔など）と対提示することである。条件づけが成立すると、もともと中性的であった写真やことばが、好ましく評価されたり、悪く評価されるようになる。このような現象は、対人関係、消費者行動、情動表出、心理臨床等私たちの日常生活のさまざまな場面に関わっていると考えられる。具体的に2つの研究例を紹介しよう。最初は、レヴィとマーチン(1975)による評価条件づけの先駆的研究である (Levey, A. B., & Martin, I. 1975 Classical conditioning of human 'evaluative' responses. *Behavior Research and Therapy*, 4, 205-207.)。

この実験は3段階からなっている。まず、第1段階で、被験者に50枚の絵の写真を見せ、これらを「好き」「嫌い」「どちらでもない（中性）」の3つのグループに分けてもらう。次に被験者に「最も好きなもの」2枚と「最も嫌いなもの」2枚を選んでもらう。この4枚の写真をUSとし、「どちらでもない」のグループから取り出した任意の4枚をCSとする。さらに「どちらでもない」の中から2枚を選び、中性-中性のペアとした。これはい

表 9-1 評価条件づけにおける対提示のパターンとその結果
（Levey & Martin, 1975より改変）

刺激ペアの組合せ	結果	
NS（中性）―― US（好き）	**16.0**	73.0
NS（中性）―― US（嫌い）	**−31.6**	−74.0
NS（中性）―― NS（中性）	31.5	18.1
US（好き）―― NS（中性）	69.0	**− 1.8**
US（嫌い）―― NS（中性）	−71.4	**−29.8**

わゆるコントロール条件である。表9-1の左が刺激のペアの組合せで，上から1，2番目が中性刺激が先行する通常の条件づけ，4，5番目がUSが先行する逆行条件づけである。

第2段階は条件づけで，1秒間隔で1秒間ずつ提示されるCSとUSのペアの対提示を各ペアにつき20回，それを5ペア分ランダムな順序で実施する。試行間間隔は数秒程度であった。

そして最後の第3段階で被験者は用いられた10枚の写真をもう一度「好き」「嫌い」に分類し，さらにそれらを好みの順に並べた上で，100点（最も好き）から−100点（もっとも嫌い）の間で点数をつけた。表9-1の右側が結果である。ゴシック体の数値がUSと対提示された中性刺激に対する評定（点数）であるが，「好き」な刺激と対提示された中性刺激の平均得点は高く，そして「嫌い」な刺激と対提示された中性刺激の平均得点は低くなり，その効果は「嫌い」な刺激のときのほうが大きいというものであった。この実験自体は中性刺激同士のコントロール条件の評定が共にプラス方向にシフトしていたり，事前の点数評価を行っていないなど問題点がないわけではないが，この**写真−写真パラダイム**とよばれる実験の結果は，その後多くの研究によって支持されている。

写真−写真パラダイムはCS，USともに視覚刺激という同じ次

元の刺激であったが，評価条件づけは次元の異なる刺激でも行われている。たとえば視覚刺激と聴覚刺激（幾何学図形と音楽，架空のブランド名と音楽）あるいは視覚刺激と嗅覚刺激（液体石鹸瓶の写真とにおい，抽象画とにおい）などである。次に人間の顔とにおいを刺激として用いた評価条件づけの研究を簡単に紹介することにしよう。

トドランクら（1995）の実験ではCSとして人の顔写真，USとして心地よいにおいと不快なにおいが用いられた。前もって顔写真を「好き」「嫌い」「どちらでもない」で評定してから，写真-においの対提示を受けた。次にテストで顔写真だけを提示し再度評定してもらったところ，心地よいにおいと対提示された写真の評価は上がり，不快なにおいと対提示された写真の評価は下がった。さらにこの研究で興味深いことは，味覚嫌悪学習と同様の選択的連合がみられたことである。つまり，そのにおいが汗とか石鹸のような「人間にありそうな」においの場合は条件づけが成立しやすいが，人工的なにおいのような場合は成立しにくいという現象がみられたのである（Todrank, J., Byrnes, D., Wrzesniewski, A., & Rozin, P. 1995 Odors can change preferences for people in photographs : A cross-modal evaluative conditioning study with olfactory USs and visual CSs. *Learning and Motivation*, 26, 116-140.）。

評価条件づけが，通常のレスポンデント条件づけと多少異なることは確かである。まず，条件づけ成立の判定に言語や記号による「評定」が用いられていることである。また，テレビなどの商品コマーシャルには評価条件づけを利用しているものが多いのであるが，ほとんどが逆行条件づけの手続きで，これは従来のレスポンデント条件づけの考えでは最も条件づけが成立し難いケースである。たとえば，シャンプーのコマーシャルは一般に「女性のきれいな髪（US）を見せて商品の絵あるいは商品名（CS）を提示する」という順序であり，「商品名を提示してからきれいな髪

を提示する」形式はほとんどない。しかしこれは、レスポンデント条件づけが刺激と刺激の対提示により、先行刺激（きれいな髪）が後続刺激（製品名）に関連する身体反応を誘発するプロセスであると考えれば合理的に説明できる。このように評価条件づけは、レスポンデント条件づけの拡がりと多くの可能性を示しているといえるだろう。

(2) レスポンデント条件づけによって生体機能が変わる

レスポンデント条件づけによって動物の生体機能が変化することはすでにパブロフの頃から示唆されていた。たとえば、パブロフ（Pavlov, 1927）はイヌが何度もモルヒネ（麻酔薬）の投与を受けると、そのイヌは注射器を見ただけで、吐き気、唾液分泌、嘔吐、眠りなど、モルヒネが投与されたときと類似の反応を示すようになること、そして、音とモルヒネを対提示することによって実験的にも同様の症状を生じさせることができたことを報告している。

このような生体機能に対するレスポンデント条件づけの効果は、エイダーら（1982）の**条件性免疫抑制**（conditioned immunosuppression）に関する一連の研究によって明確に実証されることになった（Ader, R., & Cohen, N. 1982 Behaviorally conditioned immunosuppression and systematic lupus erythematosus. *Science*, 215, 1534-1536）。エイダーらは多くの研究によってその事実を確認しているが、その代表的な手続きは次のようなものである。

　　CS：サッカリン水
　　US：シクロフォスファミド（免疫機能抑制剤）

条件づけとして、ラットがサッカリン水を飲んでいるときにシクロフォスファミドを注射する。この処置を1回した後、ラットを2群に分け、一方の群には引き続きサッカリン水を飲ませ、も

う一方の群にはサッカリンを含まない水だけを飲ませた。その後，ラットに異物としてヒツジの赤血球を注射し，免疫反応抑制の測度として血液中の抗体の数を計測した。結果はサッカリン水を飲み続けたラットの抗体の数が飲まないラットに比べて減少し，中には死亡するラットもあった。全体としては両群の差はそれほど大きなものではなかったが，しかし，その結果は一貫していた。つまり，条件づけ後サッカリン水を飲み続けたラットは，サッカリン水を飲むたびに条件反応としてシクロフォスファミド投与に似た反応が生じ，免疫反応が抑制されていたのである。

このようなレスポンデント条件づけの免疫機能への影響は，エイダーらの他にも多くの研究者によって見出されている。上に述べたようにレスポンデント条件づけによって免疫機能の低下が生じるならば，逆に上昇させることもできるはずである。ソルバソンら（1988）は，血液細胞内のナチュラルキラー細胞の活動を活性化させることで知られているインターフェロンを US として使用した。ナチュラルキラー細胞は，ウィルスや腫瘍を破壊する性質を持っている。そこで実験ではマウスに CS としての樟脳のにおいをかがせ同時にインターフェロンを注射した。この対提示を数回施したあとは，樟脳のにおいを提示するだけでナチュラルキラー細胞が活性化するようになった（Solvason, H. B., Ghanata, V., & Hiramoto, R. H. 1988 Conditioned augmentation of natural killer cell activity: Independence from nociceptive effects and dependence on interferon-B. *Journal of Immunology*, 140, 661-665.）。

これらの研究は，レスポンデント条件づけによって生体の機能が変化することを示すだけでなく，今後の研究の発展によって，腫瘍の治療のために免疫機能を活性化させたり，あるいは臓器移植の際の拒否反応を抑制させる（つまり免疫機能を抑制させる）ためにレスポンデント条件づけの手続きを利用する，などの可能性を示唆するものであろう。

(3) レスポンデント条件づけと意識

　レスポンデント条件づけは，2つの刺激を時間的に接近させて提示する手続きであった。その対提示によって，2刺激間の関係が学習され，もし一方の刺激が提示されたならば，もう一方の刺激に関連する何らかの身体変化が生起するようになるのである。このように，レスポンデント行動が刺激によって誘発される身体変化であるとするならば，事故にあった交差点で恐怖感を感じるのも，きれいな髪の女性を見てシャンプー名を想起するのも，サッカリン水で免疫機能が低下するのもレスポンデント行動だということができる。つまり，ある身体変化がレスポンデント行動であるかどうかは，刺激によって誘発されたものであるか，そうでないかという発生原因によって決定されるのであり，その様態，つまりそれが情動反応か認知的プロセスか，それが自覚できるものか自覚なしに生じるものか，さらには外部から観察できる身体変化か本人しか知り得ない身体変化（私的出来事）か，などとは別の問題だということである。

　私たちの生活の中で，1つの刺激，たとえば自分が今聞いている曲はさまざまな別の刺激と連合しているはずである。曲名，アーティストの名前，顔，CDを買った店，聞きながら描いた絵，一緒に聞いた人，そのアーティストの他の曲。このような刺激関係の中で，そのうちの1つの刺激が提示されたときにそれに誘発されて，たとえばある曲が聞こえたら一緒にいた友人の顔を思い出した，絵を見たらメロディが浮かんだのような，特定の身体変化が生じたならば，その関係が生得的なものでない限り，それらの身体変化は学習性のレスポンデント行動ということになる。このように刺激によって誘発される身体変化という視点からみるならば，イメージのようないわゆる意識現象もその多くはレスポンデント行動として扱うことができる。

第 III 部
オペラント行動

10

オペラント条件づけ

10-1 オペラント行動の学習はどのようにして起きるか

　6章で述べたようにオペラント行動は、行動の後の環境変化によってその生起頻度が変化する学習性の行動であり、その主要な形態的特徴は生体の骨格筋を用いて環境へ働きかける行動であった。ただし、オペラント行動が学習性の行動であるといっても、生誕直後から直ちに成人と同じような学習が始まるわけではない。当初はミルクを飲んだり、泣声を出したり、あるいは手足を動かすようなごく原初的な骨格筋行動が自発されるだけである。6章の表6-2に例示したような基本的骨格筋動作、基本的生活動作、社会的行動などの多くのオペラント行動は、養育者を中心とする環境との関わりの中で、単純なものからより複雑なものへと徐々に形成されていく。

(1) 3項随伴性

　それではオペラント行動の学習はどのようにして起きるのであろうか。環境との相互作用の中でオペラント行動が生起し変容する仕組みを「オペラント条件づけ（operant conditioning）」というが、オペラント条件づけには5章で述べた3種類の環境変化、

10 オペラント条件づけ

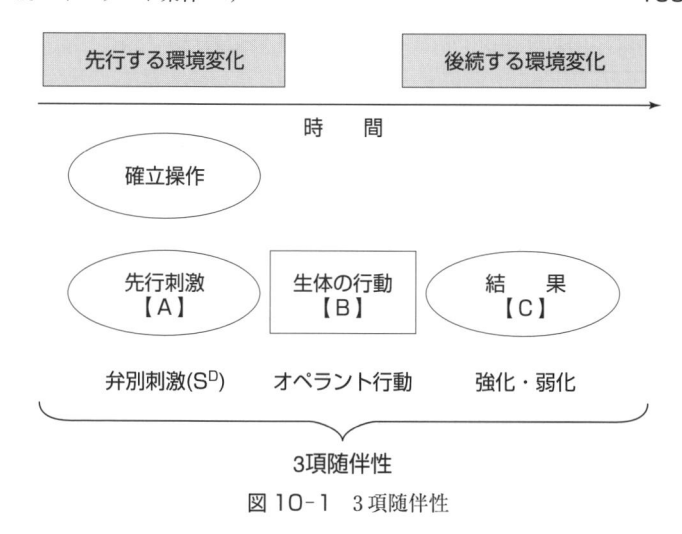

```
先行する環境変化          後続する環境変化
─────────────────────────────────→
              時  間

   確立操作


   先行刺激      生体の行動      結  果
   【A】         【B】          【C】

  弁別刺激(S^D)  オペラント行動   強化・弱化
  ╰──────────────┬──────────────╯
              3項随伴性
```

図 10-1　3 項随伴性

すなわち「生体の状態を変える環境変化：確立操作」「行動のきっかけとなる環境変化：弁別刺激」「行動の後に生じる環境変化：強化・弱化」がすべて関係してくる（図 10-1 参照）。

このうち，先行事象としての「弁別刺激」，後続事象としての「強化・弱化」の 2 つに「生体の行動」を加えたものがオペラント条件づけの 3 つの基本的な要素で，これを 3 項随伴性（three term contingencies）という。アメリカでは先行刺激の A（Antecedent），行動の B（Behavior），結果の C（Consequence：後続事象）の頭文字をとって ABC 分析とよばれることもある。したがって，**オペラント条件づけ**は，

<u>特定の刺激のもとで自発される行動の結果を操作することによって，その行動の生起頻度を変化させる手続きである</u>

ということができる。この 3 項のうちオペラント条件づけにとくに不可欠なものは行動の結果，すなわち行動の後に生じる環境変

化である。オペラント条件づけは，**道具的条件づけ**(instramental conditioning) とよばれることもあるが，近年ではオペラント条件づけという名称が定着している。

(2) オペラント条件づけの仕組み

ここでオペラント条件づけが具体的にどのように生じるかを簡単な模擬実験で説明しよう。動物を用いたオペラント条件づけの実験では，通常，ハトやラットが用いられるが，ここでは既成の先入観が入り込まないようにあえて架空の動物を被験体とした。ただし，ここで紹介する内容はどのような被験体を用いた実験でも生じうる一般的な内容である。

a. 条件づけ開始前の状況

被 験 体

架空の哺乳動物。その行動についてはよくわかっていないとする。名前はまだない。図10-2右側がその想像図である。

実 験 装 置

実験箱にセットされているのは，タッチ反応板と音刺激提示用のスピーカー，色光刺激（青・黄）提示用のランプ各1個，それに観察用のビデオカメラである（図10-2参照）。

事前観察の結果

被験動物を実験箱に入れ，何の操作も加えない自然状態での行動（これを**オペラントレベル**という）を観察した。その結果，

① いろいろな探索行動を示し，たまにタッチ反応板にも触れることがあった。
② 低音・高音2種類の音と青・黄の2種類の刺激を繰り返し提示したところ，ランプについてはすぐに順応し反応がみられなくなったが，低音・高音には以下のような顕著なレスポンデ

10 オペラント条件づけ

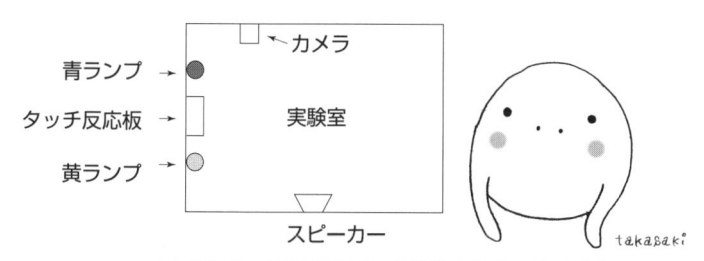

図 10-2 模擬実験用の実験箱と架空の被験動物

ント反応がみられた。

　　　低音────→身体が一回り大きくなった
　　　高音────→身体が一回り小さくなった

b. 条件づけ

実験ステップ1：随伴操作──行動の後に環境を変化させる

　特定の行動の後に環境を変化させることを**随伴操作**という。ここではときどき出現するタッチ反応板への反応（タッチ反応）の直後にランプと音を順次随伴させてみた。ランプの時には行動に変化はなかったが，音では大きな変化がみられた。

・タッチ反応→低音提示：タッチ反応の増加

　図 10-3 のように動物がタッチ反応板に触れたら，低音が

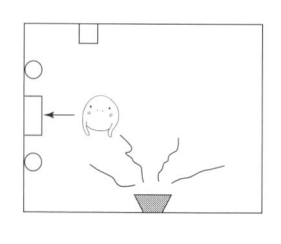

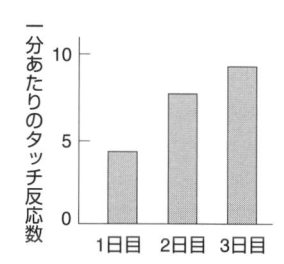

図 10-3 低音随伴操作による行動頻度の変化

5秒間鳴るように実験装置をセットした。第1日目からタッチ反応が増加し，3日目には実験室に入るや否やタッチ反応を行うようになった。

・タッチ反応→高音提示：タッチ反応の減少

　タッチ反応に随伴させて，高音を提示した。タッチ反応が急激に減少した。音を低音に戻すと再びタッチ反応が出るようになった。

実験ステップ2：刺激性制御──弁別刺激による行動の統制
　随伴操作を特定の刺激条件のもとで行った。

・青ランプ──タッチ反応→低音提示

　青ランプを5分間点灯しては5分間消すようにして，青ランプが点灯しているときだけ低音を随伴させるようにした。始めのうちは同じように反応していたが，徐々に青ランプ点灯時の反応が増え，ランプが点灯していない時の反応は減少した。10日目くらいには青ランプのときにのみ反応するようになった（図10-4参照）。

c. 条件づけによってわかったこと

この実験で観察された行動変化をまとめると，以下の3つである。

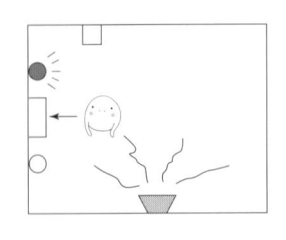

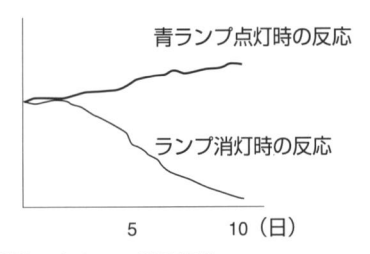

図10-4　弁別刺激のもとでの随伴操作

10 オペラント条件づけ

① タッチ反応に対して低音が提示されるように設定すると，タッチ反応は増加した。
② タッチ反応に対して高音が提示されるように設定すると，タッチ反応は減少した。
③ 青ランプのもとでのみタッチ反応に低音が提示されるように設定すると，青ランプのときにのみタッチ反応が出現した（青ランプを識別することができた）。

①と②は行動と環境変化の2項が関与しているオペラント条件づけ，③は弁別刺激が加わった3項随伴性によるオペラント条件づけである。この実験によって明らかになったことは，この架空の動物の行動に対して，低音あるいは高音を随伴提示させることによってその行動の生起頻度を変えることができたということである。このことはさらに次のような可能性の拡大をもたらす。

① 低音，高音の随伴提示はその個体の他の行動の生起頻度をも変えることができる（たとえば，鳴き声をあげたときに低音を提示するようにするとよく鳴き声をあげるようになるだろう）。
② 低音提示，高音提示は同じ種の他の個体の行動も同じように変化させることができる。
③ 異なる刺激のもとで異なる行動が起きるようにすることができる（たとえば，青ランプが提示されるとタッチ反応をし，黄ランプが点灯すると鳴き声をあげるなど）。
④ 音以外にも行動を変化させうる環境変化がありうる。

以上のように，架空の動物を対象としたこのオペラント条件づけの実験は，被験動物がタッチ板を頻繁に触れるという行動の原因（低音提示，高音提示という環境変化）を同定（原因はこれであると確定すること）し，被験動物の行動を変化させる手段を明

10-2 オペラント条件づけの初期の研究

(1) 研究の発端——効果の法則

行動を変化させる上で，行動の結果が重要な役割を果たしていることを最初に見いだしたのは，ソーンダイク（Thorndike, E. L. 1874-1949）である。ソーンダイクは餌を遮断化したネコを問題箱（puzzle box, 図10-5）とよばれる箱に入れた。問題箱はネコが箱内のペダルを踏んだり，留め金をはずすなどのいくつかの操作を行うとドアが開き，外に出て餌を食べることができるというものである。ソーンダイクはネコの他にイヌ，ニワトリでも実験を行っているが，主要な実験はネコを用いたものである。実験では12匹のネコと15種類の問題箱が用いられた。

図10-6に示されているように，箱に入れられたネコは初めは試行錯誤行動を示し，たまたま留め金がはずれたときに外に出ら

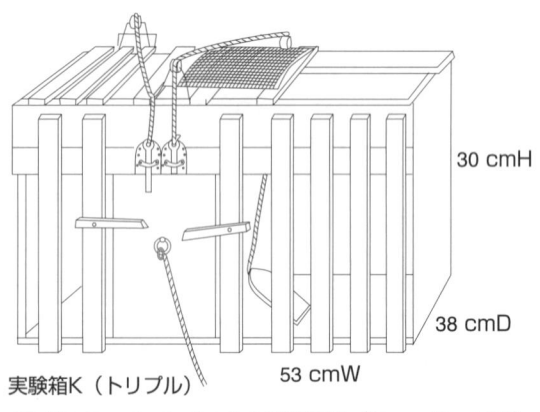

図10-5 ソーンダイクの実験装置（Thorndike, 1898）

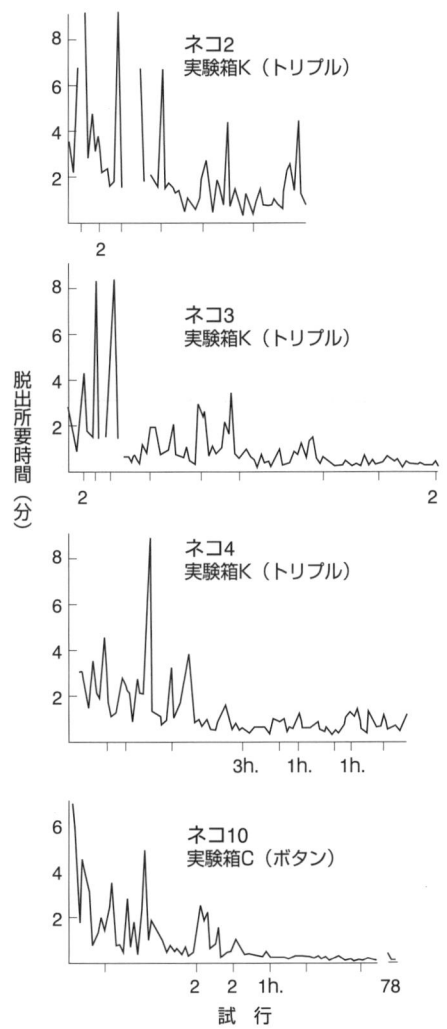

10 オペラント条件づけ　　　111

脱出所要時間（分）

ネコ2
実験箱K（トリプル）

ネコ3
実験箱K（トリプル）

ネコ4
実験箱K（トリプル）

ネコ10
実験箱C（ボタン）

試　行

データポイントは1試行ごとの脱出所要時間．横軸下の垂直線で数字のないものは，前の試行から1日後「2」は2日後「1h」は1時間後にその試行が行われたことを示す．

図 10-6　実験結果例（Thorndike, 1898）

れるという状態で，外に出るまでの所要時間は長い。しかし，試行を繰り返すうちに脱出に要する時間は徐々に短縮し，早く外に出ることができるようになる (Thorndike, E. L. 1898 Animal learning: An experimental study of the associative processes in animals. *Psychological Review Monograph Supplement*, 2 (Suppl. 8), 1-109.)。

ソーンダイク (1911) は脱出所要時間の短縮という学習がなぜ生じるかということを効果の法則 (law of effect) で説明した。

> **効果の法則**：同じ状況の中でなされたいくつかの反応の中で，その動物に対して時間的に接近して満足 (satisfaction) をもたらした反応は，他の条件が同じならば，より強くその状況と結合する。したがって，その状況が起こるとその反応が再び起こりやすくなる。逆に，同じ状況の中でなされたいくつかの反応の中で，その動物に対して時間的に接近して不快 (discomfort) をもたらした反応は，他の条件が同じならば，その状況への結合が弱まる。したがって，その状況が再び起きたときその反応は起こりにくくなる。満足や不快の度合いが大きいほど，状況と反応の結びつきはより強く，あるいは弱くなる (Thorndike, E. L. 1911 *Animal intelligence*. New York : Macmillan, p.244)。

効果の法則が示しているのは次の2点である。

① 行動はその後に生じた結果が満足すべきものであるとき
　　　──→強まる（増加する）
② 行動はその後に生じた結果が不快であるとき
　　　──→弱まる（減少する）

(2) スキナーのアイディア

ソーンダイクの研究は行動研究の歴史を飛躍的に前進させた貴重なものであり，スキナーもその先駆的な貢献を十分に認めていた。しかし，この説明には大きな問題があった。それは，行動の

結果がある個体に対して「満足」をもたらしたか「不快」をもたらしたかをどのように知ることができるのかという点である。ソーンダイクもその点は気づいており，「満足した状態とは，動物が避けず，むしろ獲得し保とうとするもの」，また「不快な状態とは，動物が避け，放棄しようとするもの」と補足しているが，しかし，効果の法則が結果の価値──好ましい環境変化，あるいは嫌悪的な環境変化──に準拠していることに変わりはない。すなわち，

ソーンダイクの考え方

| 行動 → 好ましい環境変化 | ： | 行動増加 |
| 行動 → 嫌悪的な環境変化 | ： | 行動減少 |

これに対してスキナーは，結果の価値は「もの」や「こと」そのものの性質によっては決められない，として次のように発想を転換させた。

スキナーの考え方

| 行動 → 環境変化 | ： | 行動増加 → （好ましい環境変化） |
| 行動 → 環境変化 | ： | 行動減少 → （嫌悪的な環境変化） |

つまり，ソーンダイクが，「行動→好ましい環境変化：行動増加」，「行動→嫌悪的な環境変化：行動減少」と考えたのに対し，スキナーの場合は，行動に環境変化が随伴した結果その行動が増加したとき，その変化は生体にとって好ましい変化，逆に行動に環境変化が随伴した結果その行動が減少したとき，その変化は生体にとって嫌悪的な変化，と生体の状態は行動の結果からのみ推測しうるものであるとしたのである。

この考え方の転換によって，「満足」や「不快」といった測ることができない生体の内部事象に言及することなく，行動を客観的に研究する道が拓けたのである。

確認のために，10-1節で紹介した実験を振り返ってみよう。動物のタッチ反応に対する，低音の随伴提示と高音の随伴提示の結果は以下のとおりであった。

タッチ反応→低音提示：タッチ反応の増加……「強化」随伴性
タッチ反応→高音提示：タッチ反応の減少……「弱化」随伴性

低音提示と高音提示は事前観察によって生体にレスポンデント反応としての特定の変化——すなわち，低音提示では身体が一回り大きくなり，高音提示では身体が一回り小さくなる——を引き起こすことがわかっていた。しかし，条件づけ（行動の変化）は低音提示，および高音提示が実験動物にとって「好ましい」か「嫌悪的」であるかということを考えなくても可能であった。すなわち，ある行動を増加させたければ，そのあとに低音を提示し，減少させたければ，そのあとに高音を提示すればよいのである。

ただし，一連の実験結果から低音提示と高音提示が被験動物にとってどのような環境変化だったのかを推定することはできる。たとえば，低音提示によって反応が増加したのであるから，低音提示は生体にとって「好ましい変化」だったのであり，一回り大きくなったのは快感の表現だったのかもしれない。また，高音提示によって反応が減少したのであるから，高音提示は生体にとっては「嫌悪的な変化」であり，一回り小さくなったのは，防御反射だったのだろう，という具合である。ここで，低音提示によるタッチ反応の増加は，次項で述べる「強化」随伴性の例，また高音提示によるタッチ反応の減少は「弱化」随伴性の例である。

10-3　行動随伴性

(1)　強化と弱化：4種類の行動随伴性

行動に随伴して生じる環境変化と行動変化との関係を**行動随伴**

10 オペラント条件づけ

表10-1 4種類の行動随伴性

行動随伴性		行動	環境変化	行動の生起頻度
A 強化	正の強化	行動 →	刺激出現 ↑	増加
B	負の強化	行動 →	刺激消失 ↑	増加
C 弱化	正の弱化	行動 →	刺激出現 ↓	減少
D	負の弱化	行動 →	刺激消失 ↓	減少

この表で用いられている用語の意味は以下のとおりである。
強　　化：行動が増加する場合
弱　　化：行動が減少する場合
　正　　：刺激が出現する場合
　負　　：刺激が消失する場合
刺激出現：環境にものや出来事が加わる，あるいは提示されること
刺激消失：環境からものや出来事がなくなる，あるいは除去されること

性という。行動随伴性には大きく「**強化（reinforcement）**」と「**弱化**」の2つがある。「**強化**」は行動を増加させる行動随伴性，「**弱化**」は行動を減少させる行動随伴性である（弱化に相当する英語にハーゼムとマイルスによって考案された disinforcement があるが，一般にはあまり使用されていない。Harzem, P., & Miles, T. R. 1978 *Conceptual issues in operant psychology.* Chichester: John Wiley & Sons.）。

強化と弱化にはさらに2つの場合があり，したがって行動随伴性は表10-1のようにA，B，C，Dの4つに区別することができる。

強化は環境変化によって行動が増加する場合で，「**正の強化**」は刺激の出現によって増加する場合（A），「**負の強化**」は刺激の消失によって増加する場合（B）である。また，弱化は環境変化によって行動が減少する場合で，「**正の弱化**」は刺激の出現によって減少する場合（C），「**負の弱化**」は刺激の消失によって減

少する場合である (D)。このように行動随伴性は, 刺激の「出現」と「消失」, そして行動の「増加」と「減少」の関係によって一義的に定義される。したがって, 刺激が「好ましい刺激」であるか「嫌悪的な刺激」であるかは本質的には問題ではない。

しかしながら, 実験場面や日常生活における具体的な行動変化をみるとき, 過去の事例や環境の状況から, たとえば「正の強化」は「好ましい刺激」の出現,「負の強化」は「嫌悪的な刺激」の消失,「正の弱化」は「嫌悪的な刺激」の出現,「負の弱化」は「好ましい刺激」の消失, のように刺激の性質を特定できることがある。このように刺激の性質が明確である場合は, 単なる「刺激」のかわりに「好ましい刺激」「嫌悪的な刺激」と表記することが可能である。この場合,「好ましい刺激の出現」と「嫌悪的な刺激の消失」はともに生体にとって「好ましいこと」なので, 強化は「好ましい環境変化」が生じたとき, 逆に「嫌悪的な刺激の出現」と「好ましい刺激の消失」はともに生体にとって「嫌悪

表10-2 行動随伴性の実際場面への適用

強化:好ましい環境変化の随伴による行動の増加

行動随伴性	行動	環境変化	行動の生起頻度
A 正の強化	行動 →	好ましい刺激の出現 (消失しない)	↑ 増加
B 負の強化	行動 →	嫌悪的な刺激の消失 (出現しない)	↑ 増加

弱化:嫌悪的な環境変化の随伴による行動の減少

行動随伴性	行動	環境変化	行動の生起頻度
C 正の弱化	行動 →	嫌悪的な刺激の出現 (消失しない)	↓ 減少
D 負の弱化	行動 →	好ましい刺激の消失 (出現しない)	↓ 減少

的なこと」なので、弱化は「嫌悪的な環境変化」が生じたときの行動変化であるということができる。したがって、実際に刺激の性質が特定化できる場合は、行動随伴性は表10-2のように環境変化のみによって記述することも可能である。

　ここで、この4種類の行動随伴性を規定している4つの環境変化には、それぞれ表10-2の（　）内に示したような1つの変形が存在する。すなわち、今までは環境変化に言及するとき、「出現」は今まで環境内になかったものが現れる、「消失」は今まで環境内にあったものが消えるという意味で用いていたが、「出現」には今まで環境内にあったものが何もしないと消えてしまうが、行動すると引き続き環境内に「出現し続ける」あるいは「消失しない」という場合がありうることである。これは「消失」についても同様で、今まで環境内にあったものが消えるということに加えて、今まで環境内になかったものが何もしないと出現するが、行動すると引き続き「消失し続ける」つまり「出現しない」という場合がある。これらのうち特に正の強化における「好ましい刺激が消失しない（消失回避：A）」と負の強化における「嫌悪的な刺激が出現しない（出現回避：B）」という2つの変形随伴性によって維持される行動は「回避行動」（13章）とよばれ、人間をはじめ多くの生体に広範にみられる重要な行動随伴性の1つである。

(2) 強　化　子

　行動随伴性を記述するときのことばとして、強化子（reinforcer、強化刺激 reinforcing stimulus ともいう）がある。強化子は「提示」したり「除去」したりする「刺激」や「出来事」そのものを指す言葉である。したがって、

　　強化子は、行動に随伴させることによってその行動の<u>生起頻度を増加させることができる刺激</u>

である。行動分析学の伝統的な用法に従えば，強化子は，

- A. その提示が行動を増加させるとき（正の強化），その刺激は
  正（positive）の強化子
- B. その除去が行動を増加させるとき（負の強化），その刺激は
  負（negative）の強化子

と定義されている。また，弱化に対しては罰（punishment）ということばが広く用いられており，罰をもたらす「刺激」や「出来事」が罰子（punisher）で，

- C. その提示が行動を減少させるとき（正の弱化），その刺激は
  正（positive）の罰子
- D. その除去が行動を減少させるとき（負の弱化），その刺激は
  負（negative）の罰子

とよばれている。ただし，用語の統一性という点から考えると，「強化子」の対語は「罰子」よりも「弱化子」の方が適当と思われるが，英語圏ではいまだその用法は一般的ではない。

このように行動分析学の伝統的な用法では，刺激に価値的要素を持ち込まないために正，負という無機的な記号や強化子・弱化子（罰子）のような専門用語を用いるのであるが，初学者にはなかなかなじみにくく，実際，これまでさまざまな混乱を招いてきた。そこで杉山ら（1998）は，「好ましい刺激」を「好子」，「嫌悪的な刺激」を「嫌子」として，「好子出現による強化」あるいは「嫌子出現による弱化」のように表記することを推奨している（杉山尚子・島宗理・佐藤方哉・マロット，R. W. ・マロット，M. E. 1998『行動分析学入門』東京：産業図書）。「好子」「嫌子」を用いる場合，4種類の行動随伴性は次のように表記される。

　　　　A. 正の強化　→　好子出現の強化

B. 負の強化 → 嫌子消失の強化
   C. 正の弱化 → 嫌子出現の弱化
   D. 負の弱化 → 好子消失の弱化

(3) 強化子の種類

　強化子は上に述べた行動随伴性によって規定されるものの他に，刺激の性質やその起源によってさまざまな名前がつけられている。以下のよび方は弱化子・罰子にも適用が可能であるが，ここでは強化子ということばで代表させることにする。

　a. 無条件性強化子（unconditioned reinforcer）

　1次性強化子（primary reinforcer）ともよばれ，学習によらずに強化子としての機能を発揮できるもの。たとえば飲食物を遮断化した個体に対する水や餌，あるいは空気や温度変化などである。嫌悪的なものでは，電気刺激に代表されるような痛みを伴う刺激，悪臭，強度の騒音などがある。

　b. 条件性強化子（conditioned reinforcer）

　2次性強化子（secondary reinforcer）ともよばれ，学習によって強化子としての機能を獲得したものである。通常，1次性強化子など他の強化子との対提示を通して強化子としての機能を獲得する。実験場面では各種の音や色光刺激を，たとえば餌や電気刺激と対提示することによって条件性強化子とすることができる。日常場面では宝石やお金をはじめ，金銭的価値にかかわらず身の回りにあるもの全般，また，言語的な賞賛，他者からの注目，援助などが条件性強化子になりうるものである。

　2次性強化子の中で，遮断化や嫌悪化のような確立操作を必要とせず，どの状況においても強化子としての機能をもちうる刺激を，「**般性強化子**（generalized reinforcer）」という。お金や特定のコミュニティの中で通用するトークン（代理貨幣），うなずき

や承認などが般性強化子の代表例であるが、ただし、極度のインフレになるとお金の価値がなくなるように、般性強化子はそれをバックアップしている強化子との結びつきが失われると効力を失う。さらに、2次性強化子の中で、他者の動作や活動が強化子として機能するとき、それを「社会的強化子（social reinforcer）」ということがある。たとえば、行動の直後に他者によってなされる言語的賞賛、笑顔、身体的接触、拍手、注目、あるいは叱責、無視、拒否、などである。

c. 活動性強化子（activity reinforcer）

これは**プレマックの原理**に由来するもので、ある個体において頻繁に自発される行動は、自発頻度の少ない行動の強化子となることができる、というものである。プレマックは、ラットのバー押しや輪回し行動は通常は餌や水で強化されているが、その関係を逆転する——つまり水飲み行動に輪回し行動を随伴させることによって水飲み行動の生起頻度を増加させる——ことはできないかと考えた。実験(Premack, D. 1962 Reversibility of the reinforcement relation. *Science*, 136, 255-257.) では、まずラットが水飲みと輪回し行動を自由にできるようにして水飲み時間のオペラント水準を測定したところ、1時間あたり23秒であった。次に、輪にブレーキをかけて、ラットが水飲み器を5回なめたら、10秒間輪回し行動ができるようにしたところ、水を飲む時間が1時間あたり98秒に増加した。さらにプレマック (Premack, D. 1965 Reinforcement theory. In D. Levine (Ed.), *Nebraska symposium on motivation*, Vol. XIII, 123-180.) は、これを幼児に適用しチョコレートを食べる行動とピンボールで遊ぶ行動を用意し、ピンボールで遊ぶ行動をチョコレートの随伴で増加させる、チョコレートを食べる行動をピンボールゲームの随伴で増加させる、の両者が可能であることを示している。

このようにプレマックの原理は，自発頻度の高い行動の随伴が強化子になりうる（一方，トイレ掃除のような自発頻度の低い行動は弱化子になりうる）という強化の相対性に加えて，たとえば水を飲む行動を促進させるのに水の遮断化が必ずしも必要でないこと，また刺激が「好ましい」「嫌悪的」のような価値的な性質を持っていなくても強化子となりうること，など強化についての新しい知見をもたらした。「仕事が終ったら，音楽を聴く」のようにプレマックの原理にあてはまることは私たちの日常生活にも多数あるだろう。

d. 内在性強化子（intrinsic reinforcer）

いままで述べてきた強化子は，行動によって外部環境の変化がもたらされるという意味で外在性強化子（extrinsic reinforcer）であるが，「行動することそのもの」が強化的な機能をもつ，あるいは「行動によって内的環境が変化」することによって強化される場合がある。これは，自動的強化子（automatic reinforcer）ともよばれる(Vaughan M. E., & Michael J. L., 1982 Automatic reinforcement : An important but ignored concept. *Behaviorism*, 10, 217-227.)。知恵の輪やパズルを解くこと，諸々の身体運動，模型を作ることなどは，その結果として外的な環境変化がなくてもこの内在性の強化子によって強化されるのである。

11

行動の獲得と維持，消去

　この章ではオペラント条件づけにおける行動の獲得と維持，そして消去に関する基本的現象について，「正の強化」による行動随伴性を用いて説明する。

11-1　新しい行動の獲得——シェイピング

　すでに述べたようにオペラント条件づけの基本原理は，ハトやラットを被験体とした動物実験によって得られたものである。図11-1 (a)はハト用，図11-1(b)はラット用の実験箱（英語ではチェィンバー：chamber という）の例である。

　パブロフがレスポンデント条件づけの原理を研究するのにイヌの唾液分泌反応を用いたように，オペラント条件づけの研究にも標準的な方法がある。ハトの場合は直径2cmから3cmほどの円盤（キー）をつつく行動（キーペック，あるいはキーペッキングともいう），ラットの場合は幅5cm程度のレバーを押す行動である。これらの行動はハトやラットが生得的にもっている行動レパートリーではない。つまり，キーやレバーが誘発刺激となって反射的に行動が出現するわけではない。したがって，特別な方法を用いてその行動を形成しない限り，自然状態でそれらの行動

11 行動の獲得と維持,消去

(a) ハト用の実験箱

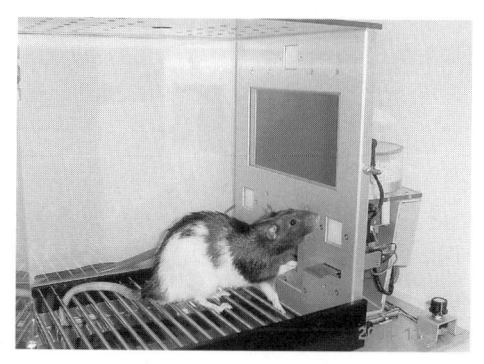

(b) ラット用の実験箱

図 11-1

が出現する頻度(オペラントレベル)は非常に低い。

このように生体の行動レパートリーにない新しい行動をオペラント条件づけの手続きによって獲得させる方法を**シェイピング**(行動形成, shaping)という。前章で紹介した模擬実験では,タッチ反応に低音を随伴させその生起頻度を増加させるために,稀に自発されるタッチ反応が出現するまで待たなければならな

かったが，シェイピングの方法を用いれば，いつでも計画的に行動を形成することができる。シェイピングはテクニカルには後述する分化強化という方法を用いるものであるが，ここではハトを被験体として，正の１次性強化子（餌）によりキーつつき行動を形成する方法を具体的に紹介しよう。

【ハトのキーつつき行動のシェイピング】

ステップ１：確立操作

餌が強化子として効果的に機能するように餌の遮断化を行う。どのくらい餌を制限すればハトが「空腹」になるかを一律に餌量によって決めるわけにはいかない。個体によって体重も異なり，摂取量も異なるからである。そこで通常用いられる方法は，体重を目安とする方法である。具体的には自由に餌を摂取できるときの体重を基準として，体重がその 80％ あるいは 85％ くらいになるように餌量を調節するのである。

図11-2 は筆者の実験室において，１羽のハトが実験室に来てから実験を開始するまでの体重の変化を示したものである。初めて実験室の飼育箱に入れられると，環境の変化によるストレスか

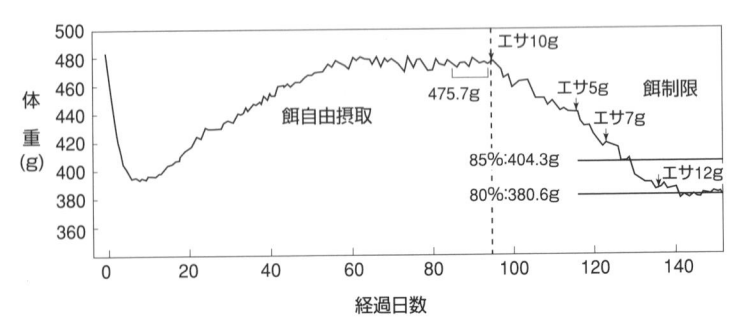

図 11-2　体重を指標とした確立操作の過程

らハトの体重は激減する。その後，餌を自由に摂取できるようにしておくと1ヶ月から2ヶ月ほどで体重は回復し安定する。しばらく餌の自由摂取状態を続け，体重が安定したら餌量を制限する。たとえば，餌自由摂取時10日間の体重の平均値が475.7gだとしたら，その80％，すなわち体重が380g程度になるように徐々に餌を制限してゆく。このようにして体重を減少させると，餌は強化子として強力に機能するようになる。

ステップ2：実験箱馴致訓練

確立操作が成立したら，次は実際に実験を行う実験箱にハトを入れてその環境に慣らす。体重変化のところで触れたように，動物は環境の変化に対して非常に敏感であり，個体差はあるが，通常実験箱に入れられるとしばらくは動かないことが多い。数時間かけて慣らすと落ち着いて探索行動なども出現するようになる。

ステップ3：フィーダートレーニング

実験箱のフィーダー（餌箱）から餌を食べる訓練である。図11-3のように餌箱はキーがあるパネルの背後に取り付けられ，実験室内のハトは1辺が6, 7cmの矩形の開口部から首を入れて餌を食べる。ただし，通常は，餌箱は下に降りているので首を入れても餌にとどかない。強化子として餌を提示するときは，餌箱が上昇する。そのとき，給餌器操作の機械音と開口部を照射するライトが伴う。とくに機械音に対してハトは当初大きな驚愕反射を示すが，しばらくすると順応する。この音とライトはやがて2次性強化子として機能するようになり，たとえばハトが餌箱の方向を向いていなくても音で餌の提示がわかるようになる。フィーダーから餌を食べることができるようになるまでの時間も個体によって大きく異なり，早いものは数分，遅い場合は数日かかることがある。ここまでがシェイピングの準備段階である。

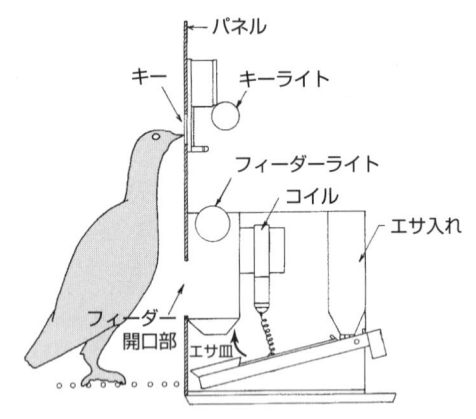

図 11-3　ハト用実験箱：キーとフィーダー
(Ferster & Skinner, 1957)

ステップ4：逐次接近法によるつつき行動の形成

　まず、キーに刺激光を照射させてしばらく様子を見る。刺激光が照射されてもそれに誘発されてキーつつき反応が出現することはない。この刺激光はやがて弁別刺激として、その刺激が点灯しているときはつつくが、点灯していないときはつつかないようにすることができる。また、刺激光を点灯しなくてもキーへのシェイピング自体は可能である。

　シェイピングには**逐次接近法**（successive approximation）を用いる。これは初めは基準を緩やかにして目標行動に近い行動が出現すれば強化し、徐々に基準を厳しくして最終的には目標行動だけを強化するようにしていくものである。キーつつき行動のシェイピングの場合、強化する行動はおおよそ次のように変化させる。

　　・キー、フィーダーのあるパネルの方向を向く
　　・頭の位置が前より高くなる

11 行動の獲得と維持，消去

- 頭の位置がキーの高さになる
- キーを見る
- キーにくちばしが近づく
- キーにくちばしが触れる
- 軽くつつく
- しっかりとつつく

以上がシェイピングのプロセスである。逐次接近法による反応形成に要する時間にも大きな個体差があり，10分，15分で成立する場合もあれば，数日間かかる場合もある。

いまここでは，ハトのキーつつき行動のシェイピングを紹介したが，実際にシェイピングによって形成できる行動は，その種の生体の骨格筋活動の許容範囲内であるならば無数に可能である。したがって，ハトの場合でもキーつつきの他に，回転，首を左右に振る，紐を引っ張るなどの行動を形成することができる。また，行動のトポグラフィ（形態）といい，同じキーつつき行動でも弱くつつく，強くつつく，キーの左側をつつく，右側をつつくなど形態的に異なる行動を形成することもできる。

シェイピングがうまくできるかどうか，あるいはそれに要する時間は実験者側のシェイピング技術の良し悪しによっても変わってくる。そのポイントとしては，

①目標とする行動を明確にすること
②強化されやすい行動から出発すること
③少しずつ目標に近づけていくこと

などであるが，これはハトのキーつつき行動に限らず，ヒトを含むすべての生体の行動のシェイピングに必要な要件である。

ハトのキーつつき行動の場合は，また，レスポンデント条件づけの手続きによっても形成することができる。たとえば，キーライトを15秒間照射し，その消灯と同時に今度はフィーダーを5

秒間対提示するようにすると，ハトはキーライト点灯中にキーをつつくようになる。これは**自動的反応形成**（auto-shaping）といい，キーライトと餌の対提示によって，キーライトが摂食の予備反応としてのキーつつきを誘発するようになったものである。しかし，この後，キーつつき反応を餌で強化するようにすると，餌という随伴刺激によってその生起頻度が変化するオペラント行動になる。

さらに簡便な方法として，キーに餌粒を1個透明テープで貼り付けておくという方法がある。何でもいいからキーをつつかせたいときは，これも一案である。

11-2　行動の維持――基本的強化スケジュール

生体の行動とその結果としての環境変化の関係を見るとき，一度ある行動に特定の環境変化が随伴したからといって，その後，同じ行動に対して常に同じ環境変化が生じるとは限らない。何回か同じ行動を自発した後に環境変化が生じることはよくあることである。たとえば，あるときA地点で餌を見つけた動物は，次にA地点に行ったときに餌がなかったとしても，その後時々餌を発見するならばA地点に行く行動は維持されるだろう。

特定のオペラント行動に対して特定の環境変化が随伴する条件を記述したものを**強化スケジュール**（schedules of reinforcement）という。つまり，行動に対して毎回餌が提示されるのか，あるいは時々なのか，時々ならばそれはどのような基準に基づいているのか。また，餌以外の異なる結果が生じることもあるだろう。このような行動に対する強化の条件は，実験場面においては実験者が特定の基準に基づいて計画的に設定することができる。日常場面の人間の行動に対する環境変化は，計画的に行なわれているものばかりではないが，しかし，その行動と結果との関係を

11 行動の獲得と維持，消去

記録して調べてみると，おおよそどの強化スケジュールが働いているかを同定する（identify, 原因や要因をこれだとみきわめる）ことができる。

　強化スケジュールには，**連続強化，部分強化，消去**の基本的なスケジュールとその変形に加えて，**分化強化スケジュール，複合強化スケジュール**などの種類がある。そして各スケジュールは，生体にそのスケジュール特有の反応を生起させるようになる。

　この節では基本的なスケジュールについて述べるが，その前にこれから説明に用いる2つの事象表示法，**事象記録**（event record）と**累積記録**（cumulative record）について触れておこう。図11-4は両記録法を比較したものである。事象記録は事象記録器，累積記録は累積記録器で記録する。共に一定のスピードで動いている記録紙に記録するのであるが，事象記録の場合はペンの位置が固定していて，反応があるごとに毎回それをマークしていくのに対して，累積記録は1反応ごとにペンが1ステップずつ右方向（この図では上）に動いていく（端まで行くとまたもとの位置に戻るが，これをリセットという）。強化のマークは事象記録では反応と同じマークを逆方向につけることが多いが，本書では反応と区別するために矢印を用いる。累積記録における強化のマークは短い斜めの線である。

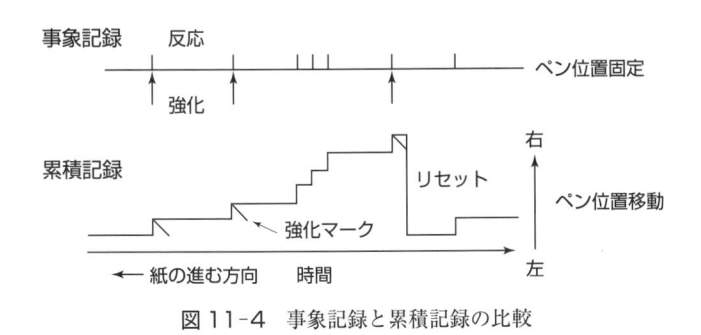

図 11-4　事象記録と累積記録の比較

累積記録によるオペラント行動の記録は，行動の頻度，強化のタイミング，生起パターンを生のデータのままで比較することができる便利な表記法である。ファースターとスキナー (Ferster, C. B., & Skinner, B. F. 1957 *Schedules of reinforcement*. New York: Appleton-Century-Crofts.) は主要な強化スケジュールについて，動物（主にハト，一部ラット）から得られた膨大な量の累積記録を報告している。累積記録は初期のオペラント行動の研究にはよく用いられたが，実験の制御そしてデータの記録処理をコンピュータで行うようになってからは，あまり利用されなくなった。しかし，累積記録が時系列的な行動変化を鮮やかに表記できる有効な方法であることは今も変わりはない。

(1) 4つの基本的部分強化スケジュール

1つの反応（あるいは反応連鎖からなる1単位の反応）に対して，そのつど強化子が随伴するスケジュールを**連続強化**（continuous reinforcement, CRF）という。それに対して，何回かの反応の後に，あるいは時々強化子が随伴するスケジュールを**部分強化**（partial reinforcement）または**間欠強化**（intermittent reinforcement）という。

部分強化には表11-1にあげる4つの基本的なスケジュールがある。以下に各スケジュールの説明とそのスケジュールのもとでの動物の**定常状態**（steady state）の行動を紹介する。特定のスケジュールを適用すると，はじめのうち動物はさまざまな一貫性のない行動を自発するが，セッションを重ねるうちに変動の少ない安定した行動を示すようになる。それが定常状態である。基本的な4つの強化スケジュールの定常状態においては，ハトやラットをはじめ，多くの種の動物がスケジュール特有の反応を示すことが知られている。

基本的な部分強化スケジュールは反応数を基準にする比率（ra-

11 行動の獲得と維持，消去

表 11-1 部分強化スケジュール

基　準	反 応 数	時　間
固　定	固 定 比 率［FR］ Fixed-Ratio	固 定 間 隔［FI］ Fixed-Interval
変　動	変 動 比 率［VR］ Variable-Ratio	変 動 間 隔［VI］ Variable-Interval

tio) スケジュールと時間を基準にする間隔 (interval) スケジュールに分かれ，各スケジュールはさらに反応数や時間が固定している固定 (fixed) スケジュールと変動する変動 (variable) スケジュールに分かれる。表 11-1 の［　］内は各スケジュールの略号である。

これらのスケジュール名は，アルファベットの略号で示すことが多いが，日本語訳の場合も簡略化し，たとえば，固定比率を定比率あるいは定率，変動（時間）間隔を変間隔あるいは変時隔のようにすることがある。

a. 固定比率スケジュール［FR］

一定回数の反応に対して強化子を随伴させるものである。たとえば，FR 30 は前の強化から数えて 30 回目の反応を強化する。

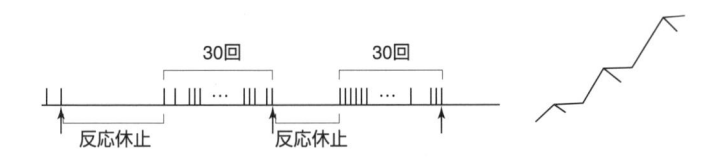

事象記録，累積記録で分かるように，FR スケジュールのもとでの定常状態の反応は**強化後の反応休止**（postreinforcement pause）とその後の反応の連続的生起（バースト：burst）を示す。この反応パターンは**ブレイクアンドラン**（break and run）とよ

ばれる。強化後反応休止の時間は比率（1強化あたりの反応数）が小さいときは短く，200，300のように大きくなると長くなる。したがって，たとえば動物に緑のキーライトのときは小さい比率，赤いキーライトのときは大きい比率で訓練すると，緑のキーライトが点灯したときには短い休止，赤いキーライトが点灯したときには長い休止の後に反応を始めるようになる。FRスケジュールの比率は，あまり高くすると行動が消去（後述）するおそれがあるが，徐々に比率を上げていくようにするならば，600，700反応位まで可能である。

b. 変動比率スケジュール［VR］

　反応数を基準とするが，その回数が強化ごとに変化する。スケジュールの値は1強化あたりの平均反応数で示される。たとえば，VR 30は12反応目のとき，48反応目のときのように必要とされる反応数が毎回異なるが，平均すると30反応になるようになっている。

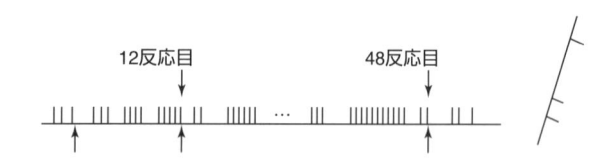

　VRスケジュールのもとでは生体は一定率の高頻度反応を示す。ただし，これは累積記録で全体を巨視的にみればということで，細部を微視的にみれば，反応が連続して出現する部分（バースト）とそうでない部分があることがわかる。つまり，ひと口に一定率高反応といっても，生体の反応は機械のようにはやく規則正しくなされるわけではなく，その反応にはむらがある，あるいはその反応は変動的である，ということである。しかしながら全体の反応頻度は4つの部分強化の中で最も高い。

c. 固定間隔スケジュール［FI］

前の強化から一定時間経過後の最初の反応に強化子を随伴させる。たとえば，FI 30 s（s は second，秒）は前の強化から30秒経過後の最初の反応を強化する。一定時間が経過して強化準備状態になることを「**セットアップ**」というが，セットアップする以前の反応は，強化とは無関係である。

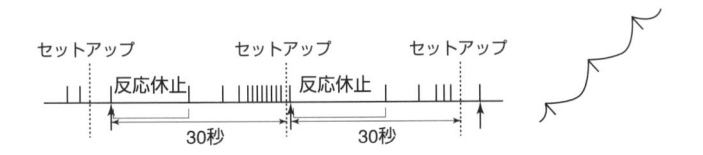

FIスケジュールのもとで定常状態になると，生体は強化後の反応休止とそれに続く加速度的な反応頻度の増加という特徴的な行動を示すようになる。図11-5にファースターとスキナー（1957）の本に紹介されているFI 4 m（m は minute，分）の累積記録を示した。この反応パターンは累積記録で見ると，ホタテ

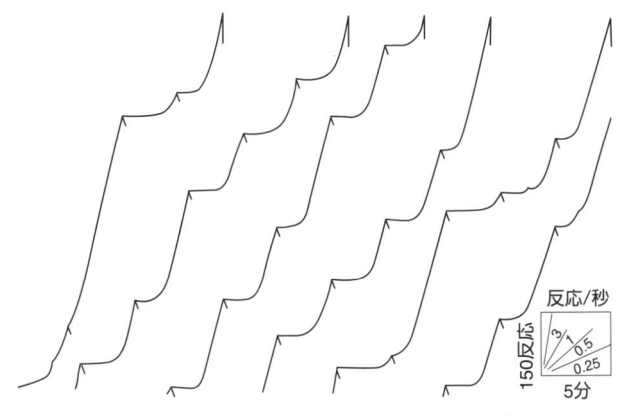

図11-5　FI4 m スケジュールでのスキャロップ型累積記録
（Ferster & Skinner, 1957）

貝のような弧を描いていることから**スキャロップ**（scallop, scalloping）とよばれている。このスケジュールでは，1強化を得るための反応数は試行ごとに異なっている。また，スケジュールの値が小さくなるとスキャロップと同時にブレイクアンドランがみられることがよくある。

さらに，時間間隔を基準とするスケジュール（とくにFI）では，**反応時間制限**（limited hold, LH）という操作が付加される場合がある。これは，セットアップ後に反応が有効となる時間に制限を設けるもので，その時間内に反応しないと強化子はキャンセルされ，次のFI間隔が始まるというものである。たとえばFI 60 s LH 10 s では，前の強化から60秒から70秒の間に反応をしないと強化なしに次の60秒のインタバルに移行する。この制限を付加すると生体の反応は時間間隔に鋭敏になり，また全体の反応頻度も高くなる。

このようにFIスケジュールのデータは，動物が時間経過に対する何らかの感受性，あるいは体内時計（internal clock）を持っていることを示唆するものであり，それを確かめる研究が実施された。一つの代表的な研究はロバーツによって行われた**ピーク手続き**（peak procedure）によるものである（Roberts, S. 1981 Isolation of an internal clock. *Journal of Experimental Psychology*, 7, 242-268.)。

実験ではラットに対してFIスケジュールが適用されるが，2つの点で通常のFIスケジュールとは異なっている。一つは試行の開始が刺激（音あるいはライト）で合図されること，もう一つは強化されない試行が挿入されることである。刺激はランダムに提示され，音の合図で始まる試行ではFI 20 s，ライトで始まるときはFI 40 s が適用される。また，どちらのFI値のときでも全体の80%の試行では該当する反応に予定どおり餌が提示されるが，あとの20%は強化なしで平均160秒間が経過して試行が終わる。図11-6は，強化なし試行の刺激提示から80秒間の10匹

11 行動の獲得と維持, 消去

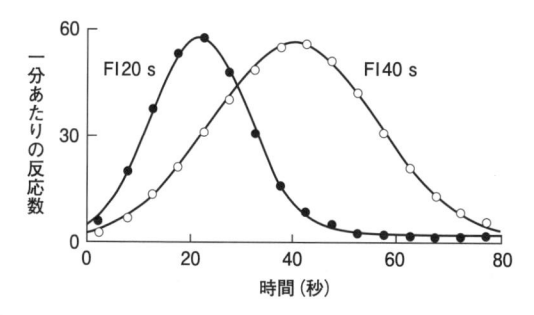

図11-6 FI経過時間に対する反応率の推移 (Roberts, 1981)

のラットの反応を16の時間単位に分割し，その平均値を1分あたりの反応率にしてプロットしたものである。図から分かるように，反応率はFIスケジュールの値を少し過ぎたところをピークとして上昇し，それが過ぎると下降している。すなわち，ラットがFIの時間をほぼ正確に把握していること，そして刺激によってFIの時間の違いを弁別できることが明らかになった。

これらのFIスケジュールにおける特徴的な行動パターンは動物では多くの種で認められているが，ヒトではやや異なり，全体としてスケジュール特性に対する感受性の乏しい反応が出現することが報告されている (11-2-(3)参照)。

d. 変動間隔スケジュール [VI]

前の強化からの時間経過を基準とするが，セットアップするまでの時間間隔が毎回異なり，その平均値をスケジュールの値とする。たとえば，VI 30 s は 41 秒経過後の最初の反応，15 秒経過後の最初の反応というように強化し，平均すると30秒になるよ

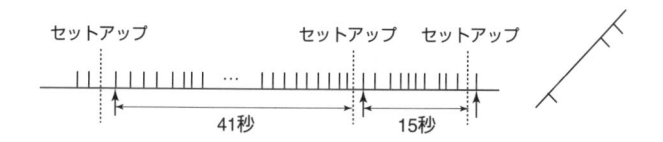

うに設定する。VIスケジュールの場合もセットアップする前に生起した反応は強化には何ら貢献しない。

VIスケジュールのもとでは生体はVRスケジュールと同じように一定率の高頻度反応を示す。ただし，反応比率はVRスケジュールに比べて相対的に低い。

(2) VRスケジュールとVIスケジュールの違い

同じ変動スケジュールでも，VRの方がVIよりも反応頻度が高くなる。ここには2つの興味深い問題がある。第1は，反応頻度の違いがスケジュールの違いによることをどのように証明することができるのだろうか，という問題である。なぜならば，VRとVIでは不規則的に変化するVRやVIの値と個体の反応の状態によって，強化のタイミングや強化率（ここでは単位時間当たりの強化数）が異なり，正確な比較が難しいからである。第2は，もし本当にスケジュール間の反応頻度に違いがあるのなら，それはどのようなスケジュール特性によって生じるのであろうか，という点である。

a. ヨークトコントロールによるVRとVIの反応率の比較

第1の問題を解決する1つの方法はヨークトコントロール (yoked control) の手続きを用いることである。ヨークトコントロールは，実験群とヨークト群を用意し決定的な実験条件以外は両群の手続きを同一にする方法で，心理学をはじめ医学，生理学，薬理学など広範な領域で用いられている実験手法である。カタニアらの実験 (Catania, A. C., Matthews, T. J., Silverman, P. J., & Yohalem, R. 1977 *Yoked variable-ratio and variable-interval responding in pigeons. Journal of the Experimental Analysis of Behavior*, 28, 155–161.) に基づいて具体的に説明しよう。彼らはハトを1羽ずつペアにし，そして，各ペアに対して以下のヨークト手続きの一方を実施した。

VRヨークト手続き

まず，1羽にVI 30 sスケジュールを適用する。そしてこのハトが強化されたときの反応数を連続的に記録しておき，それをもう一羽のハトのVRスケジュールの値として使用する。したがって，2羽目のハトは1羽目のハトのVIスケジュールに強化数と強化のタイミングにおいてほぼ近似したVRスケジュールが適用されることになる。

VIヨークト手続き

こちらは逆に，1羽目にVR 25スケジュールを適用する。そしてこのハトが強化されるまでの時間を毎回連続的に記録しておき，それをもう1羽のハトのVIスケジュールの値として使用する。したがって2羽目のハトは1羽目のハトのVRスケジュールに強化数と強化のタイミングにおいてほぼ近似したVIスケジュールが適用される。

図11-7の左がVRヨークトペア，右がVIヨークトペアの累積記録である。図からどちらのペアにおいてもVIよりもVRスケジュールの方が反応率が高いことがわかる。この結果を1分間あたりの反応率（ハト全体の平均値）で比較すると，

ハトのペア	VI 30 s	ヨークトVR	VR 25	ヨークトVI
	41.3	94.0	91.0	48.6

のようになり，VIスケジュールのときの反応は，VRスケジュールの2分の1以下となっている。

ここに紹介したヨークトコントロールの手続きは2被験体間で比較するものであるが，たとえば，あるキーライトの時にVRスケジュールを適用し，その試行で強化を得るまでに要した時間を，別のキーライトでのVIスケジュールの値にするということを交互に繰り返していけば，同一個体内でヨークトコントロールを実

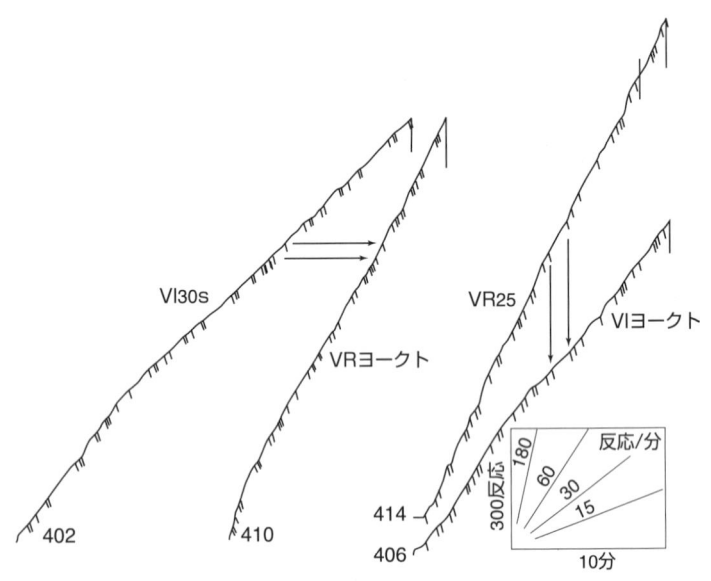

図11-7 ヨークト手続きによるVRとVIスケジュールの反応率の比較（Catania *et al.*, 1977）

施することができ，この手続きでも同様に，VRの時の反応率の方が高いという結果が得られている（Baum,W. M. 1993 Performance on ratio and interval schedules of reinforcement: Data and theory. *Journal of the Experimental Analysis of Behavior*, 59, 245-264）。

b. なぜVRスケジュールの反応率は高いのか。

次の問題は，強化率や強化のタイミングが等しいにもかかわらず両スケジュール間の反応率に違いがあるのはなぜかという点である。理由として微視的（molecular）な原因と巨視的（molar）な原因の2つが考えられる。

微視的な説明のポイントは，VRスケジュールとVIスケジュールでは，強化される反応とその直前の反応との反応間間隔

(inter-response time, IRT)が異なるというものである。その違いは動物に特有の反応傾向に由来する。前に述べたように動物のとくにスケジュール適用初期の反応は，一定率の安定した反応をしているようにみえても実は波があり，その過程を詳細にみると下図に示すように小刻みな反応休止とバーストが繰り返されていることが多い。

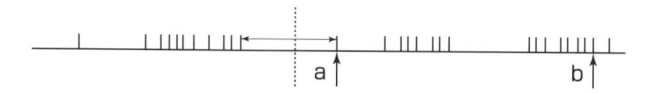

そこで，VRスケジュールではどのようなときに反応が強化されやすいかを考えると，バースト反応を自発しているときに強化される確率が高くなる（矢印b）。一方，VIスケジュールでは，反応を休止しているときにセットアップし，その次の反応が強化される確率が相対的に高くなる（矢印a）。その結果，VRスケジュールでは短いIRT後の反応が強化される機会が増加し（短いIRTの分化強化，12-2節，DRHの項参照），VIスケジュールでは長いIRT後の反応が強化される機会が増加する（長いIRTの分化強化，12-2節，DRLの項参照）。したがって，VRスケジュールでは短いIRTの反応が多くなって反応頻度が高くなり，VIスケジュールでは長いIRTの反応が多くなり反応頻度が下がる，というわけである。

巨視的な原因は，VRスケジュールとVIスケジュールの反応数と強化数の関係の違いに由来するというものである。すなわち，VRスケジュールでは反応率が低いときは強化率が低くなり，反応率が上昇すると強化率も上がるという直線的な関係があるのに対し，VIスケジュールでは時間が基準になっているので，反応率の変化が強化率を大幅に変化させるわけではない。このような反応数と強化数の関係に対する感受性もまた，VRスケジュールとVIスケジュールの反応率の違いをもたらす一因となっている。

(3) 人間と動物の違い

ある強化スケジュールのもとで生体が示す行動を**スケジュールパフォーマンス**という。これまで述べてきたスケジュールパフォーマンスは，主に動物を被験体として得られたものである。ただし，動物行動と人間行動の一貫性を前提とするならば，その結果は人間でも基本的には再現できるはずである。実際，強化の原理は応用，日常場面では人間においてもきわめて有効であることが実証されている。しかし，1960年代から開始されたヒトを対象としたスケジュールパフォーマンスの実験的研究によって，実験室におけるヒトの行動はいくつかの点で動物の行動とは異なることが明らかになった。その主な違いは次のようなものである。

① FIスケジュールにおいて動物ではスキャロップという強化後の反応休止と加速度的な反応増加がみられるが，ヒトではそれが出現せず，一定率の高頻度反応か長い反応休止を伴う低頻度反応のどちらかが出現する（図11-8a参照）。
② FRスケジュールでは，動物ではブレイクアンドランという反応休止と反応バーストの明確な対比がみられるが，ヒトでは終始高頻度反応が出現するようになる（図11-8b参照）。
③ 動物では，VRスケジュールとVIスケジュールの反応率が異なり，VRの方が高率になるが，ヒトでは両者に違いがない（図11-8c参照）。

これらのスケジュールパフォーマンスの違いが生じる原因は大きく3つ考えられる。1つ目は人間における言語の使用，2つ目は履歴（過去経験：history）の違い，3つ目は実験セッティングの違いである。

a. 言語使用の問題

まず，人間の特異性として言語の使用がある。実験室の中で動

11 行動の獲得と維持，消去　　　　　　　　　　　　　　141

(a) 動物　　ヒト

(b)

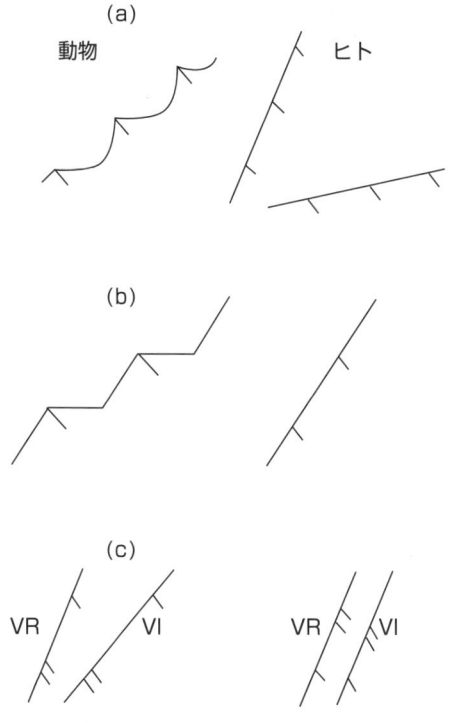

(c) VR　VI　　VR　VI

図 11-8　動物と人間のスケジュールパフォーマンスの違い

物にレバーやキーを押させるには確立操作やシェイピングのような準備段階が必要であるが，人間が被験者の場合，たとえば「ボタンを押してください」のような「教示 (instruction)」を使うことができる。教示の使用は実験実施上，大変便利であるが，一方，「ボタンを自由に押してください」「ボタンを押すことがいい結果をもたらします」など微妙な言い回しによって，被験者の行動か変わってしまうという問題を含んでいる。マヒューズ，シモフ，カタニア，サグボールデン（1977）は，教示でなくシェイピングの方法でボタン押し行動を形成すると，大学生のVRスケ

ジュールと VI スケジュールのパフォーマンスに差が出ることを報告している (Matthews, B. A., Shimoff, E., Catania, A. C., & Sagvolden, T. 1977 Uninstructed human responding: Sensitivity to ratio and interval contingencies. *Journal of the Experimental Analysis of Behavior*, 27, 453-467.)。

また，人間が被験者の場合，実験中の自分の反応やその結果をことばで表現することができる。したがって，人はしばしば「早く押すといいんだな」「待つといいかも」などの自分自身を聞き手とした「**自己ルール**」を生成するが，そうなると行動は自己ルールの影響を受けて変化するようになる（16章，ルール支配行動の項参照）。カタニア，マヒューズ，シモフ（1982）は，VR と VI の多元スケジュール（12-3参照）において，たとえばVR スケジュールのときに「ゆっくり押す」，VI スケジュールのときに「速く押す」という自己ルールをシェイピングすると，VI スケジュールでの反応が VR スケジュールでの反応より速くなることを明らかにした (Catania, A. C, Matthews, B. A., & Shimoff, E. 1982 Instructed versus shaped human verbal behavior: Interactions with nonverbal responding. *Journal of the Experimental Analysis of Behavior*, 38, 233-248.)。

人間の行動が言語によって制御されるようになると，その行動はステレオタイプ化し，変動の少ないものになる。言語が強化スケジュールに対する人間行動の非感受性の一因となっていることは確かである。

人間のスケジュールパフォーマンスがさまざまな形で言語の影響を受けている可能性があることは，まだ，明確な言語を保有していない1歳以前の幼児のFI スケジュールにおける行動は動物と同じようにFI スキャロップを示すが，ことばを使用する4, 5 歳以降になると成人と同じようになるというロー，ビースティ，ベントール（1983）の実験によっても裏付けられている (Lowe,

F. C., Beasty, A., & Bentall, R. P. 1983 The role of verbal behavior in human learning: Infant performance on fixed-interval schedules. *Journal of the Experimental Analysis of Behavior*, 39, 157-164.)。

b. 履歴の問題

　実験動物は多くの場合，種や系統，出生時の条件，生育環境，実験歴などがはっきりわかっている。一方，人間の被験者の場合は，これらの状況についてはほとんどわからない上に，実験動物とは比較にならない圧倒的に多くの履歴をもっている。スケジュールパフォーマンスが被験体の履歴，すなわち実験室内外でのこれまでの経験によって大きな影響を受けることは研究によっても明らかになっている。

　ワイナー（1969）は，ヒトのFIパフォーマンスがそれ以前のスケジュールパフォーマンスの経験によって異なることを実証した（Weiner, H. 1969 Controlling human fixed-interval performance. *Journal of the Experimental Analysis of Behavior*, 12, 349-373)。この実験では，精神科看護助手など成人男女が，マイクロスイッチキーを押してポイント（後に換金できる）を得る実験に参加した。彼らはFIスケジュールでの実験を行う前に，FR40かDRL20 sのどちらかのスケジュールを1日1時間のセッションで10日間経験した。DRL20 sは次章で詳しく説明するが，反応と反応との間隔が20秒以上のときに強化されるスケジュールで，結果として低頻度反応が生じるものである。結果は図11-9のように，事前にFRスケジュールを経験していた被験者のFIパフォーマンスは高率（ただし，スキャロップはない）であったが，DRLスケジュールを経験した被験者の反応は低率であった。

　ワンチセン，タサム，ムーニー（1989）はVRスケジュールの先行経験のあるラットが次にFIスケジュールのもとで行動したとき，ヒトと同じような高頻度反応と多少のブレイクアンドラン

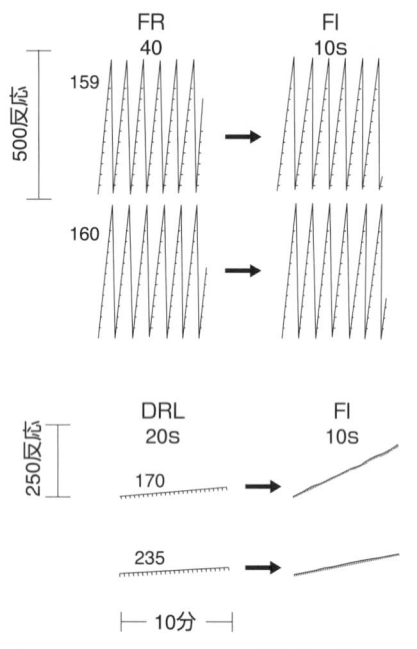

図 11-9 FIパフォーマンスの履歴効果 (Weiner, 1969)

を伴う低頻度反応の2種類が出現することを確かめている (Wanchisen, B. A., Tatham, T. A., & Mooney, S. E. 1989 Variable-ratio conditioning history produces high- and low-rate fixed-interval performance in rats. *Journal of the Experimental Analysis of Behavior*, 52, 167-179.)。

このように行動は履歴によって変化するが,ただ,動物の場合はセッションを重ねるとやがてスケジュール特有の反応が出現するようになる(これはヒトと比べて動物実験ではセッション数が多いことが関係している可能性があるが)。さらに動物は,履歴効果の影響があったとしても実験歴が明らかなのでそれを考慮することができるが,ヒトが被験者の場合は,どのような履歴が現在のスケジュールパフォーマンスに影響を及ぼしているかを十分

に把握できないという問題がある。

c. 実験セッティングの問題

ヒトのスケジュールパフォーマンスの実験における反応装置は，通常，小部屋に設置された押しボタン，テレグラフキー，タッチパネルなどであり，強化子は通常，音を伴うランプやポイントの追加である。

動物実験のセッティングとヒトの実験セッティングの大きな違いは，強化子に関するものである。つまり，動物実験の場合は，餌の制限という確立操作を施した後，餌を強化子として使用するのに対して，ヒトの場合は「ポイント」や「ランプの点灯」「音」である。確立操作の効いていないこれらの刺激が強化子として機能するかどうかは難しいところである。そのため，実験者は競争場面を設けたり，ポイントの蓄積によって早く単調な実験から開放されるようにしたり，あるいは金銭などの般性強化子を付随させるなどして，確立操作を加えるようにしている。ただし，ポイントが金銭と交換できる場合でもその金額はあまり高くない。ワイナーの実験の場合，被験者が受け取ったのは1時間あたり2.5ドルから4ドルであり，時代を考えるとよい方である。

強化子が「餌」と「ポイント」の違いはさらに，**完了反応**（consummatory response）の有無にも関わってくる。完了反応とは餌が強化子の場合，提示されたあとそれを食べる反応である。一方，ポイントや光音はその提示のみで，完了反応はない。そこで，実験によっては，ランプが提示されたあと別に取り付けられている完了反応ボタンを押すとポイントが入る仕組みや，強化子としてポーカーチップを用い，それが提示されたら，それを取り上げて別の容器にしまうなどの完了反応を設定している実験もある。完了反応を設定すると，全体としてヒトの行動は動物に近くなる。

11-3 消　去

　連続強化や部分強化で維持されている行動に対して，強化子の提示を停止する手続きを消去（extinction）という。消去手続きが実行されると，生起した行動にもはやなんの環境変化も随伴しないので，今まで強化によって維持されていた行動は減少し，最終的には消失する。ただ，ここで重要なことは，消去は単に以前強化されていた行動が消失するだけではないということである。いままで強化を受けていた個体にとって消去は，新しい環境の出現という意味がある。つまり，消去には従来の環境のもとでの行動の消去と新しい環境の下での適応的な行動の獲得という2つの側面があるのである。

　オペラント行動を減少させる手続きは，分化強化や弱化随伴性など他にもあるが，本節では，消去手続きにおける基本的現象について述べることにする。

(1) 強化スケジュールと消去抵抗

　強化スケジュールのタイプは，**消去抵抗**（8-1節 (2) 消去抵抗の項参照）の高さとパターンに影響を及ぼす（図11-10）。一般に連続強化スケジュールに比べて部分強化の消去抵抗は高い。これは部分強化効果として知られている。さらに4つの基本的部分強化スケジュールの中では，VRとVIの変動スケジュールの消去抵抗が高く，とくにVRスケジュールの消去抵抗が最大である。消去時の反応は，図からわかるように連続強化の後は急速に減少する。

　部分強化では消去後しばらく反応が持続した後に，FR,VRではやがて反応休止が時々生じるようになり，反応休止の期間が徐々に長くなるような形で反応が減少していく。FIも同様にスキャロップ型の反応休止が徐々に長くなりやがて消去にいたる。

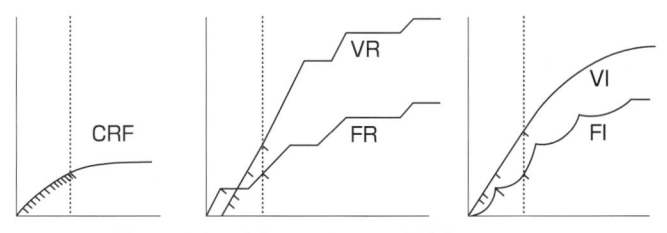

図 11-10 強化スケジュールと消去のパターン

4つの部分強化の中では VI の消去過程が特徴的で，明確な反応休止がなくなだらかに反応が減少する。

FR スケジュール後の消去のプロセスを実際のデータでみてみよう（Ferster & Skinner, 1957）。図 11-11 は FR 60 スケジュールで 700 回の強化を受けた後のハトの消去過程の累積記録（3.5 時間分）である。消去初期には高頻度の反応が連続して出現しているが，やがて反応休止が多く出現するようになる。最終段階で反応が連続したときの平均反応頻度は 1 秒間 11 回程度である。この図に示されている限りの反応数をスケールから概算すると約 6300 ペックになる。

次の例はヒトの部分強化効果を示したものである。この実験で

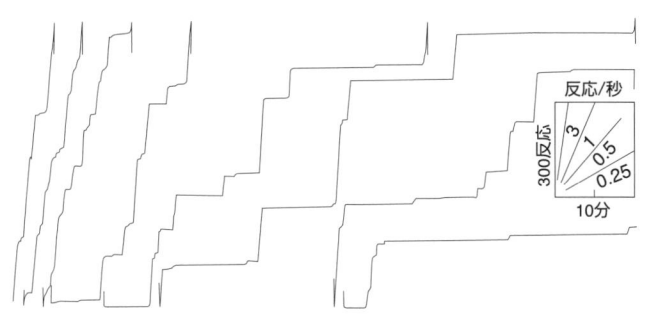

図 11-11 FR60 スケジュール強化後の消去過程
（Ferster & Skinner, 1957）

用いられた装置は，本物のスロットマシンを実験用に一部改造したもので，ディスクをスロットに入れレバーを引くと時々強化子として，ディスク（後で換金できる）が出てくるというものである。大学生の被験者は最初の8回のゲームの強化率によって7グループに分けられた。つまり，強化を受ける（つまり，勝つ）のが8回のうち8回，6回，4回，3回，2回，1回，0回の7グループで強化確率と強化の位置は表11-2のとおりである。0%群以外は最後の8回目に勝った後は消去となり，もはやディスクが出てくることはない。彼らは実験者から「好きなだけやっていいですよ」と言われた。

図11-12が消去，つまりやめるまでに行ったゲーム数であるが，消去抵抗は強化を受けた回数の逆関数になっている。8回のゲーム中1回も勝たなかった被験者はその後約100回ゲームにチャレンジしている一方，75%（7回），100%（8回）の被験者はおおよそ50-60回である。一度も強化を受けなかった被験者の消去抵抗が高いのはおそらく実際のスロットマシンを用いたことによるものと思われるが，いずれにしてもこの実験は，部分強化の強化率によって消去抵抗が異なることに加えて，人間がギャ

表11-2 各グループの強化確率と強化位置（X）
(Lewis & Duncan, 1956)

グループ	試行（ゲーム）								
	1	2	3	4	5	6	7	8
100%	X	X	X	X	X	X	X	X
75%	X	0	X	X	X	0	X	X
50%	X	0	X	0	0	X	0	X
37.5%	0	X	0	X	0	0	0	X
25%	0	0	X	0	0	0	0	X
12.5%	0	0	0	0	0	0	0	X
0%	0	0	0	0	0	0	0	0

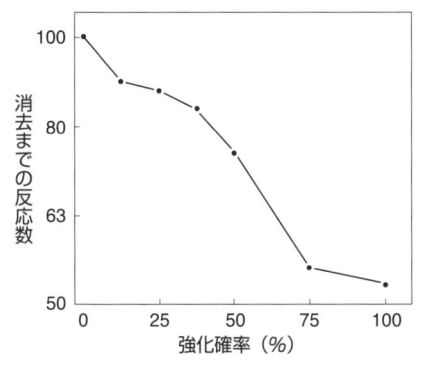

図 11-12 各強化確率における消去までの反応数
(Lewis & Duncan, 1956 より改変)

ンブルをやめるのがいかに難しいかを示している (Lewis, D. J., & Duncan, C. P. 1956 Effect of different percentages of money reward on extinction of a lever-pulling response. *Journal of Experimental Psychology*, 52, 23–27.)。

(2) 消去による行動の変化

行動随伴性が消去になると行動の上にいくつか特徴的な変化が起こる。まず,消去直後に**消去バースト**(extinction burst)という急激な反応頻度の増加と反応強度の増加がみられる。そのときヒトを含む生体はしばしば情動的な反応を示す。また,近くに攻撃する対象があると攻撃行動が起こることがある。たとえばハトは,他の個体が近くにいるとつつくなどの行動を出現させる (Azrin, N. H., Huthinson, R. R., & Hake, D. F. 1966 Extinction-induced aggression. *Journal of the Experimental Analysis of Behavior*, 9, 191–204.)。これを**消去誘発性攻撃行動**(extinction-induced attack or aggression)という。さらに消去になると**消去誘発性行動変動**(extinction-induced variability)といい,生体は今までにないさまざまな行

動を示しはじめる。

これらの特異現象は、いつもの自動販売機にお金を入れてボタンを押したものの品物が出てこないようなときに人が示す行動を想像するといいだろう。

(3) 自発的回復と復活

図11-10で見たように、消去手続きが実施されると反応は徐々に減少し、数時間後にはほぼ消失する。しかし、翌日あるいは数日後にもう一度消去セッションを実施すると消失したはずの反応が再び現れる。このように消去後、一定時間経過後に再び反応頻度が増加することを**自発的回復**（spontaneous recovery）という。この自発的回復現象はレスポンデント条件づけにおける自発的回復と同じように、消去セッションを繰り返すたびに生起頻度の減少を伴いながら生じる（8章、図8-2, 8-3参照）。

実はこの自発的回復は消去に限らず、行動の獲得過程や変容過程でも生じる広範な現象なのである。例として選択行動の過程で現れる自発的回復現象をみてみよう。図のように左右2つのキーを備えた実験箱を用意し、それぞれに独立したVI 30 sスケジュールを適用し、両者の強化確率を50%（セットアップ後反応したときに平均2回に1回強化子が提示される）とすると、両者の随伴性は同じなので、左右キーに対する反応頻度はほぼ等しくなる。次に一方は50%にしたままで、他方を90%の強化確率

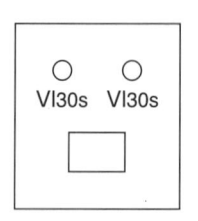

にすると、当然のことながら強化確率の高い90%キーへの反応が多くなる。そしてその後90%の強化確率をもとの50%に戻すという操作を加える。図11-13はこのような強化確率の変化のもとでのハトの反応率の推移を7日間（①～⑦）にわたって記録したものである。縦軸は全体の反応に対する強化率の高いキーへの反応のパーセンテージ、横軸は1日30分のセッションを3分ずつ10個のブロックに分けてプロットしたものである（Mazur, J. 1996 Past experience, recency, and spontaneous recovery in choice behavior. *Animal Learning & Behavior*, 24, 1-10.）。

上の図の一番左、2つのキーがともに50%の強化確率のときは、両キーへの反応比率はほぼ50%であるが、2日目に強化確率が変化すると90%キーへの反応が急激に増加し70%強の比率となった。しかし、翌日同じ条件で実験を行うと、当初前日よりも反応率が下がる自発的回復が見られた。自発的回復はその翌日も見られ、5日目に50%に戻すと全体的な反応比率は50%ライ

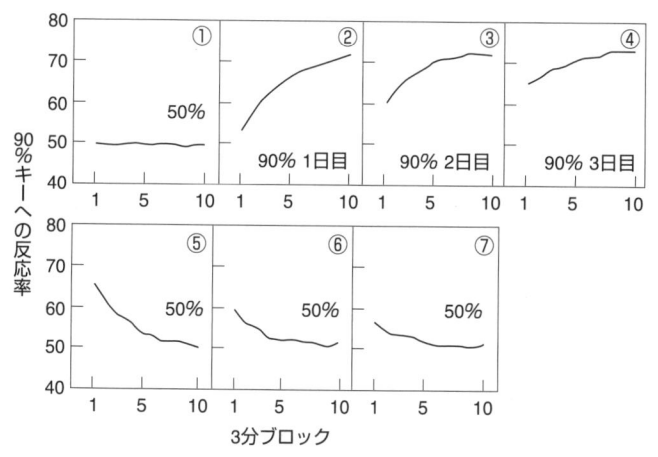

図11-13 選択行動の変容過程で生じる自発的回復現象
（Mazur, 1996）

ンに向かって下がるが，この場合にも自発的回復が観察されている。

もう1つ回避行動（13章）の獲得過程で見られる自発的回復現象について簡単に紹介しよう (Hoffman, H. S. 1966 The analysis of discriminated avoidance. In Honig, W. K. (Ed.), *Operant behavior: Areas of research and application*. New York: Appreton-Century-Crofts.)。この実験ではラットがオペラント実験箱の中に入れられ，セッションが始まると平均10分に1回1000 Hz（ヘルツ）の音が鳴る。音は60秒間持続したのち最後に電気刺激が提示される。もしラットが音が鳴っている最中にレバーを押すと音は止まり，そしてその後に来るべき電気刺激をも回避することができる。このような訓練を1セッション20試行で1日おきに行った。図11-14は1セッションごとの回避反応の平均生起率を12セッションにわたって表示したものである。各セッションのデータは5試行を1ブロックとして4つのデータポイントで示されている（ADは電気刺激の随伴しない音だけの場合のデータである）。したがって，この図から回避行動のセッション間の推移過程と同時にセッション内の変化をも知ることができる。

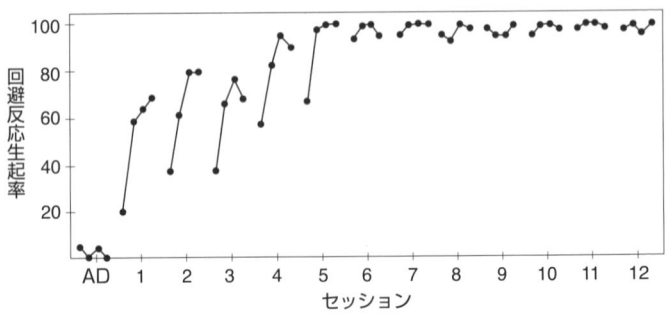

図 11-14 回避行動の獲得過程で見られた自発的回復現象
（Hoffman, 1966）

11 行動の獲得と維持，消去

結果をみると，音だけのときはレバー押し反応は生じていないが，音に電気刺激が伴うようになるとレバーを押す回避反応が出現し，セッションを重ねるにしたがって徐々にその頻度が上昇して6セッション目で最大の反応レベルに達したことがわかる。1セッションから5セッションまでは回避反応がセッション内で大きく変化し，セッションの後半では多くの回避反応が出現するようになるが，48時間後の次のセッション開始時にはまた低下するという自発的回復（これは回避行動に特有のウォーミングアップ現象であるともいわれている）が生じていることがわかる。

以上の観察から，消去における自発的回復は環境変化に対して生体が見せる広範な自発的回復現象の典型的な一面を表わしたものであるということができよう。自発的回復現象はまた，環境変化に伴う生体の行動変化は直線的には進行しないことを示している。

消去において自発的回復と関連した現象に**復活**（resurgence）がある。これは，たとえば上述の2つキーの実験箱を用いるならば，まず，はじめに左のキーへの反応のみを強化し，左キーへの反応を形成する。次に右キーの反応を強化し左キーへの反応を消去する。そして最後に，右キーへの反応も消去（両キーとも消去）にすると，左キーへの反応が復活するというものである（Epstein, R. 1985 Extinction-induced resurgence: Preliminary investigations and possible appreciations. *Psychological Record*, 35, 143-153.）。

(4) 変化抵抗

消去に類似した現象の一つに**変化抵抗**（resistance to change）がある。消去は，これまで継続的に提示されてきた強化子が提示されなくなり，その結果として行動の頻度が低下することであるが，変化抵抗は，消去に限らず強化の形態が変化したときに，前の行動がどれだけ維持されるか，すなわち変化に対する抵抗を示

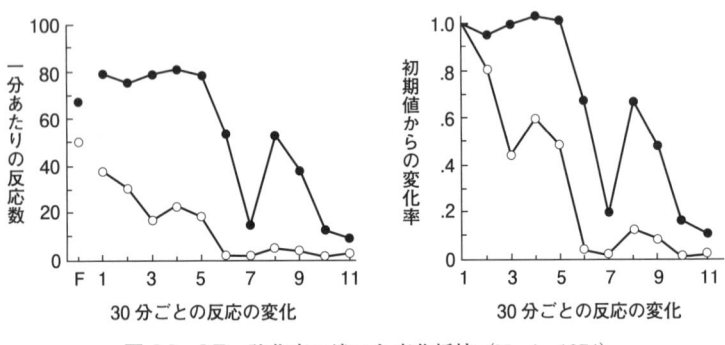

図 11-15 強化率の違いと変化抵抗 (Nevin, 1974)

すかということに注目する。したがって変化抵抗研究の関心は，環境変化に対して強い抵抗を示すような反応の強さは，どのような条件において獲得，維持されるのかという点にある。

ネーヴィン (1974) はその条件として，強化の頻度，強化量，強化の遅延，強化直前の反応間間隔などの要因をあげている (Nevin, J. A. 1974 Response strength in multiple schedules. *Journal of the Experimental Analysis of Behavior*, 21, 389-408.)。たとえば，強化の頻度の効果について調べた実験では，ハトをキーの色が緑のときは VI 2 分スケジュール，赤のときは VI 6 分スケジュールの多元スケジュールで反応が安定するまで十分訓練した後，両コンポーネントを消去に移行させ，その反応率の変化を 5 時間 30 分にわたって観測した。

図 11-15 の左の図は実際の 1 分あたりの反応数の変化を 30 分ごとに示したもので，F で示されているのは多元スケジュールの最終セッションの値である。右の図は，消去の最初の 30 分の各コンポーネントの値に対する変化率を示している。実際の反応数は強化率の高い緑 (●印) の方が赤 (○印) よりも高く，ともに消去手続きにより減少しているが，変化率を見るとわかるように

11 行動の獲得と維持，消去

反応減少の度合いは，VI 2分（緑）の方が VI 6分（赤）よりもゆっくりであり，変化に対する抵抗が高くなっている。つまり，強化率に関しては高い強化率で維持されていた行動は変化抵抗が高いということができる。

さらにネーヴィン（1974）およびその他の研究によって，強化量は大きい（強化子の提示時間が長い），強化の遅延は短い，そして強化直前の反応間間隔はどちらかというと長い方が変化抵抗が高いことが知られている。また，環境の変化としては，消去の他に反応-非依存スケジュール（18章），餌の先行提示など反応の頻度が減少するような操作が用いられ，ほぼ同様の結果が得られている。

ネーヴィンはその後，変化抵抗の現象を物理学における質量と速度の類似性から**行動モメンタム**（behavioral momentum）として拡張し，たとえば同じスピードで走っている2人がいて，「止まれ」と言われたときに，体重が重い人の方がすぐには止まれない，あるいは同じ人でも高速で走っているほどすぐには止まれない，など日常的に観察される行動の「勢い」のような特性も変化抵抗の枠組みで扱うことができることを示した（Nevin, 1983 The analysis of behavioural momentum. *Journal of the Experimental Analysis of Behavior*, 39, 49-59）。

12
複雑な強化スケジュール

12-1 オペラントクラスと行動次元

　いままで一括りに「行動」とよんできたが，実は行動には「クラス」と「次元」の2つの側面がある。1つは環境に対して共通の働きを持つ反応群からなるひとまとまりの行動である。このひとまとまりの行動が同じ行動随伴性によって維持されているとき，その反応群をオペラントあるいは**オペラントクラス**という。キーをつつく，レバーを押す，紐を引く，ドアを押す，手を上げる，手を振るなどの行動が通常オペラントクラスとよばれるものである。ただし，同じ「手を振る」でも「手を振って」対象が立ち去る場合（バイバイ）と，「手を振ったら」対象が近づく場合（こっちにおいで）では働きが違うので異なるオペラントクラスの行動である。このように生体が持っているオペラントクラスの集合を**行動レパートリー**という。生体は行動レパートリーにない行動を自発することはできない。

　もう1つの側面は，あるオペラントクラスの行動は特定の時間的，空間的な特性を持っているということである。このような行動の時間的・空間的特性を行動次元という。**行動次元**には次のようなものがある。

12 複雑な強化スケジュール

頻度（frequency）　　：反応の出現回数（単位時間あたりの反応数は反応率とよばれる）
持続時間（duration）：反応が出現しつづけている時間の長さ
潜時（latency）　　　：きっかけがあってから反応が起きるまでの時間
トポグラフィ（topography）：反応の形，形態
強度（intensity）　　：反応の強さ，大きさ

　今まで，ハトの行動を中心としてオペラント行動をみてきたとき，キーつつき反応全体を1つのオペラントクラスとして取り扱い，行動次元の細目についてはほとんど触れなかった。しかしながら，行動随伴性は次の例のように個別の行動次元についても適用することができる。

頻　　度：前の反応からの時間間隔が1秒以内の反応，あるいは10秒間あたり20回以上の反応があったとき強化子を提示
持続時間：キーを3秒以上押しつづけていたとき，あるいはIRT1秒以内の反応を5秒間続けたとき強化子を提示
潜　　時：ライトがついてから2秒以内にキーをつつく，あるいは5秒以上たってからつついたとき強化子を提示
トポグラフィ：口を開けて，あるいはくちばしの横でキーをつついたとき強化子を提示
強　　度：強いつつき反応，あるいは弱いつつき反応のみに強化子を提示

　このようにオペラント行動をオペラントクラスと行動次元の2つの側面からとらえるならば，行動随伴性は以下に述べるような

行動変化をもたらすことができる。

① 新しいオペラントを形成し行動レパートリーに加える
② いくつかのオペラント行動の中から特定のオペラント行動のみを選択的に強化，あるいは弱化する
③ 特定の行動次元を選択的に強化，あるいは弱化する

このように一定の基準を満たした特定の行動や行動次元を選択的に強化し，他の行動や行動次元は強化しないという行動随伴性を**分化強化**（differential reinforcement）という。

12-2　分化強化——結果による選択

分化強化は，換言すれば，特定のオペラント行動や特定の行動次元が結果によって選択されていくプロセスである。すでに述べたシェイピングもこの分化強化を用いたものであるが，そのほか動物に芸を仕込む（特定の行動をさせる）ときや，あるいは人間が技術の向上や生活動作の改善を図るとき，あるいは好ましい行動を促進させ，不適切な行動を低減させるようなときに用いられる。また，たとえば，実物の犬や，「いぬ」という文字を見たときに，"いぬ"と発音することを学ぶときのように，人間がことばを覚えるプロセスにも分化強化は深く関連している。

以下，オペラント行動の研究や臨床実践でしばしば用いられる代表的な分化強化スケジュールについて説明しよう。

① 高反応率分化強化

（differential reinforcement of high rate of responding: DRH）

これは正確には短反応間隔分化強化で，IRT＜tスケジュールともよばれる。IRTとはinter-response timeの省略形で，反応間間隔のことである。たとえば，DRH 1 s なら

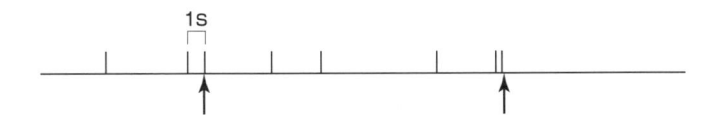

ば，前の反応からの経過時間が1秒以内のときの反応が選択的に強化される。したがって，徐々に反応間間隔の短い反応が連続して生起するようになり，結果として高い頻度で反応が持続するようになる。

DRHスケジュールは別の基準で実施されることがある。それは間隔DRH（interval DRH）スケジュールとよばれ，一定の時間間隔（たとえば，10秒，30秒，3分など）を設定して，その間の反応頻度が特定の回数以上であったならば，その時間間隔の最後に強化子を提示するというものである。

② **低反応率分化強化**

(differential reinforcement of low rate of responding: DRL)

長反応間隔分化強化（IRT＞tスケジュール）ともいい，図のようにDRL5sならば，前の反応からの経過時間が5秒以上の反応が選択的に強化される。したがって，徐々に反応間間隔の長い反応が生起するようになり，結果として低頻度の反応が生起するようになる。

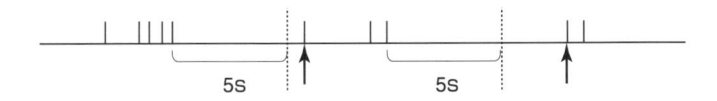

間隔DRL（interval DRL）の場合は，一定の時間内の反応頻度が特定の回数以下（0を除く）であったときに，その時間間隔の最後に強化子を提示する。間隔DRH，DRLは臨床場面でしばしば用いられる。

③ 定速度反応分化強化

(differential reinforcement of paced responding: DRP)

DRHとDRLを組み合わせたもので，t1＞IRT＞t2と表記される。たとえば，4s＞IRT＞2sならば，IRTが2秒以上4秒以内の反応が強化されるので，定速度，定反応間間隔の安定した行動が出現するようになる。

④ 持続時間分化強化

(differential reinforcement of fixed duration: DRD)

特定の行動が一定時間持続したときに強化する。この時間設定を，たとえば1分，2分，3分，……，5分，……，10分のように徐々に拡張していけば，持続時間の長い行動を形成することができる。

⑤ 他行動分化強化

(differential reinforcement of other behavior: DRO)

実際には「無行動」の分化強化である。このスケジュールでは，特定の反応が生起しなかったときに設定された時間間隔の最後で強化される。たとえば，DRO 10sならばハトが10秒間つづき反応をしなかったときに強化子が提示され，無反応が続くならば図の右側のように10秒ごとに強化を受け続けるようになる。このスケジュールは反応をすると逆に予定されていた強化子が除去されるので，負の弱化（14章）の一種であり，**省略訓練**（omission training）ともよばれる。DROスケジュールは特定行動の反応頻度を弱化させる機能をもつものであるが，反応を抑制する力は消去よりも強い。

⑥ 非両立行動分化強化

(differential reinforcement of incompatible behavior: DRI)

現在遂行している行動と物理的に両立させることが困難な行動を強化する。たとえば，正面パネルのキーへのつつき反応が FR 100 スケジュールで強化されているハトに対して，同時に実験箱内を一回りすると強化されるようにする。実験箱内を一回りするほうが強化までの時間が短いので，ハトは回転行動を繰り返すようになるが，回転行動はキーつつき行動と同時にはできないので，必然的にキーつつき行動は減少する。もしキーつつきが不適切な行動，回転が適切な行動とするならば，このスケジュールは適切な行動の頻度を高めることによって結果的に不適切な行動の頻度を減少させる機能をもっている。その意味で臨床的な応用価値の高いスケジュールである。

⑦ 代替行動分化強化

(differential reinforcement of alternative behavior: DRA)

非両立行動分化強化と同様，2つの行動随伴性が働くスケジュールであるが，こちらは新しく強化する代替行動がもう1つの行動と非両立ではないという点が異なる。たとえば，キーつつき反応が餌で強化されているハトに対して，小さなピアノの鍵盤をつついたときに餌を随伴させるようにする。そうすると反応が2つの行動に配分されるようになるので，相対的にキーつつきの頻度は減少する。このときキーつつきの強化率を減少，あるいは消去にしたり，逆に鍵盤つつきへの強化率を増加させれば，鍵盤つつきはキーつつきにとって替わるようになる。

⑧ 異反応分化強化

通常のオペラント行動の随伴性は，同じクラスの行動ある

いは行動次元が繰り返し強化されるという意味で、同反応分化強化である。一方、直前に強化されたものとは異なる反応クラスの行動を自発したとき、あるいは同じ反応クラスでも異なる行動次元の行動を自発したとき強化子を提示するようにすると、全体として今までとは「異なる行動」が多く出現するようになる。たとえば、左（L）右（R）2つのキーが提示されると、ハトはこの2つのキーをさまざまなパターンでつつく。そこで、連続する3回のつつき行動に焦点を当て、3回の反応の系列（つつく順番）が前の3回の系列と異なっていたら強化するようにする。つまり、前が左右左（LRL）で今回がLRRであれば強化するわけである。さらに前の5系列、あるいは10系列と異なっていたとき強化するようにすることもできる。このような手法を用いることによって、「異なる行動」というオペラントクラスの行動を多く出現させることができる。

ページとニューリンジャーは、ハトを対象として2つのキーに対する8回の反応を1系列として、それをその前のn系列と異なっていた場合に強化する異反応分化強化を適用し、nが50系列の場合においても分化強化が可能であることを実証した（Page, S., & Neuringer, A., 1985 Variability is an operant. *Journal of Experimental Psychology: Animal Behavior Processes*, 11, 429-452.）。著者らはこの手続きにより「**行動の変動性**（behavioral variability）」が増加したとして、強化随伴性が行動の変動性を変化させうることを明らかにした。行動の変動性は、多様な行動様式や創造性をもたらす資源として、現在では行動分析学の重要な研究領域になっている。

12-3 複合強化スケジュール

強化スケジュールには連続強化，部分強化，消去，分化強化の他にもさまざまなスケジュールがある。この節では2つ以上のスケジュールが関連する強化スケジュールについて述べる。これらの強化スケジュールは，多くの場合，オペラント行動における特定の現象を調べるときに用いられるものであるが，ここでは各スケジュールの概略を述べるにとどめ，スケジュールの実例については，該当する章，節に委ねることにする。

① **多元スケジュール**（multiple schedule）

［例］多元 FI 20 s FR 30

2つ以上の異なるスケジュールで構成されるスケジュールで，各スケジュールには明確に区別できる刺激が付随している。個々のスケジュールをコンポーネントといい，コンポーネントは1強化ごとに替わることもあれば，時間によって替わることもある。たとえば，強化スケジュールが FI 20 s, FR 30 の2つで，それぞれが適用されるときのキーライトが赤，緑の2刺激であるとすると，スケジュールは下図のように進行する。多元スケジュールは，オペラント行動の刺激性制御（15章），すなわち環境刺激による行動のコントロールや，あるいは生体が環境刺激をどのように識別しているか，などを研究する際に用いられる。

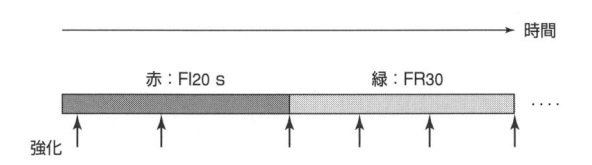

② **混合スケジュール**（mixed schedule）
　　　　　［例］混合 FI 20 s FR 30

多元スケジュールと同様，2つ以上の異なるスケジュールで構成されるスケジュールであるが，刺激は変化しない。このスケジュールは生体の各スケジュールに対する感受性，反応性の違いなどを調べることができる。

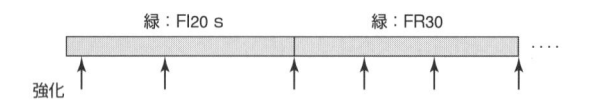

③ **連鎖スケジュール**（chained schedule）
　　　　　［例］連鎖 FI 20 s FR 30

2つ以上の異なる強化スケジュールが異なる刺激のもとで連結し，それらが一定の順序にしたがって遂行されたときに強化子が提示される。図の例では試行が始まるとまず，赤の刺激が提示され，そこで20秒後に反応があると次に緑の刺激が提示され，そこで30回の反応を行うと強化子が提示される。このスケジュールは連鎖的行動（12-5節）を形成したり，その仕組みや働きを調べるときに用いられる。

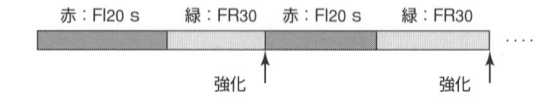

④ **直列スケジュール**（tandem schedule）
　　　　　［例］直列 FI 20 s FR 30

連鎖スケジュールと同様，2つ以上の強化スケジュールが連結し，それらが順序にしたがって遂行されたときに強化子が提示されるスケジュールであるが，スケジュールによって刺激が変化しない。直列するスケジュールの特性によってさ

12 複雑な強化スケジュール　　165

まざまな行動効果をもたらすことができる。たとえば，例にあげた直列 FI 20 s FR 30 を実行すると，1強化試行の前半はゆっくりで，後半は高頻度の反応パターンをもった行動が形成される。

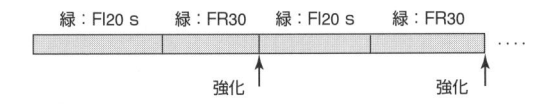

```
緑：FI20 s    緑：FR30    緑：FI20 s    緑：FR30
                    ↑                       ↑    ····
                   強化                    強化
```

⑤ **並立スケジュール**（concurrent schedule）
　　　［例］並立 FI 20 s FR 30

　2つ以上の異なる反応に対して異なるスケジュールが適用される。刺激は異なることもあれば，同じこともある。また，異なる反応も図の「キー A」「キー B」のように異なる操作体であることもあれば，「右手での反応」を FI 20 s で強化し，「左手での反応」を FR 30 で強化するという形でも可能である。並立スケジュールおよび並立連鎖スケジュールは選択行動（17章）を調べるとき用いられる代表的なスケジュールである。

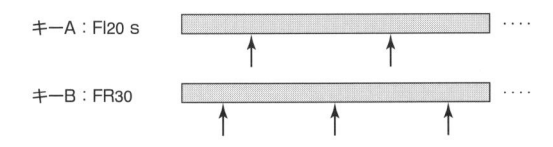

```
キーA：FI20 s
           ↑        ↑                ····
キーB：FR30
       ↑       ↑       ↑             ····
```

⑥ **並行スケジュール**（conjoint schedule）
　　　［例］並行 FI 20 s FR 30

　1つの反応に対し，異なるスケジュールが独立かつ同時に適用される。つまり，1つの反応が2つの強化スケジュールによって強化される場合である。したがって，図の例では30回目の反応が FR スケジュールで強化された後，数回反

応すると今度は FI 20 s で強化されることになる。他の例は，レバーを 30 回押す度に電気ショックを回避することができると同時に，同じレバー押し反応が FI 20 s スケジュールで餌によって強化されるような場合である。

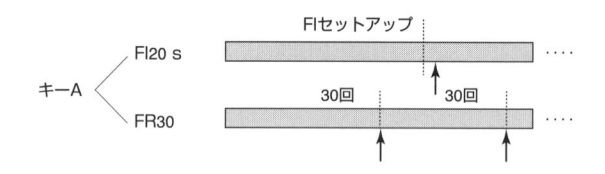

```
              ┌ FI20 s     [FIセットアップ]━━━━━┈┈┈
キーA ─┤
              └ FR30         30回   ┆  30回
                                    ↑        ↑
```

⑦ **択一スケジュール**（alternative schedule）
　　　　［例］択一 FI 20 s FR 30

1 つの反応に対し，異なるスケジュールが同時に適用され，どちらか先に条件が満たされた方のスケジュールで強化される。たとえば，図の例で FI スケジュールがセットアップする前に，キー A への反応が 30 回に達するとそこで強化子が提示される。FI スケジュールはその時点でリセットされ，強化後，再び FI 20 s FR 30 の択一スケジュールが開始される。

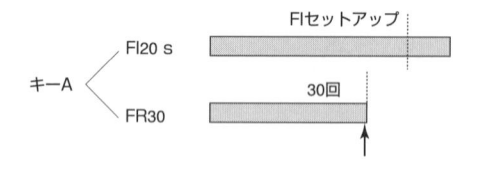

```
              ┌ FI20 s     [FIセットアップ]━━━━━
キーA ─┤
              └ FR30         30回   ┆
                                    ↑
```

⑧ **結合スケジュール**（conjunctive schedule）
　　　　［例］結合 FI 20 s FR 30

1 つの反応に対し，異なるスケジュールが同時に適用され，両方の条件が満たされた後の最初の反応で強化される。例のスケジュールでは，たとえば試行開始からの反応数が 30 回

12 複雑な強化スケジュール 167

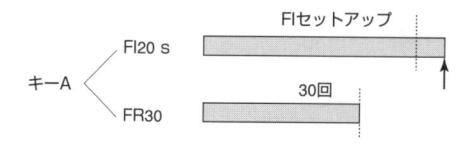

```
          ┌ FI20 s    [ FIセットアップ ]
キー-A ─┤
          └ FR30      [ 30回 ]
```

を超え，かつ 20 秒以上経過した後の最初の反応に強化子が提示される。

以上，代表的な複合強化スケジュールについて述べたが，複合強化スケジュールにはこれ以外にもさまざまなものがあり，必要に応じて研究場面や実践場面で用いられている。

12-4 強化の遅延

これまで強化子は原則的に，行動に引き続いて速やかに提示されるものとして話を進めてきた。この強化の即時性は，ソーンダイクの「効果の法則」における暗黙の了解でもあった。しかしながら，強化は必ずしも行動の後すぐに提示されるとは限らない。特に日常場面においては，行動と強化子提示の間にある程度の時間間隔が介在するのはよくあることである。このような強化の遅れは，「即時強化」に対して「遅延強化（delayed reinforcement）」と呼ばれる。

強化子随伴の効果という観点からすれば，行動と強化子の間の「時間的接近（contiguity）」は必須である。したがって，遅延によって強化子の効力は減衰する。スキナーは，強化の遅延が行動にどのような影響を与えるかについて調べ，ラットの場合およそ 8 秒の遅延によって強化子はその効力をほぼ失うことを示した (Skinner, B. F. 1938 *The behavior of organism : An experimental analysis*. New York: Appleton Century Crofts.)。その後の詳細な実験

的検討においても動物で強化子の効力が認められるのはおよそ10秒遅延までで，30秒の時間間隔になるとほとんど効果がないことが確かめられている。また，自発される反応数は強化の遅延時間の減少関数として表すことができ，それは**強化遅延勾配**（delayed reinforcement gradient）と呼ばれている（遅延強化については，以下のラッタル論文が参考になる。Lattal, K. A. 2010 Delayed reinforcement of operant behavior. *Journal of the Experimental Analysis of Behavior*, 93, 129–139.）。

強化遅延の効果は，遅延中の刺激の状態によっても変化することが知られている。上に述べた知見は，遅延中に刺激の変化がない場合（信号なし遅延，unsignaled delay）に得られたものである。一方，遅延時間中に刺激が変化する（信号付遅延，signaled delay）手続きを用いると，その刺激が条件性強化子として働き，比較的長い遅延でも行動は維持されるようになる。

人間の場合は，言語等が信号として機能するので，相当期間の遅延も可能である。それでも，一般的な原則としては，遅延が短い方が効果的であることは同じであり，『行動分析学入門』では「60秒ルール」を強調している（杉山，島宗，佐藤，R・W・マロット，M・E・マロット，産業図書，1998）。

また，特に実験において遅延の効果を調べる場合は，リセットなし（non-resetting delay）の遅延を用いるか，リセットありの遅延（resetting delay）を用いるかで，実際の結果が変わってくることに注意しなければならない。リセットなしの遅延は，遅延中に反応があっても遅延時間に変化はないので，もし反応があると反応から強化までの実際の遅延時間は設定した間隔よりも短くなる。一方，リセットありの遅延は遅延中に反応があるたびに改めて時間設定が実行されるため，必ず予定した遅延時間を確保することができる。どちらの方法を用いるかは研究の目的によって変わってくる。

遅延強化を強化スケジュールとしてみると,リセットなし遅延は基準となるスケジュールにFT（VT）スケジュールが連結したものであり,リセットあり遅延は基準スケジュールにDROスケジュールが連結したものである。さらに信号なし遅延は直列スケジュール,信号付遅延は連鎖スケジュールとみなすことができる。

12-5 行動の連鎖化

実験室におけるオペラント行動の研究では,一般に,レバー押しやキーつつきのような単一の反応が取り上げられるが,一方,自然場面の人間や動物の行動は,異なるクラスやトポグラフィからなる一連の連鎖として生じていることが多い。たとえば,「喉の渇き」という身体変化を感じたとき私たちは,台所まで歩いて行き,コップをつかみテーブルの上に置き,冷蔵庫を開け,ミネラルウォーターのボトルを取り出し,フタをひねり,ボトルを傾けてコップの中に水を注ぎ,ボトルに蓋をして元に戻し,コップを握って口元まで運び,口の中に水を入れて,それを飲み込む,という一連の行動連鎖によって「喉が潤う」という状態を得ることができる。

行動連鎖には「固定的活動パターン（fixed action pattern）」や「生得的反応連鎖（reaction chain）」など系統発生的な行動連鎖も存在するが,オペラント行動としての行動連鎖（behavior chain）は,オペラントクラス,強化スケジュール,条件性強化子,刺激性制御,など行動随伴性を構成する基本的枠組みによって形成される。厳密にいうと,動物のレバー押しやキーつつき反応のような単純な行動もまた連鎖から成り立っているのであるが,特に人間の日常生活における行動は行動連鎖を抜きにしては考えられない。また,障害児教育や動物の訓練など応用分野において

は，行動連鎖は形成されるべきターゲット行動としてあるいは行動修正の手段として重要なものである。さらに，行動連鎖は，動物の認知過程の研究，人間における刺激クラスの形成や等価関係に関する研究（15章），そして，人間の言語行動（16章）の研究など，諸々の研究領域と密接な関わりをもっている（小野浩一 1998 行動連鎖—その獲得と遂行—心理学評論，41，426-442.）。

(1) 行動連鎖と強化スケジュール

行動連鎖を形成する手続きとしての強化スケジュールは，連鎖の各成分における刺激の状態から2つの手続きに区別される。1つは連鎖スケジュール（chained schedule）で，反応と別に刺激の系列があり，その1つ1つの刺激に特定の反応が結合しているもの，もう1つは直列スケジュール（tandem schedule）で，特別に刺激は存在せず前の行動が後の行動の弁別刺激になるようなものである。

連鎖スケジュールは，すでに述べたように異なる刺激のもとで，2つ以上のスケジュール成分を順番に遂行した後に強化子が提示される複合スケジュールである。たとえば，連鎖 VI 30 s FR 50 FI 60 s スケジュールで，連鎖の各リンク（成分）の刺激の色を赤，青，緑とすると，まず，赤のライトのもとで平均30秒の時間が経過したのちの最初の反応で刺激の色が青に変わる。次に青の刺激のもとでの50回目の反応で刺激が緑に変わり，さらに，緑のライトが60秒間点灯した後の最初の反応により最終的に強化子が提示される。この連鎖の中で，刺激の色は各リンクでの反応を生起させる弁別刺激と前のリンクでなされた反応に対する条件性強化子の2重の機能を持っている。

直列スケジュールは，2つ以上のスケジュール成分を順番に遂行した後に強化子が提示される複合スケジュールという点では，連鎖スケジュールと同じであるが，ただし，直列スケジュールで

は刺激は変化せず，常に同一か，あるいは特別な刺激は存在しない。したがって，同じ反応による同質な反応連鎖では各リンク間の区別がつかず，実質的には単一スケジュールと同じようになるが，反応の性質やトポグラフィが連鎖の各成分で異なる異質な反応連鎖が要求されるときには，各リンクの反応自体が刺激機能を持つようになる。

(2) 連鎖化の方法

いくつかの反応要素からなる行動連鎖において，個々の反応の先行刺激とその結果とを操作することによって，一連の行動連鎖を作り上げる手続きを**連鎖化**（chaining）という。連鎖化は，連鎖スケジュールの各成分をステップ・バイ・ステップで増やしてゆく方法が一般的であるが，新しい行動連鎖を形成するときだけでなく，すでに獲得されている行動連鎖に新たな部分を付け加えたり，行動連鎖を組み変えるときにも用いられる。

連鎖化は，応用行動分析の分野で，たとえば発達的に障害をもっている人たちが，諸々の生活技能を身につけるための指導技法として広く用いられている。実際の連鎖化指導では，通常，達成すべき目標行動をより小さな具体的行動の連鎖に分割する課題分析（task analysis）をまず行い，次にこれらの具体的行動を連鎖化してゆくという段階を踏む。

連鎖化の方法は，**順向連鎖法**（forward chaining），**全課題提示法**（total task presentation），**逆向連鎖法**（backward chaining）の3つに大別される。

① 順向連鎖法

課題分析で分割化された行動ユニットをはじめから順番に教えてゆくやり方で，最初は第1ステップができたら強化し，次に第2ステップまでできたら強化するというふうに進んで

いく。長い行動連鎖を目標とする場合には，それを中単位の行動連鎖に分け，中単位の行動連鎖が完成したら次にそれらを連鎖化していくという方法をとることがある。

② **全課題提示法**

順向連鎖法の一種であるが，各訓練セッションにおいて課題分析で設定されたすべてのステップの訓練を指導者の援助を受けながら遂行する。

③ **逆向連鎖法**

課題分析で設定された行動連鎖の最後のステップの訓練から開始し，基準を達成したら最後から2ステップというようにステップをさかのぼって増やしていく方法である。逆向連鎖法には，訓練の時間を短縮するために途中のステップを省略する変形がある。

どのような状況で，どの方法を使うのが効果的であるかということは一概に決定できない。発達障害をもつ人たちに基本的な生活技能を教える場合やある種の運動スキルにおいては，逆向連鎖法が有効である。また，動物に行動連鎖を訓練するときも逆向連鎖法が極めて有効である。一方，精神遅滞の人が順向連鎖法で効果的に行動連鎖を獲得した例や，発達障害を持つ人たちに複雑な課題を教えるときに全課題提示法が有効であったという報告もある。つまり連鎖化の方法の有効性は，どのような対象にどのような行動・課題を教えるかということによってさまざまに変ってくるのである。行動連鎖を形成する過程で，弁別刺激だけでは十分に行動が生じない場合はしばしばプロンプトなどの補助的刺激が使用される。

実験的研究としては，ワイス（1978）が大学生の反応連鎖の獲得において順向連鎖法と逆向連鎖法のどちらが効果的であるかを調べた実験がある（Weis, K. M. 1978 A comparison of forward and

12 複雑な強化スケジュール

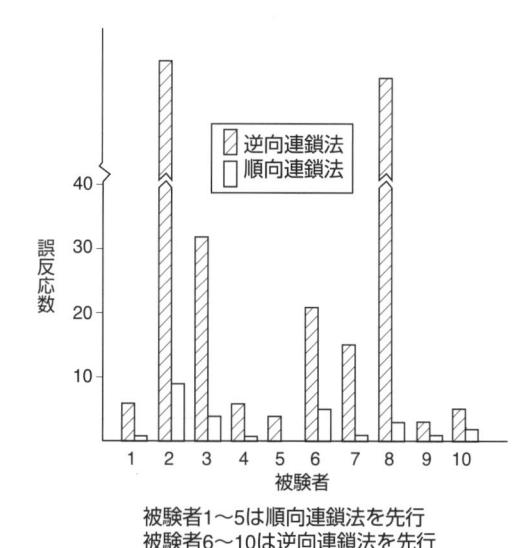

図 12-1　順向連鎖法と逆向連鎖法の比較（Weis, 1978）

被験者1〜5は順向連鎖法を先行
被験者6〜10は逆向連鎖法を先行

backward procedures for the acquisition of response chains in humans. *Journal of the Experimental Analysis of Behavior*, 29, 255-259.）。操作体は3個の反応キーが上下2段に並んだ6個の反応キーで，すべてのキーに0から9とA，B，C，D，E，Fの16の記号のうちいずれかが表示された。被験者の課題は，あらかじめ決められた6個の刺激系列に対応する6個の反応連鎖を学習することで，5名の被験者は順向－逆向－順向－逆向の順で，5名の被験者は逆向からの順で，4種の異なる系列の学習を行った。結果は10名すべての被験者において逆向連鎖法で大量の誤反応が観察され，順向連鎖法の有効性が示された。

13

負の強化──逃避行動と回避行動

「強化」とは生体が自発した行動に,その生体にとって「好ましい環境変化」が随伴することによってその行動の生起頻度が増加することであった。すでに述べたように生体にとっての「好ましい環境変化」には2種類あり,1つは「正の強化」において,好ましいことやもの(好ましい刺激)が出現する場合である。生体にとって「好ましい環境変化」のもう1つは,生体にとって嫌悪的なことやもの(嫌悪刺激)が消失する場合で,このような刺激の消失によって行動が増加する行動随伴性が本章で述べる「**負の強化**」である。

「負の強化」を成立させる環境変化は「刺激の消失」であるが,10章で述べたように「消失」には2つの形態がある。1つは文字どおりの「消失」で環境内にあった嫌悪刺激が環境内から取り除かれることであり,もう1つは「非出現」で嫌悪刺激が「出現しない」ことである。図13-1に示したように,この環境変化の違い

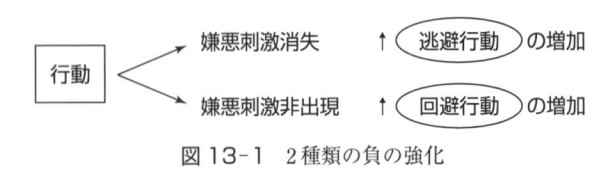

図 13-1 2種類の負の強化

によって「負の強化」における2つの典型的な行動が区別される。すなわち，嫌悪刺激の消失をもたらす行動は「逃避 escape」行動であり，嫌悪刺激の非出現をもたらす行動が「回避 avoidance」行動である。「逃避」事態においては生体は事前に嫌悪刺激にさらされ，「逃避」行動によってはじめて嫌悪刺激から「逃れる」ことができるが，「回避」事態では，生体は「回避」行動を起こすことによって嫌悪刺激の出現を阻止あるいは延期させることができる。通常，生体は特定の嫌悪刺激にさらされたときに，最初にそれから逃避することを学び（逃避条件づけ），やがてその嫌悪刺激の出現を阻止する方法を獲得する（回避条件づけ）。

13-1 負の強化に関する古典的研究

　実験的研究では，嫌悪刺激としてネコに対する空気の吹きつけ，サルに対するおもちゃのヘビ，ラットの前足に対する打撃，ヒトに対する大きな雑音などさまざまな刺激が用いられているが，もっとも広くそして各種の動物に共通して用いられる嫌悪刺激は電気刺激である。また実験装置としてはシャトル箱（9章）や通常のラット用，ハト用の実験箱の床に電流を流せるように改造したものが用いられる。電気刺激は，一定強度の刺激を決められたタイミングで確実に提示できるという利点をもつが，床から電流を流す方法は，しばしば飛び上がったり走り回ったりという反応によって，その嫌悪性が減少してしまうという難点がある。そのため一部の研究者は，動物の背中に直接電極をうめこむという方法を用いている。

　ここで，負の強化によって逃避行動から回避行動が獲得されるプロセスを，イヌを用いたソロモンとウィン（1953）の古典的実験によって確認してみよう（Solomon, R. L., & Wynne, L. C. 1953 Traumatic avoidance learning: Acquisition in normal dogs. *Psychological*

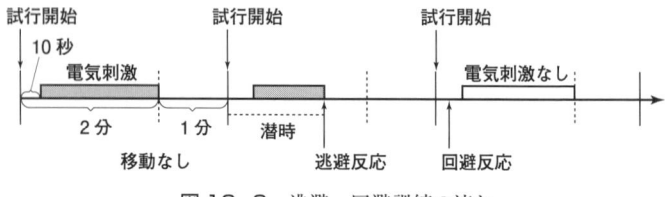

図 13-2 逃避・回避訓練の流れ

Monographs: General and Applied, 67, 1-19.)。実験装置は 9 章（図 9-1）で紹介したイヌ用のシャトル箱である。仕切り板と障壁で区切られた 2 つの小部屋は黒いアルミニウムの壁で覆われ，サイズはそれぞれ幅 61 cm，長さ 114 cm，高さ 102 cm で，仕切り板を上げたときの障壁の高さは各イヌの背の高さに調節された。

実験に先立ってイヌが電気刺激のない状態で，障壁を乗り越え別の部屋に移動する行動がどの程度出現するかを調べるテスト（オペラントレベルの測定）を行った。テストではイヌを電気の消えた暗い部屋に入れ，もう一方の部屋を明るくしておいた。この状態で 2 分間経過しても隣室に移動しないならば，部屋を明るくし仕切りを下げて 1 分間休み，引き続き次のテストを行った。このテストを 10 回行ったところ，実験で用いられた 30 匹のすべてのイヌにおいて，隣室への移動行動はみられなかった。

テスト終了の翌日から逃避，回避訓練が実施された（図 13-2 を参照）。実験装置の状態はテストと同じである。まず試行がスタートすると，イヌが入れられた部屋のライトが消され，隣室のライトが点灯，同時に仕切り板が上昇して移動が可能になる。イヌが部屋に留まっていると 10 秒後に床の鋼鉄製のグリッドに電気刺激が提示される。さらにイヌが引き続きその部屋に留まっていた場合，電気刺激は 1 分 50 秒間持続して提示された。ライト点灯から 2 分経過後，電気刺激が停止するとともに部屋のライトが点灯し，仕切り板が下げられてその試行は終了し，1 分後に次

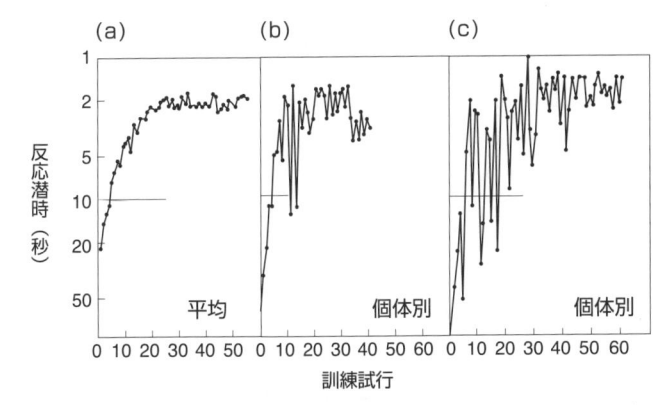

13 負の強化——逃避行動と回避行動

図13-3 逃避・回避行動の学習過程（Solomon & Wynne, 1953）

の試行が開始した。電気刺激提示中あるいは提示前にイヌが隣室に移動した場合は，直ちに仕切り板を下げて，イヌがもとの部屋に戻れないようにした。イヌが早期に部屋を移動した場合でも試行間間隔は常に3分間であった。1日に10試行実施された。

実験データとしては，試行開始から隣室への移動までの潜時が記録された。実験初期においては，イヌは10秒経過後かなりの時間にわたって電気刺激を受け，もろもろの行動を自発した後にようやく隣室に移動するが，しばらくすると電気刺激を受ける前に移動するようになる。これらの行動のうち，試行開始後10秒以上経過し電気刺激を受けてから隣室に移動した場合が逃避行動で，10秒経過前に電気刺激を受けることなく隣室に移動した場合が回避行動である。

図13-3に結果を示す。(a)は30匹の平均，(b)と(c)は特定個体のデータである。縦軸のデータポイントは各試行における反応潜時の逆数を百倍したものを対数表示したものであるが，本書ではわかりやすいように実際の潜時で表すことにする。

平均値で見ると，イヌは初めの4試行は電気刺激を受けた後に

逃避反応を起こしている。試行開始から隣室への移動までの潜時は試行を重ねるごとに短縮し，5試行目からの潜時は10秒以内となり電気刺激を回避している。そして，ひとたび回避反応が獲得されるとその後は2度と電気刺激を受けることはない。このような平均値のデータによって，私たちは負の強化における逃避行動から回避行動獲得までの全般的な傾向を知ることができる。ただ，平均値には個々の個体の反応に見られるさまざまな変動がみえなくなるという難点がある。図13-3の(b)，(c)の個体別のデータをみると明らかなように，実際の各イヌの反応は試行間で大きく変動しており，回避行動が出現した後も何度も逃避行動に戻って電気刺激を受けている。つまり，逃避行動から回避行動への移行は必ずしも平均直が示すような不可逆的な移行ではないのである。しかしながら，個体によってその推移過程は異なるとしても，最終的に個体が安定した回避行動を獲得することはこれらの実験データから見て取ることができる。

13-2 逃避条件づけの諸現象

(1) 実験的事実

　逃避事態では嫌悪刺激の出現・存在が確立操作として働き，嫌悪刺激の消失が強化的事象となる。この点でたとえば食物の遮断化を確立操作とする正の強化とは異なっている。また，正の強化では，強化子としての餌の提示を受けても食物遮断化のレベルがわずかに下がるだけであるが，負の強化では，強化によって嫌悪事態そのものが消失する。さらに，行動的特徴として，逃避行動の獲得は非常に早いという点が指摘されている。このように逃避事態における生体の行動は，正の強化によって産み出される行動とは異なるところもあるが，一方，多くの類似点も備えている。

　たとえば，正の強化において確立操作としての食物遮断化のレ

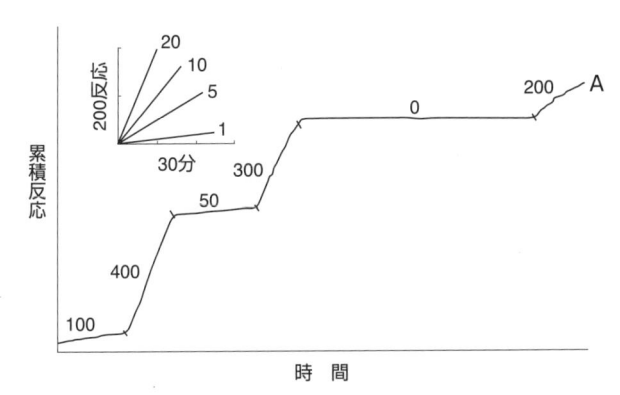

13 負の強化——逃避行動と回避行動　　　　　　　　　　　　　179

図 13-4　電気刺激の強度による反応頻度の変化
（Dinsmoor & Winograd, 1958）

ベルによって生体のオペラント行動の量が変化するのと同じように，逃避事態においても確立操作としての電気刺激の強度が変化すると逃避行動が変化する。ディンスムアとウィノグラッド（1958）は，ラットを通常のレバーつきオペラント実験箱に入れ，異なる強度の電気刺激を通電した上で，その電気刺激が VI 30 s スケジュールによるレバー押し反応によって，2 分間中断（負の強化）されるようにした（Dinsmoor, J. A., & Winograd, E. 1958 Shock intensity in variable-interval escape schedules. *Journal of the Experimental Analysis of Behavior*, 1, 145-148.）。電気刺激の強度は 0，50，100，200，300，400 マイクロアンペア（microamperes）の 6 種類で，ランダムな順序で提示された。図 13-4 が累積記録で示された結果の一例である。図から明らかなように，電気刺激の消失をもたらすためのレバー押し反応の生起頻度は，電気刺激の強度が増すにしたがって上昇している。

　この結果で興味深いことは，条件が変わり電気刺激の強度が変化すると反応頻度が即座に変化していることである。このことは，

FR値

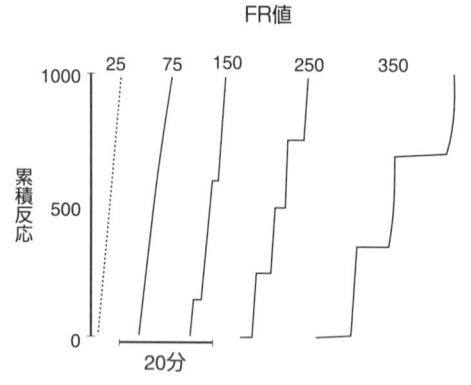

図 13-5 FR スケジュールのもとでの逃避行動 (Azrin *et al*., 1962)

すなわち，電気刺激の強度の変化が確立操作の変化として生体の反応頻度のレベルを変えていることを示している。

逃避条件づけはまた正の強化と同じように条件性嫌悪刺激が用いられた場合でも可能であり，さらに強化スケジュールの値によって変化する。アズリン，ホルツ，ヘイク (1962) は，事前に間欠的に電気刺激と対提示された室内灯を条件性嫌悪刺激として，室内灯が FR スケジュールのもとでのレバー押し反応によって 2 分間消失するようにした（電気刺激はセッション中も低頻度ではあるが提示された）(Azrin, N. H., Holz, W. C., & Hake, D. 1962 Intermittent reinforcement by removal of a conditioned aversive stimulus. *Science*, 136, 781-782.)。FR の値は 25，75，150，250，350 であった。

図 13-5 の累積記録から明らかなように，条件性嫌悪刺激からの逃避事態においても強化後の反応休止が見られ，またその持続時間は FR の値が増加するにしたがって延長するなど，正の強化と同様の反応傾向がみられた（室内灯消灯中，累積記録は止まり，また FR 150 のときは強化後反応休止は部分的に出現している）。

以上のような負の強化によって維持されている逃避行動は，

1) その逃避行動が嫌悪刺激の消失に効果をもたなくなったとき，または，2) 当該の逃避行動を自発させていた嫌悪刺激がもはや出現しなくなったとき消去する。

(2) 先行経験による逃避行動の抑制

嫌悪刺激が提示されるとそれから逃れるという逃避行動の学習は，生体においてごく自然に生起する出来事のように思われるが，特定の先行経験をもつ個体は逃避行動を起こさないことがある。この事実はセリグマンらによる「**学習性絶望**（learned helplessness）」とよばれる一連の研究の中で明らかにされた。代表的な実験は次のようなものである（Seligman, M. E. P., & Maier, S. F. 1967 Failure to escape traumatic shock. *Journal of Experimental Psychology*, 74, 1-9.）。

この実験では1群8匹からなる3群24匹のイヌが用いられた。実験は2段階からなり，各群は第1段階での処置が異なっていた。

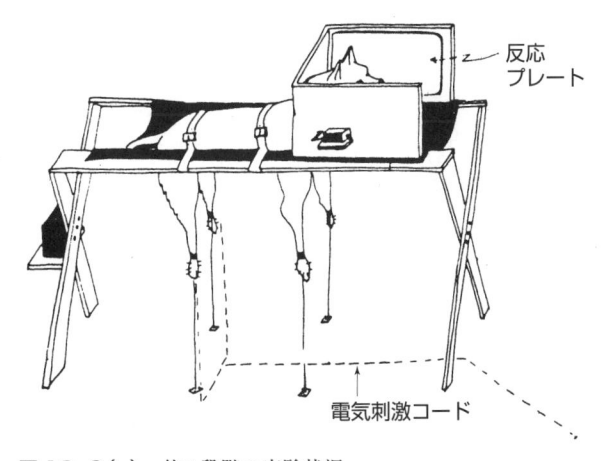

図 13-6(a)　第1段階の実験状況
（Maier, Seligman, & Solomon, 1969 より改変）

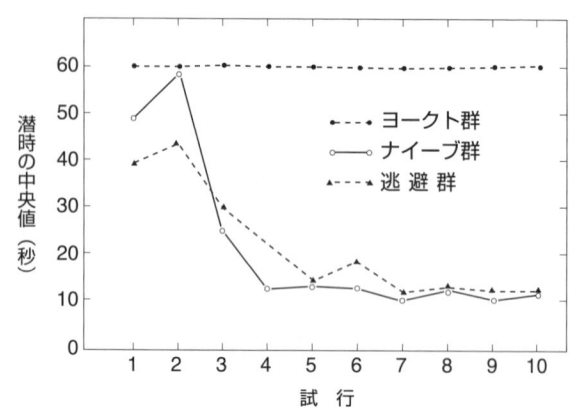

図 13-6(b)　部屋移動までの潜時 (Maier, Seligman, & Solomon, 1969)

まず**逃避群**は第1段階で，図13-6(a)のように布製ハンモックに固定され，後ろ足に取り付けられた電極から電気刺激を受ける。電気刺激は30秒経つと自動的に止まるが，その前にイヌが顔の横にあるプレートを頭で押すならば直ちに中止させることができた。このような試行が平均90秒（60秒から120秒の範囲）間隔で64回実施された。**ヨークト群**は第1段階の実験状況は逃避群と全く同じであるが，電気刺激を中止させるためのプレートが作動しないという点だけが異なっていた。ヨークト群の電気刺激は逃避群の各試行における平均提示時間に基づいていたので，両群が電気刺激を受けた時間は全体として同じであった。**ナイーブ群**は同じ時間ハンモックに固定されていたが，電気刺激は受けなかった。

各イヌは第1段階の24時間後に第2段階として，ソロモンとウィン（1953）で用いられたのと同じシャトル箱を用いた回避／逃避訓練を10試行受けた。部屋の電気が消えると試行がスタートし，その10秒後に床のグリッドから電気刺激が提示された。電気刺激は50秒持続したが，もしイヌが電気刺激提示前に障壁

を乗り越えて隣室に移動すれば，電気刺激を回避することができ，また電気刺激提示後に隣室に移動するならば電気刺激から逃避することができた。

図13-6(b)は試行開始から部屋を移動するまでの時間（潜時）の各群の中央値である。図から明らかなように逃避群，ナイーブ群は順調に回避／逃避行動を獲得したが，ヨークト群では多くのイヌの多くの試行で回避行動はおろか逃避行動も出現しなかった。各群の10試行の平均潜時は逃避群27秒，ナイーブ群26秒であったのに対し，ヨークト群は48秒であり，さらに8匹のうち6匹が全く逃避行動を起こさなかった（したがって中央値はすべて60秒になる）。

このように嫌悪刺激の下での行動が何ら好ましい環境変化をもたらさないという先行経験は，その後の生体の逃避行動を抑制し，さらに，逃避行動の学習を遅らせることがある。セリグマンらは，ヨークト群のイヌはハンモックの中で，自らの行動が嫌悪刺激をコントロールできないことを学ぶことによって「学習性絶望」とよぶべき状態に陥り，その結果，その後の嫌悪刺激に対しても適切な対処行動ができなくなったと説明し，この考えを人間のうつ状態のモデルとして発展させた。

(3) 日常場面における逃避行動

嫌悪刺激の消失によって維持される行動は，嫌悪刺激から「逃れる」という意味で一括して「逃避行動」とよばれているのであるが，この用法は私たちが日常生活において嫌悪刺激に直面したときの実際の行動とは多少異なるかもしれない。「逃避」ということばから私たちが想像するのは，嫌悪刺激から逃れ，離れるという行動であろう。一方，私たちは嫌悪刺激に直面したときに，「逃げずに適切に対処する」「立ち向かう」「攻撃して追放する」ということばで表されるような行動をとることがある。実験場面

で見るならば、シャトル箱での部屋の移動行動は文字どおりの「逃避」、オペラント実験箱での電気刺激を止めるためのレバー押しは「適切な対処行動」に相当するだろう。

　人間の社会生活は実験場面と異なり、「負の強化」事態でとりうる可能な「行動」が数多く存在する。嫌悪事態に遭遇したときに人がその多くの可能性の中からどのような行動を実際に行うかは個人の行動様式全般にかかわる重要な問題である。それは、学習性絶望の実験でみたように、過去にその人がどのような行動によって嫌悪状態を消失させてきたかという強化の歴史によるところが大きい。しかし、それと同時に他者からの教示や他者の行動を手がかりとして、今までとは異なる行動を自発し自分自身を変えていくこともできる。

　以下に人間における広義の逃避行動の実際例を日常語における「逃避行動」「攻撃行動」「対処行動」に分けて例示してみよう。この分類は明確な基準に基づいているわけではなく、「疲労回復のために酒を飲むのは対処行動」などやや弁解じみた筆者独自の見解が含まれているので、読者諸氏もぜひ独自の体系を構築されたい。

嫌悪状態	行　動	結　果
[逃避行動]		
部屋に悪臭が蔓延する	家の外に出る	臭いの消失
部屋が暑い	部屋の外に出る	暑さの消失
授業が退屈である	退出する	退屈さの消失
身体攻撃を受ける	その場を去る	攻撃の消失
[**攻撃行動**]		
部屋が暑い	窓を壊す	暑さの消失
ハエ・蚊がうるさい	殺す	ハエ・蚊の消失
子どもが騒ぐ	怒鳴る	騒ぎの消失

| 攻撃を受ける | 逆襲する | 相手の消失 |

[対処行動]

部屋に悪臭が蔓延する	窓を開ける・消臭剤	臭いの消失
部屋が暑い	窓を開ける・冷房	暑さの消失
授業が退屈である	質問する・内職する	退屈の消失
身体攻撃を受ける	助けを求める	攻撃の消失
子どもが騒ぐ	お菓子をあげる	騒ぎの消失
頭が痛い	薬を飲む	痛みの消失
疲労を覚える	酒を飲む	疲労感の消失

13-3 回避条件づけとその理論

 回避行動は,その行動によって「嫌悪刺激が出現しない」という行動随伴性によって維持されている行動である。したがって,逃避行動が嫌悪刺激の提示後に自発されるのに対し,回避行動は嫌悪刺激が提示される前に自発される。つまり,嫌悪刺激出現の予兆を弁別刺激として行動を自発し,その行動によって嫌悪刺激の出現を阻止したり,延期させるのである。

 10章で述べたように,回避には実はもう1つの随伴性がある。それは「好ましい刺激が消失しない」ことによって維持される回避行動である。つまり,回避行動は総体としては「嫌悪的な環境変化」を回避する行動なのである。「好ましい刺激が消失しない」ようにする回避行動は日常場面ではしばしばみられ,また行動修正場面でも重要な随伴性であるが,実験的研究としてはあまり行われていない。

 回避条件づけの手続きは,**弁別回避条件づけ**(discriminated avoidance):嫌悪刺激の提示前に特定の警告刺激(通常音や光)が提示される,と**非弁別回避条件づけ**(nondiscriminated avoidance):嫌悪刺激の提示前に特定の警告刺激はない,の2種類が

区別される。弁別回避条件づけは13-1節で紹介したソロモンとウィン（1953）の研究がその代表例である。そのプロセスについてはすでに詳述し，さらに11-3節(3)でも弁別回避を用いた実験例を紹介したので，本節では非弁別回避条件づけの手続きについて説明した後，1）回避条件づけの諸現象，2）回避行動の消去，3）回避行動に関する理論的問題，そして4）日常場面における回避行動，について述べることにする。

(1) 非弁別回避条件づけ

非弁別回避条件づけは，フリーオペラント回避（free-operant avoidance），あるいはその考案者の名前からシドマン型回避（Sidman avoidance）とよばれている。余談ではあるが，スキナー自身がオペラント実験箱を「スキナー箱」とはよばないように，シドマンもこの回避を「シドマン型回避」とはよばず，free-operant avoidanceという用語を使っている。さて，図13-7にその手続きの概要を示す。

ラットのレバー押し反応を例としてこの手続きを説明すると，まずラットを実験箱に入れ，床の鋼鉄製の格子から一定の時間間隔（たとえば10秒間隔）で，短い（たとえば0.2秒間）が強い電気刺激を提示する。この時間間隔をS-S（shock-shock）間隔という。もしラットがレバーを押すと電気刺激の開始が一定時間

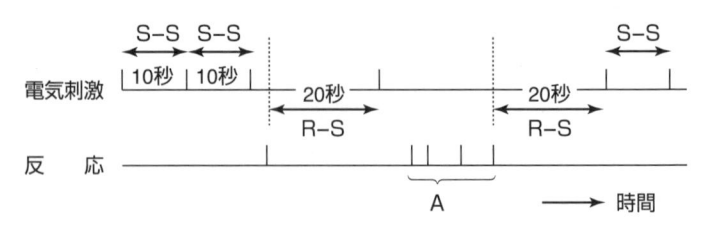

図 13-7 非弁別回避条件づけの手続き

13 負の強化——逃避行動と回避行動

（たとえば20秒）延期される。この時間がR-S (response-shock) 間隔である。そして，図のAの部分のようにラットが連続してレバー押し反応を自発しつづけるならば，R-S間隔は次々に更新され，その後無反応によってR-S間隔が終了するまで電気刺激を回避することができる。この非弁別回避はレバー押し反応だけでなく，シャトル箱でも実施することができ，実際の適用例については9-2節で紹介した。

シドマンは初期の研究 (Sidman, 1953) で，さまざまなS-S間隔とR-S間隔の組合せが，ラットの回避行動に及ぼす効果を組織的に検討した (Sidman, M. 1953 Two temporal parameters of the maintenance of avoidance behavior by the white rat. *Journal of Comparative and Physiological Psychology,* 46, 253-261.)。この研究で用いられたS-S間隔とR-S間隔は次のとおりである。

S-S間隔（秒）　2.5　5　10　15　30
R-S間隔（秒）　2.5　4　7　10　15　20　30　50　90　150

シドマンは，3匹のラットでこれらのS-S間隔とR-S間隔の各組合せについて，定常状態の回避行動を調べた。図13-8が1日3時間のセッションを218日間続けて得られた1匹のラットの結果である。

まず，全般的な傾向として1分あたりの回避反応率はS-S間隔が短いときに高くなり，またR-S間隔については比較的短い間隔帯にピークをもつ分布を形成している。それぞれのピークは，

S-S間隔（秒）　5　10　15　30
　　　　　　　↓　↓　↓　↓
R-S間隔（秒）　7　10　20　30

のときである。この図からラットの回避反応の傾向としてわかるのは，R-S間隔がS-S間隔よりも短くなる，つまり反応による電気刺激の遅延時間が電気刺激の間隔よりも短いと，電気刺激を

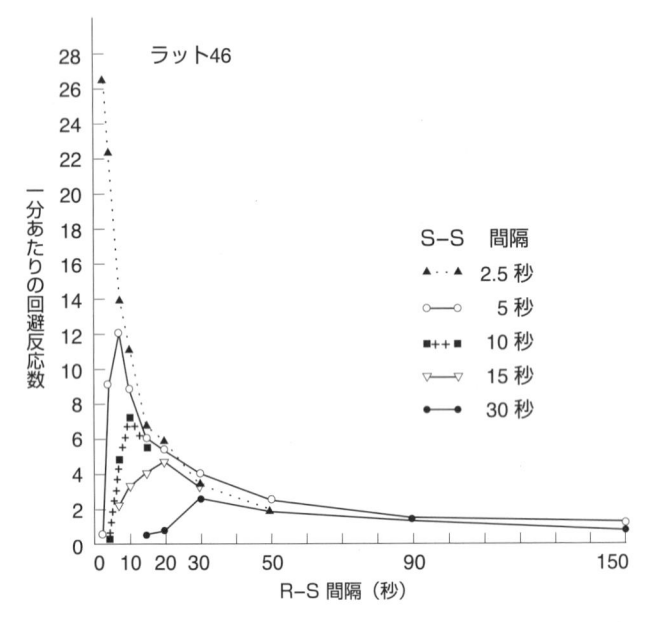

図 13-8 さまざまな S-S 間隔と R-S 間隔が回避行動に及ぼす効果 (Sidman, 1953)

受けやすくなるので反応率が低下し，また，R-S 間隔が S-S 間隔よりも長くなるとやはり反応率が低下するが，しかしこの場合は遅延時間が長いのでほとんどの電気刺激は回避されるということである（たとえば R-S 間隔が 90 秒のとき，平均 1 分間に 1 回くらいの反応をしていれば，電気刺激受けることはない）。

図 13-8 は多くのセッションを経た後の定常状態におけるデータであるが，初期の獲得過程はどのような経過をたどるのであろうか。シドマンは別の実験で，非弁別回避条件づけにおけるラットの第 1 セッションの累積記録を紹介している (Sidman, M. 1966 Avoidance behavior. In w. K. Honig (Ed.), *Operant behavior: Areas of research and application*. New York: Appleton-Century-Crofts.)。

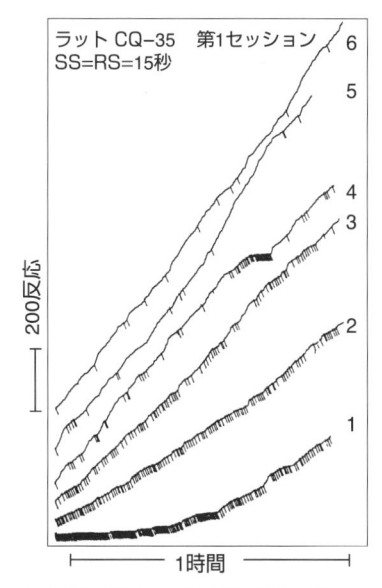

13 負の強化——逃避行動と回避行動　　　　　　　　　　　　　189

図 13-9　回避行動の初期の獲得過程（Sidman, 1966）

　図13-9はS-S間隔，R-S間隔がともに15秒で回避行動の獲得がきわめて早かったラットの6時間にわたる第1セッションのデータである。6本のカーブは下から1時間ごとの記録で，斜線は電気刺激の提示である。このラットは初めは電気刺激を受け続けていたが，開始20分頃から回避反応を自発しはじめ，セッションの後半では効果的に電気刺激を回避している。しかし，このように実験初期から回避行動が獲得されるケースは稀で，多くの個体は初期のセッションではこのラットの開始30分くらいの状態に留まっていることが多い。このようにフリーオペラント事態における回避行動の獲得にある程度の時間がかかるのは，一ヵ所に留まって行うレバー押しという反応が原因だとの指摘もある。ファンティノ，シャープ，コール（1966）の実験は，シャトル箱に似た2部屋続きの実験箱を用い，ラットが隣室に「走って行っ

てレバーを押す」というようにすると1部屋に留まってレバーを押すときよりも格段に反応率が高くなることを示している (Fantino, E. J., Sharp, D., & Cole, M. 1966 Factors facilitating lever-press avoidance. *Journal of Comparative and Physiological Psychology*, 62, 214–217.)。

(2) 回避条件づけの諸現象

ここで、回避行動にさらに別の随伴性が加えられたやや複雑な回避行動について2例取り上げよう。最初は、回避行動が成立した後に、その回避行動に対してFIスケジュールで電気刺激を提示するというものである。マッキーニー (1969) はリスザルを対象として、シドマン型の回避行動を形成し、その反応が安定したところでS-S間隔としての電気刺激の反復提示を中止し、その代わりにレバー押し反応に対してFIスケジュールで電気刺激を提示するようにした (McKearney, J. W. 1969 Fixed-interval schedules of electric shock presentation: Extinction and recovery of performance under different shock intensities and flxed-interval durations. *Journal of the Experimental Analysis of Behavior*, 12, 301–313.)。

その結果が図13-10である。FI1分以外の累積記録は電気刺激を受ける度にリセットされている。特にFI10, 5, 3分の結果をみるとレバー押し反応は電気刺激を受けた後しばらく休止し、やがて電気刺激提示の時間が近づくにしたがって加速度的に上昇するスキャロップ現象が出現していることが分かる。さらにその反応頻度は時間間隔によって異なるものの全体として1間隔あたり数百回のレベルである。反応しなければ電気刺激は与えられることがないのにもかかわらず、回避反応が持続するこの現象は、**反応生成ショック** (response-produced shock) または、**自己罰行動** (self-punitive behavior) とよばれ、回避行動がいかに消去し難いものであるかを物語っている。ちなみにこの実験におけるレ

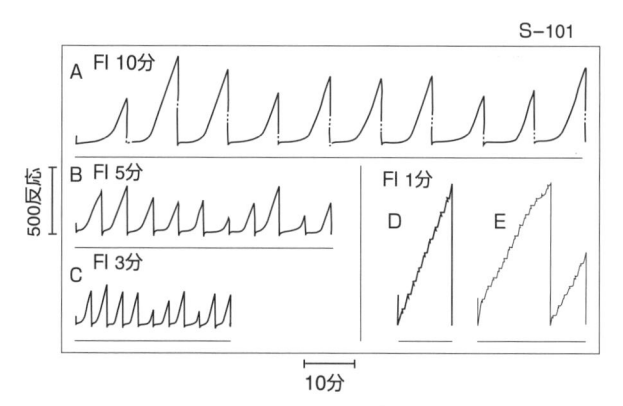

13 負の強化——逃避行動と回避行動

図 13-10 FIスケジュールによる電気刺激提示下で持続する回避行動 (McKearney, 1969)

バー押し反応はその後70セッションを経過するまで維持された。

第2の例は、並立スケジュールの下での回避行動である。シドマン（1966）の実験における並立スケジュールの手続きは次のようなものである (Sidman, M. 1966 Avoidance behavior. In W. K. Honig (Ed.), *Operant behavior: Areas of research and application.* New York: Appleton-Century-Crofts.)。ラットに対してA，B 2つのレバーを用意し，それぞれが独立にS-S間隔20秒で電気刺激を発生する。随伴性としてはAのレバーを押すとAに予定されている電気刺激が20秒間延期され，Bのレバーを押すとBに予定されている電気刺激が20秒間延期される。したがって，2つのレバーに対するS-S間隔の提示のタイミングを異なるようにすれば，ラットが回避反応を行わない場合，両方のS-S間隔併せて平均10秒に1回電気刺激を受けるようになる。しかし，両方のレバーを20秒以内に何回か均等に押すようにすれば，電気刺激をうまく回避することができる。

このような並立スケジュールで回避行動を観察すると，多くの場合ラットは一方のレバーのみを押し，他方は押さないようにな

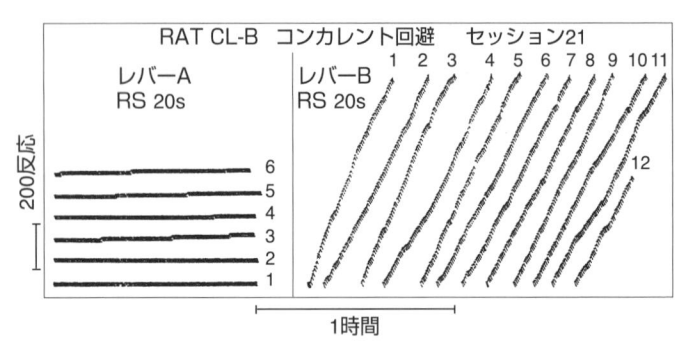

図 13-11　並立スケジュールの下での回避行動（Sidman, 1966）

る。図 13-11 の 21 セッション目のデータを見ると明らかなように，このラットはレバー A を 6 時間で 66 回しか押さないのに対し，レバー B に対しては 11,000 回以上の反応を自発している。したがって，このラットはレバー B ではほとんどの電気刺激を回避しているにもかかわらず，A の S-S 間隔によってほぼ 20 秒ごとに電気刺激を受けていることになる。つまり，ラットの並立スケジュールにおける行動は，電気刺激回避のための最適な行動とはなっていないのである。確かに，レバー B のみへの反応（その反応率は，通常の単独回避事態での反応率より高い）によって，受ける電気刺激の全体頻度は半減しているが，それにしても，なぜこのような一見中途半端とも思える行動が出現するのか，生体の行動の不思議というべきであろう。

(3) 回避行動の消去

弁別回避においてもまた非弁別回避においても，ひとたび獲得された回避行動は驚くべき持久力で維持される。それでは，どのようにしたら回避行動を消去することができるのであろうか。速やかな消去をもたらすための 2 つの方法がある。

まず 1 つは，回避反応の生起・不生起，あるいはその反応頻度

に関わりなく，嫌悪刺激を提示することである（Davenport, D. G., & Olson, R. D. 1968　A reinterpretation of extinction in discriminated avoidance. *Psychonomic Science*, 13, 5–6.）。この手続きは，反応がもはや強化的結果をもたらさないという意味で正の強化における消去と類似している。

もう1つの方法は，**フラッディング**（flooding）あるいは**反応ブロッキング**（response blocking）である。フラッディングは，被験体を警告刺激にさらす，ブロッキングは文字どおり反応できないようにそれを阻止することである。たとえば弁別回避事態で，シャトル箱の障壁を乗り越えて回避反応を行っている被験体に対して，仕切り板をおろして警告刺激が出現しても隣室に移動できないようにする。しかし，電気刺激は提示しない。このようにして生体を警告刺激にさらし回避行動をブロックすると，回避行動は速やかに消去し，その速度は警告刺激にさらされた時間が多いほど早くなる（Baum, W. M. 1970　Extinction of avoidance responses through response prevention (flooding). *Psychological Bulletin*, 74, 276–284.）。

カッゼヴとバーマン（1974）はラットを2群に分け，電気刺激を提示しない消去事態で1群のラットは警告刺激提示と同時に回避反応をブロックし，他の1群は回避反応を起こせるようにして比較したところ，反応をブロックされた群は回避反応が消去したが，ブロックされなかった群はほとんど消去しなかった。このことから回避行動の消去においては，回避行動を起こさず，かつ電気刺激を受けないという経験が重要であることがわかる（Katzev, R. D., & Berman, J. S. 1974　Effect of exposure to conditioned stimulus and control of its termination in the extinction of avoidance behavior. *Journal of Comprative and Physiological Psychology*, 87, 347–353.）。反応ブロッキングはまた，フリーオペラント回避事態でも有効である。

(4) 回避行動に関する理論的問題

　同じ「負の強化」でも逃避行動に比べて回避行動は理論的に難しい問題をはらんでいる。それは回避事態における随伴性が特異的であることに由来する。たとえば，「逃避」では，生体はまず嫌悪刺激にさらされ，行動することによって「嫌悪刺激の消失」という環境変化が随伴する。しかし，回避行動の随伴性は「嫌悪刺激が出現しない」というものである。ただし，弁別回避と非弁別回避では多少状況が異なり，弁別回避では反応によって弁別刺激としての警告刺激が終結するという変化があるのに対し，非弁別回避では明確な環境変化といえるものは何もない。さらに，非弁別回避では回避行動が定常状態に達すると時々生じていた電気刺激の提示もなくなり，何の環境変化もないのに生体の反応だけが延々と続く。つまり，行動しても「何も起こらない」「何の環境変化もない」ことが果たして随伴性として成り立つのか，あるいは行動を強化できるのか，という問題である。行動分析学の立場からすると，ある行動が高頻度で生じている限り，一見環境には何の変化がないようにみえてもそこには必ずその行動を維持している随伴性が存在する。その詳細については後に述べるとして，ここで回避行動を説明するための主要な理論についてふれておきたい。

　まず，古典的理論として**2要因理論**（two-factor theory）あるいは**2過程理論**（two-process theory）がある。この理論は，とくに弁別回避をレスポンデント条件づけとオペラント条件づけの2過程で説明する理論である。この理論では，弁別回避の警告刺激をCS（条件刺激），電気刺激をUS（無条件刺激）とみなし，実験初期の逃避の段階で被験体はまず，CSとUSの対提示によりCSに対する「恐怖反応」を学習すると仮定する。この条件づけが成立すると，被験体はCSによって恐怖反応を起こす。次にこの恐怖反応が出現しているときに部屋の移動やレバー押しなど

のオペラント行動を自発すると，CS（たとえば音）が止まりそれによって恐怖反応が消失する。つまり回避反応は「恐怖」という「嫌悪刺激の消失」あるいは「恐怖からの逃避」によって維持されると考えるのである。このようにして電気刺激の提示がなくとも，CS が恐怖反応を誘発する限り回避反応は「負の強化」によって維持されると2要因理論は説明する。

しかしながら，2要因理論は実際のデータと合わないところが多分にあった。たとえば，2要因理論の予測によると，嫌悪刺激を受けない回避反応が長く続くとレスポンデント消去が生じ，回避反応の生起頻度が低下して再び電気刺激を受けるようになる。そうすると，またレスポンデント条件づけが働いて CS による恐怖反応が生起し，「負の強化」により再び回避反応が高頻度になる。そしてまたレスポンデント消去が生じ反応が減少する，ということの繰り返しが生じるはずであるが，実際には，試行を重ねても回避反応が減少することはなく，かえって CS 提示から反応開始までの潜時が短縮するほどなのである。また，2要因理論では CS のない非弁別回避を説明することが困難である。非弁別回避では時間の経過が CS であると考えることもできるが，時間経過が手がかりにならないような条件のもとでも回避反応は生じることが明らかになっている（Herrnstein, R. J., & Hineline, 1966：文献の詳細は次ページ）。

その他に，**認知的理論**（cognitive theory）と**生物学的理論**（biological theory）がある。認知的理論は被験体の「予期（expectancy）」という仮説的構成概念を中核とする理論で，たとえば，動物は「もし反応すれば電気刺激は提示されないと予期する」「反応しなければ電気刺激が提示されると予期する」「電気刺激が提示されるよりも提示されない方を好む」「予期は確証によって強められる」のような認知的プロセスによって回避行動が起こるようになると仮定するものである。生物学的理論は，主に回避行

動の生態学的起源から説明しようとするもので，回避行動の発達にはフリージング（freezing），攻撃（attacking），逃走（fleeing）などの種に特有の防御反応（species-specific defense reactions）が関与していると考える。そしてたとえば，多くの動物がレバーを押すようになるのは，電気刺激を受けたときにレバーに対してこのような防御反応が起こるからであると説明する。

　さて，行動随伴性による回避行動の説明に戻ることにしよう。行動随伴性による説明は，回避行動は，特定の反応によって嫌悪刺激出現の頻度が低下するという実際の随伴性によって維持される，というものである。もう少し具体的に表現するならば，回避事態の動物のさまざまな反応の中で特定の反応（レバー押しや部屋間の移動）によって，嫌悪刺激が出現しない長い時間間隔がもたらされることが決定因であると考えるのである。このような主張は多くの実験事実に基づくものであるが，ここではハーンスタインとハインライン（1966）の実験を紹介しよう（Herrnstein, R. J., & Hineline, P. N. 1966　Negative reinforcement as shock-frequency reduction. *Journal of the Experimental Analysis of Behavior*, 9, 421-430.）。

　この実験では2種類のタイマーが用意された。1つは2秒あたり0.3の確率でランダムに電気刺激を提示するもの，もう1つは2秒あたり0.1の確率でランダムに電気刺激を提示するものである。前者は平均1分に9回，後者は1分に3回の提示率になる。2つのタイマーは同時に作動することはなく，ラットがレバー押し反応を自発しない場合は，常に0.3のタイマーが作動し，レバーを押すと0.1のタイマーに切り替わった。一度0.1のタイマーに移行するとそのタイマーで電気刺激が提示されるまでその状態が続き，電気刺激が提示されるとタイマーは0.3に切り替わり，次にそこで反応があるとまた，0.1に切り替わるということが繰り返された。この手続きの行動随伴性は，反応によって電気刺激が高頻度で出現する状態から低頻度で出現する状態に変化す

るということである。

　この実験は通常の回避条件づけとは異なるさまざまな特徴をもっていた。たとえば，被験体は嫌悪刺激を逃避も回避もできないこと，恐怖反応の CS になりうるような時間的手がかりは存在しないこと，偶然によってレバー押し反応に電気刺激が随伴することもあった，などである。このように回避学習が生じにくい諸条件にもかかわらず，用いられた 18 匹のラット中 17 匹が最終的により多く 0.1 のタイマーを作動させるような効果的な学習を成立させた。その学習を成立させたのは紛れもなく，反応によって嫌悪刺激出現の頻度が低下するという行動随伴性である。

(5) 日常場面における回避行動

　嫌悪的なことが起こらないように，嫌悪的なことはできるだけ避けたい，と願うのは人の世の習いであろう。したがって私たちは生活の中で数多くの回避行動を自発している。度を越すと本人は真剣でも他からは滑稽に見えるような回避行動もあるし，社会的不適応状態に陥いるような深刻な回避行動もある。そのような深刻な回避行動は時に専門家による行動修正の介入が必要とされるのであるが，ここでは，私たちの身の回りで散見される回避行動について「嫌悪刺激の出現回避」「好ましい刺激の消失回避」の2つの場合に分けて例をあげてみよう。

　ただ述べておきたいことは，日常生活における行動は複数の随伴性が交絡していることが多いことである。たとえば，学生が授業に出席する行動の随伴性は，「出席率が成績に反映される」「話が面白く知的収穫が多い」「社会的な圧力」などいろいろであるが，中でも「出席率が成績に反映される」は一般的な随伴性であろう。この随伴性は「出席行動が良い成績をもたらす」という意味では「正の強化」であるが，実際は，「負の強化」が支配的になっていることが多い。この負の強化にも叱責などの「嫌悪刺激

の出現を回避」する場合と良い成績という「好ましい刺激の消失を回避」する場合の2面がありうる。どれが最も支配的な随伴性であるかは行動修正の臨床で行われる機能分析（functional analysis）のような組織的な原因究明手段を講じないと明確には分からない。したがって，以下の例も諸々の可能性の中の一例であることを了解していただきたい。

［嫌悪刺激の出現回避］

行　　動	結　　果
広く明るい夜道を歩く	身の危険の回避
嘘，言い訳	叱責，責任からの回避
厄除け祈願	病気，事故からの回避
余計なことは言わない	攻撃からの回避
相手の気に入るようにする	否定，拒否からの回避

［好ましい刺激の消失回避］

行　　動	結　　果
交通法規を守る	罰金の支払いを回避
出勤時間に遅れない	給与削減を回避
株でなく国債を買う	損失の回避
健康食品の摂取	健康消失の回避
スポーツルールを守る	退場の回避

　最後に人の弁別回避行動の実例を紹介しよう。筆者が小さかったころの個人的な経験である。母の実家が信州にあったので，夏になると篠ノ井線でよく遊びに行った。当時は蒸気機関車が煙をはきながら山の合間を縫うように走っていた。篠ノ井線にはいくつかトンネルがあり一番長いのは姨捨の駅に近い冠着トンネルである。トンネルが近づくと汽車は必ず汽笛を鳴らし，そして乗客は開けていた窓を一斉に閉め始めた。車内は閉ざされ蒸し暑く，窓の外は煙で真っ白である。あるとき私は，トンネルの中で隣の

車両に行ってみた。その車内はいくつか窓が開いていたらしく，人の姿が見えないほど煙が充満していた。汽笛の合図で窓を閉めるのは，汽車の煙が車内に入るのを防ぐ回避行動だったのである。

14

弱　化

　今まで生起していた行動が出現しなくなったり，あるいはその行動の生起頻度が減少することが弱化である。行動随伴性としての「**弱化**」は，

　　生体が自発した行動に，特定の環境変化が随伴すること
　　によってその行動の生起頻度が減少すること，あるいは
　　その操作

と定義される。「強化」と同じように「弱化」にも，刺激の出現によって行動が減少する「**正の弱化**」と刺激の消失によって行動が減少する「**負の弱化**」の2種類がある。一般的に述べるならば，「正の弱化」は，生体にとって嫌悪的なことやものの出現によって行動が減少する場合，「負の弱化」は，生体にとって好ましいことやものの消失によって行動が減少する場合である。

　従来，行動に関する書物や論文の多くは「弱化」に対して「罰（punishment）」という用語を用いてきた。したがって，「正の弱化」に対応するものは［正の罰］，「負の弱化」に対応するものは「負の罰」である。「弱化」と「罰」は基本的に同じであり，明確な操作的定義のもとで用いられるならばどちらの用語を用いても問題はないのであるが，現実の研究や実践，また大学の授業場面

14 弱化

などで，日常用語としての「罰」のイメージに由来する混乱や誤解が頻繁に生じている。したがって本書では，そうした混乱や誤解を「回避」し，さらに積極的に専門用語としての一貫性を保つために「弱化」という語を用いることにした。

「弱化」という語は本書だけの特別な用法でなく，ハーゼムとマイルズ (1978) が『オペラント心理学における概念的問題』の中ですでに強化に対して「弱化 (disinforcement)」という語を用いるべきだと主張している (Harzem, P., & Miles, T. R. 1978 *Conceptual issues in operant psychology.* Chichester : John Wily & Sons.)。彼らは「罰の代わりに弱化という用語が広く使われるようになれば，裁判官や教師はじめ社会全体が，罰というものに対して実証的根拠に基づいた適切な対応ができるようになる」と考えこの造語を提案したのであるが，英語圏においても十分流布はしていないようである。日本では『行動分析学入門』(杉山，島宗，佐藤，R. W. マロット，M. E. マロット，1998) が「強化」「弱化」を採用している。2015年の段階で日本では「弱化」が広く用いられるようになってきたが，日本以外ではまだ"punishment"が用いられている。

ハーゼムとマイルズが示唆しているように，弱化は現実場面での人間行動と関連の深い行動随伴性である。なぜならば，そこでは個人や集団の不適切な行動を「弱化」させ，適切な行動を「強化」する必要があるからである。生体の行動を劇的に減少させるには，代表的な「罰」的方法である嫌悪刺激を用いた「正の弱化」が効果的であるが，嫌悪刺激を用いる方法は，たとえば促進すべき好ましい行動をも抑制してしまうなどさまざまな副作用を伴う。したがって，とりわけ人間を対象とする臨床・応用場面においては，できるだけ嫌悪刺激を用いない（あるいは罰的でない）方法を用いるような工夫がなされるべきである。

14-1 正の弱化

「正の弱化」は刺激の出現という環境変化によって行動が減少する行動随伴性である。行動に随伴して出現する刺激は，多くの場合，嫌悪的なことやもの（嫌悪刺激）である。「正の強化」における強化子の有効性は「遮断化」「飽和化」「嫌悪化」という確立操作によって決定されることはすでに述べたが，弱化では確立操作は必ずしも必要とされない。なぜならば嫌悪的事象の出現によって「嫌悪化」そのものが達成されるからである。それではどのような刺激が生体にとって嫌悪的な刺激として機能するのであろうか。

(1) 生体にとって嫌悪的な刺激

生体にとって「嫌悪的な刺激」とはその提示によって行動の生起頻度が低下するような刺激である。したがって，厳密にいうならば，ある刺激の嫌悪性は個々の事例についてその結果から判断しなければならない。しかしながら，これまでの研究から総体としてどのような刺激が，人間を含む生体に対して嫌悪刺激として機能するかはおおむねわかっているので，ここではそれらの知見に基づいて例示しておく。

無条件性嫌悪刺激（物理・化学的刺激）：
 電気刺激，強い雑音，強度の光，寒冷，強風，重力，
 酸性の強い飲料，アンモニア噴霧，実験動物の尾の吊
 り上げ，有毒物質，腐敗物
条件性・社会性嫌悪刺激：
 無条件性嫌悪刺激と対提示された刺激
 拒否，叱責，無視などの身体表現，および言葉
 活動性の低い行動，過重な活動負荷

上の分類で，無条件嫌悪刺激は，学習によることなく本来的に嫌悪的な特性を備えている刺激であり，条件性嫌悪刺激は他の嫌悪刺激（通常は無条件性嫌悪刺激）との対提示などの操作によって経験的に獲得されたものである。条件性嫌悪刺激のうち，人間を介して提示されるものを社会的嫌悪刺激という。

(2) 嫌悪刺激の提示による行動変化——基本的現象

それでは，嫌悪刺激の提示によって生体の行動はどのように弱化するのであろうか。基礎研究からその傾向を探ってみよう。逃避・回避と同様，弱化に関する基礎研究でも実験セッティングとしては，ラットに対して床のグリッドから電気刺激を提示する形のものが多い。ハトや他の動物では体表面に電極を埋め込むという方法が用いられることもある。

弱化をもっともシンプルな形で観察する方法は，生体が任意に自発した行動に対して，たとえば電気刺激を随伴させてその後の生起頻度を観察することであろう。ただし，この方法は実際にはあまり有用ではない。なぜならば多くの場合，生体は数回電気刺激を受けただけで全く反応しなくなってしまうからである。そこで，研究者たちは，生体がすでに正の強化（たとえば餌）で維持されている行動が，嫌悪刺激の提示によってどのように変化するかを観察する中で，弱化の諸現象を調べるという方法をとるようになった。これは従来の用語では**罰訓練**（punishment training）とよばれているものである。以下に述べる研究によって，読者は，どのような条件の下で嫌悪刺激の提示による弱化が，もっとも効果的に行われるかを知ることができるであろう。

<u>まず第1に，正の強化によって維持されている行動は，嫌悪刺激提示の頻度によって影響を受ける。</u>

アズリン，ホルツ，ヘイク（1963）の実験では，餌を強化子としてVI 3分スケジュールで維持されているハトのキーつつき反

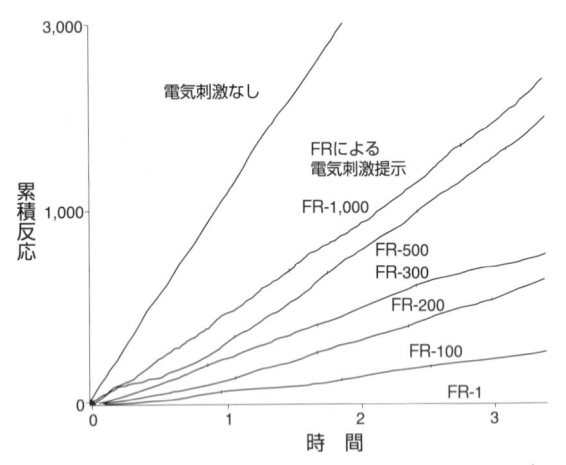

図 14-1 嫌悪刺激提示頻度の効果（Azrin *et al.*, 1963）

応に対して，10種類の異なるFR値で240Vの電気刺激を随伴させた。たとえばFR100ならば，前の電気刺激から100回目の反応に対して電気刺激を提示するという具合である。図14-1がそのうちの6種類のFR値と電気刺激のない場合の定常状態の累積記録である。

図から明らかなように，ハトの反応率は電気刺激の頻度によって規則的に変化した。すなわち，反応に対して電気刺激が随伴する頻度が高くなるにしたがって，VIスケジュールの反応率は低下し，すべての反応に対して電気刺激が随伴するFR1では，反応は完全に抑制された。たとえ1000回に1度の電気刺激提示であっても電気刺激のない場合に比べると反応率は歴然と減少している（Azrin, N. H., Holz, W. C., & Hake, D. F. 1963 Fixed ratio punishment. *Journal of the Experimental Analysis of Behavior*, 6, 141-148.）。

<u>第2に，正の強化で維持されている行動は，嫌悪刺激の強さに依存して弱化する。</u>

図14-2は同じ論文に紹介されている別の実験の結果である。

14 弱　化　　　　　　　　　　　　　　　　　　　　　205

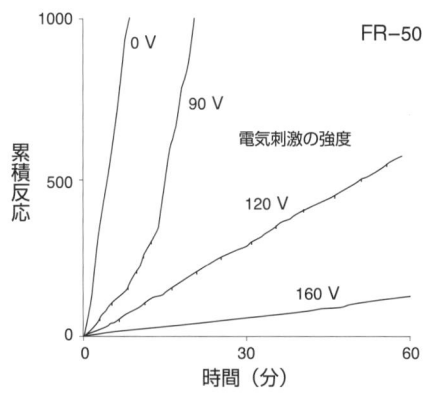

図 14-2　嫌悪刺激の強度の効果（Azrin *et al.*, 1963）

この実験では VI 1 分の餌強化によって維持されている反応に対し，異なる強度（0 V，90 V，120 V，160 V）の電気刺激が FR 50 スケジュールで提示された。電気刺激のない 0 V 条件に対し，電気刺激が提示されたときの反応はその強度に比例して抑制されていることがわかる。この実験で 90 V のときの反応はその他のケースと異なり，最初の 10 分間は低頻度であったが，その後高頻度の反応が出現している。このケースのようにそれほど強くない嫌悪刺激の場合は，当初は抑制されてもセッションを続けるうちに反応率が回復することは他の実験によっても裏付けられている（Appel, J. B., & Peterson, N. J. 1965　Punishment: Effects of shock intensity on response suppression. *Psychological Reports*, 16, 721-730.）。

<u>第 3 に，嫌悪刺激の反応抑制効果は，生体の遮断化のレベルによって異なる。</u>

図 14-3 も同論文の中のデータで，VI 3 分で維持されている反応に対して 160 V の電気刺激を FR 100 で提示したものである。ハトの体重は 1 ヶ月間かけて餌自由摂取時の 85% から 60% にまで削減され，その後また 1 ヶ月間かけて 85% に戻された。それ

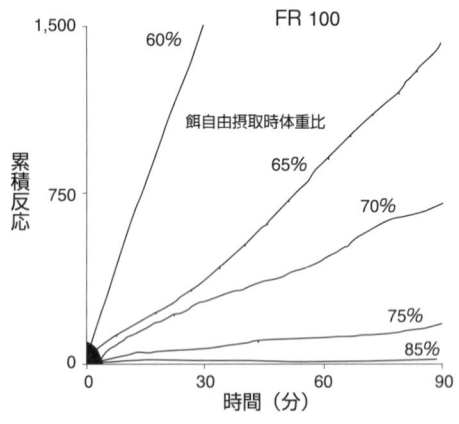

図 14-3　食物遮断化の効果（Azrin *et al.*, 1963）

ぞれのレベルでの結果を見ると遮断化が反応率に大きく影響していることがわかる。図 14-2 の結果からもわかるように，後背部に埋め込まれた電極に対する 160 V の電気刺激はハトにとって決して弱くない刺激である。したがって，85% ではほぼ完全に抑制されている。しかしながら，遮断化のレベル（空腹状態）が強まるにつれて反応率が上昇し，60% ではおおよそ 1 時間に 3000 反応が自発されている。「背に腹はかえられぬ」とはまさにこのことである。

<u>第 4 に，弱化のレベルは反応とそれに随伴する嫌悪刺激との時間的関係によって変化する。</u>

キャンプ，レイモンド，チャーチ（1967）は，まず，各群の試行の間隔を調整するために，ラットを 1 分間に 10 秒間出現する弁別刺激（音）の提示中に 1 回だけレバーを押すと餌が得られるように訓練した。次の 12 セッションにわたる電気刺激を提示するセッションにおいては，6 つの群の被験体すべてに対して全試行の 50% のレバー押し反応に対して電気刺激を随伴させた。

しかし，残りの 50% の反応に対する電気刺激の提示方法が各群で異なっていた。そのうち 4 つの群は反応に随伴する電気刺激の提示が遅延する群で，遅延時間はそれぞれ，0 秒（遅延なし），2 秒，7.5 秒，30 秒の 4 条件であった。その他，弁別刺激が提示されていないときに平均 2 分間に 1 回電気刺激が提示される非随伴群と，残りの 50% の反応については電気刺激が提示されない統制群の 2 群である（Camp, D. S., Raymond, G. A., & Church, R. M. 1967 Temporal relationship between response and punishment. *Journal of Experimental Psychology*, 74, 114-123.）。

図 14-4 はラットが反応を自発した試行の平均比率をプロットしたものである。統制群ではわずかな反応抑制がみられるが反応頻度は高い。それに対してすべての反応に電気刺激が随伴する 0 秒遅延群では反応は 15% 程度にまで抑制されている。そして，電気刺激の遅延時間が長くなるほど抑制の度合いは小さくなり，非随伴群ではさらに小さい。ただ，2 秒群と 7.5 秒群の反応率の逆転は，ラットがこの 2 条件を弁別できなかったせいではないかと思われる。このように嫌悪刺激が反応を弱化させる効力は，全

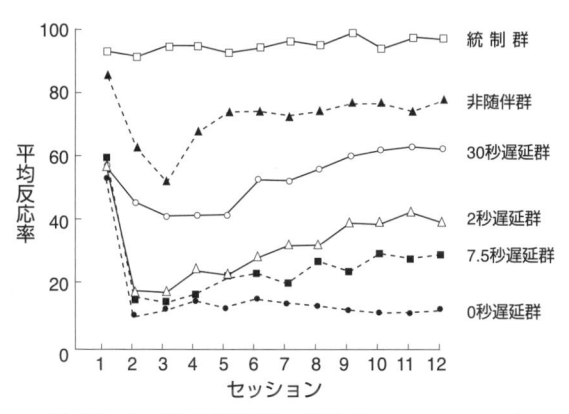

図 14-4 嫌悪刺激遅延の効果（Camp *et al.*, 1967）

体としてそれが反応に時間的に近接して提示されたときほど強くなる。

　第5に，正の強化子を得る代替行動が他に存在すれば，嫌悪刺激が伴う反応は消失する。

　これまでみてきた実験は，嫌悪刺激によって反応率が低下するとそれに伴って餌などの正の強化子提示率も低下した。そこで，ハーマンとアズリンはヒトを対象とした実験で正の強化子を得るための代替行動が可能な状況をしつらえた。被験者は精神病棟に居住する患者である。

　被験者は第1の条件では，ノブ引きとボタン押しの2つの反応が可能であったが，次の第2の条件ではどちらか一方の反応だけしかできなかった。2つの反応が可能な条件では，最初ノブ引きだけがVI 1分スケジュールによるタバコで強化され，その後2つの反応が強化可能になったが，そのときノブ引き反応に対しては嫌悪刺激として96 db（デシベル）のノイズが各反応に1秒間随伴した（ノイズあり，代替反応可条件）。1つの反応のみが可能な（代替反応不可）条件では，ノブ引き反応だけが有効で，さ

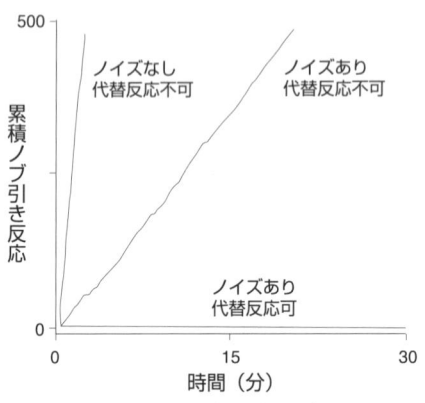

図14-5　代替反応の有無による行動変化（Herman & Azrin, 1964）

14 弱 化

らに反応に対してノイズが随伴する条件とノイズなしの条件があった。

結果は図14-5に示すように，ノイズが伴うとき代替反応が不可能な条件では，ノブ引き反応が減少しながらも維持されているが，代替反応が可能な条件では，ノブ引きは消失し，嫌悪刺激の伴わないボタン押しにとって替わった（Herman, R. L, & Azrin, N. H. 1964 Punishment by noise in an alternative response situation. *Journal of the Experimental Analysis of Behavior*, 7, 185-188.）。図は以下による（Azrin, N. H., & Holz, W. C. 1966 Punishment. In w. K. Honig (Ed.), *Operant behavior: Areas of research and application*. New York: Appreton-Century-Crofts.）。これと同様の結果は動物実験でも得られている。

<u>第6に，嫌悪刺激の提示が反応を増加させることがある。</u>

これまでの例は嫌悪刺激の提示によって反応が抑制される場合であった。しかし，生体の先行経験と適用される特定の手続きによっては，嫌悪刺激が反応を増加させる場合がある。ホルツとアズリン（1961）は，消去の前に特別の訓練をした後，消去中のハトの反応に嫌悪刺激を随伴させた。特別な訓練とは，1日2セッションのうち，1つのセッションではキーつつき反応がVI 2分

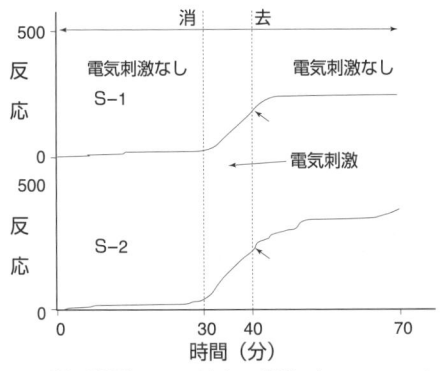

図14-6 嫌悪刺激による反応の促進（Holz & Azrin, 1961）

の餌で強化されると同時にすべての反応に電気刺激が随伴し，もう1つのセッションでは，反応があっても電気刺激も餌の提示もない（消去）という随伴性を経験するというものであった。この訓練の後，電気刺激も餌も随伴しない完全な消去セッションに移行し，その途中で電気刺激を提示したのである。図14-6が2羽のハト（S-1，S-2）の結果を累積記録で示したものである。消去中のハトの反応頻度は非常に低いが，30分後に各反応に電気刺激を随伴させるようにすると反応率が急激に増加している。つまり，電気刺激が，反応を促進させたのである。この事実は，嫌悪刺激は後続刺激としてだけではなく行動に先行する刺激（誘発刺激や弁別刺激）としても機能しうることを示している（Holz, W. C., & Azrin, N. H. 1961 Discriminative properties of punishment. *Journal of the Experimental Analysis of Behavior*, 4, 225-232.）。

<u>第7に，嫌悪刺激が除去されると行動は一時的に上昇する。</u>

図14-7に示すように，正の強化（VI 1分による餌提示）によって維持されている行動（ハトのキーつつき）は，嫌悪刺激（電気刺激）の随伴によって反応頻度が一時的に低下するが，嫌悪刺激が極端に強くなければ，やがて以前と同じレベルかそれ以

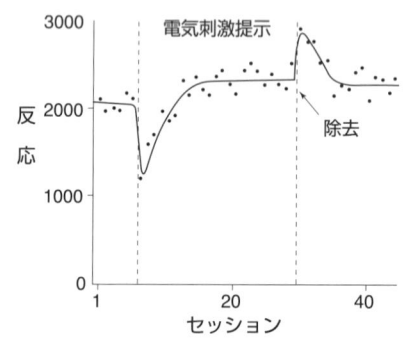

図14-7 嫌悪刺激除去の効果（Azrin, 1960）

上に回復する。次に，その回復した反応に随伴している嫌悪刺激を除去すると，反応は3日間ほど顕著に増加した。このような嫌悪刺激の除去に伴う一時的な反応率の上昇は**罰対比効果**（punish-merit contrast effect）とよばれている（Azrin, N. H. 1960 Sequential effects of punishment. *Science*, 131, 605-606.）。罰対比効果は前図（図14-6）の矢印で示された部分でも，わずかではあるが観察されている。

<u>第8に，条件性嫌悪刺激も無条件性嫌悪刺激と同様に機能する。</u>

すでに述べたように条件性嫌悪刺激は無条件嫌悪刺激との対提示操作によって経験的にその嫌悪性を獲得したものである。実験室外の私たちを取り巻く日常環境には社会的嫌悪刺激をはじめとして条件性嫌悪刺激が関与する場面が多い。

条件性嫌悪刺激を用いた実験的研究は，通常，3つのステップで構成される。まず，レスポンデント条件づけの要領で，任意の刺激（CS）と電気刺激（US）の対提示を実施する。次に，CS, USのない状態で，餌を強化子としてレバー押しやキーつつきのようなオペラント行動を形成する。そして最後に，自発されたオペラント行動に対してCSを随伴させる。このようにすると嫌悪刺激としての特性を持ったCSは特定のオペラント行動の生起頻度を低下させるようになる。しかしながら，この方法の難点は実験を長期間続けることができないということである。なぜならばCSの単独提示によって消去が生じ，CSの嫌悪刺激としての効力が失われるからである。

そこでヘイクとアズリン（1965）は，次のようにしてオペラント行動に及ぼす条件性嫌悪刺激随伴の効果を調べた。彼らはVI 2分スケジュールで餌によって強化されているハトに，平均6分間隔で15秒間CS（キーの色＋音）を提示し，CS終了時に電気刺激を提示した。30分間このCSと電気刺激の対提示を継続した後，電気刺激の提示を中止した上で，すべての反応に対してCS

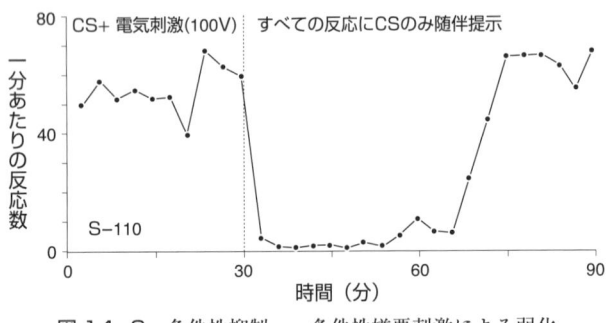

図14-8 条件性抑制――条件性嫌悪刺激による弱化
(Hake & Azrin, 1965)

のみを5秒間随伴させるようにした。その結果，図14-8に示されているようにしばらくの間反応はほぼ完全に抑制された。しかし，この場合も30分ほど経過すると，反応は再び回復している。ただし，もしこのCS単独提示のプロセスでCSと電気刺激の対提示をときどき行うならば，反応は長期にわたって抑制されるはずである (Hake, D. F., & Azrin, N. H. 1965　Conditioned punishment. *Journal of the Experimental Analysis of Behavior*, 8, 279-293.)。

このように正の強化によって維持されている行動の頻度が，嫌悪刺激と対提示された中性刺激の提示によって低下する現象は，**条件性抑制**（conditioned suppression）とよばれている。

14-2　負の弱化

「負の弱化」は，行動に随伴して刺激（通常は好ましい刺激）が消失することによって行動が減少するものである。一般に「負の弱化」では特定の刺激を「好ましい刺激」として価値づけるような確立操作が必要である。

具体的な「負の弱化」の手続きとしては，**反応コスト**（レスポ

ンスコスト：response cost）と**タイムアウト**（time out）の2つが代表的なものである。反応コストは行動に随伴して「好ましいものやこと」そのものが消失，あるいは除去されるものであるのに対し，タイムアウトでは，好ましい刺激を獲得するための反応機会が消失，あるいは除去される。典型的な例をあげるならば，反応コストはルール違反行動による減点や罰金，タイムアウトはルール違反行動による退場や服役刑である。ちなみに現在，日本をはじめ世界各国の法律で規定されている刑罰は，正の弱化ではなく，基本的に負の弱化としての反応コスト（罰金など）とタイムアウト（懲役など）の2種類である。

日常的な例としては，CDのレンタル店で，返却が期限より遅れた場合，1日あたりいくらという延滞金を取られるのが反応コスト，それ以降レンタルができなくなるならばタイムアウトである。そのほか電話や電気も使用料金を延滞させると利用できなくなる（タイムアウト）など，「負の弱化」による行動の統制は，日常生活の中に数多くみられる。また，精神科病棟での反応コストを利用したトークンシステムによる不適切行動の低減や，自傷行動抑制のためのタイムアウトの使用のように行動修正の臨床場面でもしばしば用いられている。本の返却が遅れた場合，日本の大学図書館ではそれ以降貸し出しを停止するというタイムアウトの方法を用いているところが多いが，イギリスはじめヨーロッパ諸国のほとんどの大学図書館では延滞金を取る反応コストを用いるなど文化的な随伴性の違いもみられる。

反応コスト，タイムアウトを実際に人間に適用した研究例については応用行動分析学に関する書物，たとえば『初めての応用行動分析』(Alberto, P. A., & Troutman, A. C. 1986 *Applied Behavior Analysis to Teachers : 2 nd Ed*. Bell & Howell Company. 佐久間徹・谷晋二監訳 1992 『初めての応用行動分析』二瓶社.) や『行動変容法入門』(Miltenberger, R. G. 2001 *Behavior modification: Principles and proce-*

dures. Wadsworth Pub Co. 園山繁樹他訳『行動変容法入門』2006 二瓶社),『応用行動分析学』(Cooper, J. O., Heron, T. E., & Heward, W. L. 2007 *Applied behavior analysis:* 2 nd Ed. Pearson Education, Inc. 中野良顯訳『応用行動分析学』2013 明石書店),および専門学術雑誌「応用行動分析学雑誌(*Journal of Applied Behalyior Analysis*)」を直接参照してほしい。以下に反応コスト,タイムアウトに関する基礎研究について述べる。

(1) 反応コスト

英語のコスト(cost)ということばは費用や損害という意味であるが,行動研究における反応コストという用語にはレバーを押すのに大きな力を必要とするような物理的な「負荷」という意味も含まれている。しかし,近年はもっぱら「損失」という意味で用いられることが多くなった。ここで「損失」としての反応コストが,ヒトのレバー押し行動に及ぼす効果について調べた実験を紹介しよう。

ワイナー(1962)の実験では,被験者は1時間椅子に座って,信号表示板に赤ランプが点灯するかどうかを監視した。信号表示板は普段は見えないようになっており,被験者がレバーを押して「観察反応」を自発すると,0.3秒間だけそれが見えるようになっていた。赤ランプの点灯は被験者によりFI1分スケジュールあるいは3種のVIスケジュールにしたがっていた。観察反応によって赤ランプの点灯が確認されたら,被験者は「報告レバー」を押すことによって100点を獲得することができ,その得点は得点板に表示された。このようにして安定した「観察反応」が出現するようになったら(コストなし条件),次に1観察反応につき1点得点板から減点するという反応コストを導入した(コスト条件)。

図14-9(a)は,FI1分スケジュールにおける定常状態での「コ

14 弱化   215

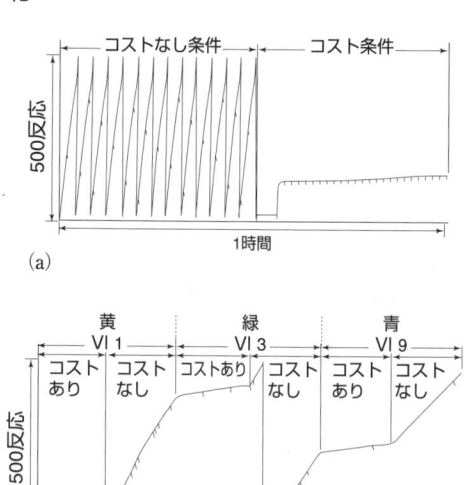

図 14-9 反応コストによる行動の弱化 (Weiner, 1962)

ストなし条件」と「コスト条件」の比較である。前半30分の「コストなし条件」では高い反応率を示しているのに対し，コストが導入されると直ちに反応は抑制された。一方，図14-9(b)は異なる弁別刺激によって区別された，VI1分，VI3分，VI9分スケジュールでの両条件の比較であるが，ここでも「コストなし条件」と「コスト条件」の差は顕著である (Weiner, H. 1962 Some effects of response cost upon human operant behavior. *Jour-nal of the Experimental Analisis of Behavior*, 5, 201-208.)。

(2) タイムアウト

　実験場面におけるタイムアウトでは，被験体を別室に移す，反応装置を撤去あるいは操作不能にする，強化スケジュールを中断するといった方法によって好ましい刺激を獲得するための反応機

会を消失，あるいは除去させる。ただし，反応に引き続いて実験の中断（室内灯が消え反応ができなくなる）が生じるというような単純な方法ではタイムアウトは有効に機能しないことがある。

　ファースター（1957）は「予備刺激」を用いてタイムアウトが効果的に機能することを証明した（Ferster, C. B. 1957 Withdrawal of positive reinforcement as punishment. *Science*, 126, 509.）。まず，餌を強化子としてチンパンジーが電話機（旧式）のキーを押すように訓練した。次の段階では周期的に実験箱の室内灯を消し，そのときは餌箱が作動しないようにした。これがタイムアウトである。室内灯の消灯で反応が停止するようになったところで，予備刺激（あるいはタイムアウト前刺激）としての赤ランプをキーの隣に取り付けた。予備刺激は15分ごとに160秒〜180秒間点灯した。すなわち，予備刺激点灯から160秒経過した時点から以後の20秒間に，もしチンパンジーがキーを押した場合は，即座に60秒間のタイムアウトがスタートする。しかし，キーを押さなかった場合は20秒後に予備刺激は消え，15分後の次の予備刺激提示ま

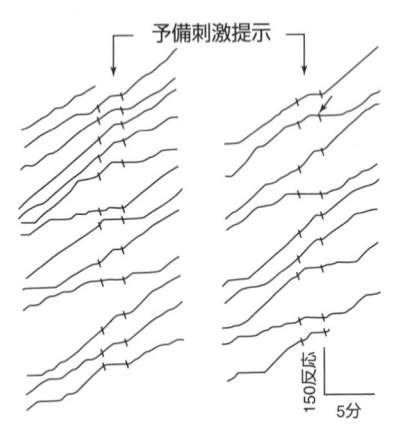

図14-10　タイムアウトによる反応の弱化（Ferster, 1957）

でVI6分スケジュールによる通常の正の強化が持続する。

図14-10が定常状態での1日6時間の実験の累積記録である。この図は，反応の変化を見やすくするために予備刺激を中心としてその前後の反応が表示されており，図中の短い線で区切られている部分が予備刺激の提示期間である。予備刺激提示中の反応をみると，提示直後はそれ以前と同様の頻度で反応していることもあるが，160秒が近づくと反応が停止している。このセッションで160秒を越えて反応し，タイムアウトの提示を受けたのは右側の上から2番目に矢印で示された1試行のみである。逆に予備刺激提示中完全に反応が停止した試行もあった。

この実験における予備刺激中の反応率の抑制は，明らかにタイムアウトという反応機会の消失によってもたらされたものである。このようにこの実験では，予備刺激は，反応によってタイムアウトが随伴するという行動随伴性の弁別刺激として有効に機能した。他の行動随伴性と同じように，タイムアウトの場合も反応とその結果との明確な対応が重要な要件なのである。

14-3 罰的方法の使用に関する諸問題

以上，行動の弱化に関する手続きや現象についてみてきたが，日常の社会生活場面や行動技法の応用場面においてとくに問題となるのは，嫌悪刺激の提示を伴う「正の弱化」である。世の中には「正の弱化」をはじめとする罰的方法が氾濫している。行動分析学の創始者であるスキナーは，その著『科学と人間行動』(Skinner, B. F. 1953 *Science and human behavior*. New York : Macmillan. 河合伊六他訳　2003『科学と人間行動』二瓶社) や論文「罰なき社会」(Skinner, B. F. 1979 *The non-punitive society*. 佐藤方哉訳　1990 「罰なき社会」行動分析学研究，5，87-106.) の中で，行動を弱化させるために罰的方法を用いるのは，道徳的・倫理的に問題があるばかりでなく，

効果も一時的なものに過ぎないので，できる限り「罰的」でない方法を用いるべきであると強調している。それにもかかわらず社会において罰的方法が多用されるのはなぜであろうか。その大きな理由はおそらく使用が容易でかつ効果が明確だからということであろう。また，弱化させたい行動に対して罰的方法に替わる有効な手段をみつけることが困難な場合もある。さらに，対象行動が目に見えて減少するという環境変化によって，罰する人の「罰する」という行動自体が強化されている場合もあろう。ちなみに日本行動分析学会は，2014年に「体罰」に関する声明をとりまとめ，公表している（日本行動分析学会　2014　日本行動分析学会体罰に反対する声明　行動分析学研究, 29, 96-107. または http://www.j-aba.jp/data/seimei.pdf)。

罰的方法の使用はなぜ問題なのか。これまでの諸研究から以下の諸点が指摘されている。

① 強い一貫した嫌悪刺激の提示は別として，弱い一貫性のない嫌悪刺激は行動を一時的に弱化させるだけで根本的な変化はもたらさない。

② 嫌悪刺激の提示は生体に強い情動反応（とりわけ恐怖反応）を誘発し，さらにレスポンデント条件づけによってその嫌悪刺激に関連する刺激，たとえば嫌悪刺激を提示した人や状況が条件刺激となって，その情動反応がいたるところで頻繁に生じるようになる。

③ 嫌悪的状況は，その状況に関わる人やものからの逃避，あるいは回避のオペラント行動を生起させるとともに，しばしば，その状況に関わる人やもの，あるいは他の人やものへの攻撃行動を生起させる。

④ 嫌悪刺激の提示は，それが随伴する行動を弱化させるだけでなく，生体の活動の全般的な抑制を招く。

14 弱　　化

⑤ ある個人への罰的方法の使用は，その個人だけでなく，そこに関わる他の人間の活動性の低下や，逃避・回避行動，攻撃行動を生み出すことがある。

　すでにみてきたように，行動を弱化させる方法は「正の弱化」と「負の弱化」だけではない。消去をはじめとしてその他，飽和化手続きを用いてその行動を維持している強化子の効力を弱める，その行動のきっかけとなっている刺激を中止する，DRO・DRLなどの分化強化の使用，上手に身体を拘束する，負荷の高い活動性強化子を随伴させる，そして言語教示の使用（16章），などいろいろ存在する。ただ，これら他の方法による行動の弱化を十分に検討・試みてもなお，罰的な方法を用いざるを得ないという状況はありうる。そのような場合には，罰的方法に関する問題点に十分留意した上で用いることが必要であろう。

15
先行刺激によるオペラント行動の制御

　オペラント行動は，行動に先行する刺激によってその生起頻度が変化する。ここで行動に先行する刺激とは，3項随伴性の1要素である「**弁別刺激**（discriminative stimulus, S^D と略記する）」である。弁別刺激は，生体が行動を自発するきっかけをもたらす先行条件であるが，同じ先行条件でもレスポンデント行動を引き起こす誘発刺激や，後続刺激の効力を決定する確立操作とは区別される。5章で述べたように生体は常に何らかの刺激や環境にさらされているので，あらゆる刺激が弁別刺激として機能する可能性がある。しかしながら，実際には環境内に存在するすべての刺激が弁別刺激になるわけではない。ある刺激が弁別刺激であるというためには，

① その刺激は任意に選ばれたものであり，
② また，その刺激が存在するときには特定の行動随伴性が作動し，存在しないときには作動しなかったという弁別強化の履歴があり，
③ さらに，その結果としてその刺激が存在するときには特定の行動の生起確率が高く，その刺激が存在しない（あるいは他の刺激が存在する）ときにはその行動の生起確率は低い

15 先行刺激によるオペラント行動の制御

という状態が観察される

といった条件が満たされる必要がある。

このように<u>オペラント条件づけの手続きによって特定の刺激が行動の生起確率を変化させるようになること</u>を**刺激性制御**（stimulus control，または刺激統制）という。ただし，弱化の随伴性の場合は，刺激の存在と行動の生起確率の関係は逆になり，刺激が存在するときには行動の生起確率が低く，存在しないときには高くなる。

刺激性制御の日常例として最もわかりやすいのは交通信号であろう。信号機のある交差点や横断歩道では，車も人も青信号のときは進み，赤信号のときは止まる。信号機の色によるこのような行動の制御は，通常，

① 色刺激は任意に選ばれたものである（他の色や図形でも代替可能）
② 幼児期より繰り返し弁別強化の履歴が存在する
③ 青のとき進み，赤のとき止まるという現象が観察される

という点で刺激性制御であるということができる。ただし，一見，目立つ刺激（ここでは青のライト，赤のライト）が弁別刺激のようにみえても，実際の弁別刺激は他にあることがあるので注意しなければならない。

イギリス北ウェールズのある町の横断歩道の歩行者用信号は，進めは青のドットパターンで歩く人の図形，止まれは赤のドットパターンで立ちどまっている人の図形である。その横断歩道では周囲の刺激は次のように変化する。まず，車用の信号が黄色に変わる，次に車が止まる，車用の信号が赤になる，そして，最期に歩行者用信号が青になり同時に断続音が鳴る。最初の車用信号の黄色点灯から歩行者用の青信号点灯までは約6秒の時間差がある。

そこで，たいていの歩行者は車用の信号が黄色になるか，車が止まるのを見ると即座に横断を始める。なかには歩行者用信号が青になる前に渡り終える人もいる。この場合，歩行者は歩行者用信号がまだ赤にもかかわらず渡っているわけで，したがって歩行者が横断を開始する弁別刺激は歩行者用の青信号ではなく，車用信号の黄色の点灯または車の停止である。

蛇足ながら本質的なことをいうと，実は多くのイギリス人にとって道を横断する本当の弁別刺激は「車が——身に危害が及ぶほど——近くにない」ことである。たとえ車通りの激しい都会であろうが，人々は車が近くになければ横断歩道のないところでも，赤信号でも，警察官がそばにいても渡る。赤信号も警察官も行動抑制の弁別刺激になっていないのである。

また，先ほどの横断歩道で，もし人が歩行者用信号が青に変わったときに渡っていたとしても，それを見てただちにライトの青色が弁別刺激であると断定することはできない。歩行者用の青信号は実は青のライトと歩行者の図形と断続音の複合刺激になっているからである。この章のあとで述べるように生体は複合刺激に対しては個体によって異なる反応を示す傾向があり，複合刺激のうちのどの要素が実際に弁別刺激として機能しているかは実験的観察によって確かめてみなければわからない。

15-1 刺激性制御の基礎

(1) 弁別刺激による行動制御の確立

たとえばハトのキーつつきの実験で，シェイピングの段階から一貫して同じ色の光がキーに照射されていたとしよう。この色光刺激は弁別刺激であろうか。確かにハトが反応するときに存在し，さらにオペラント条件づけの手続きを受けているので弁別刺激のようにみえるが，これは弁別刺激ではない。なぜならば，その色

光が提示されたときにのみ餌が提示され，提示されないときには餌が提示されないという弁別訓練を受けておらず，また，その色光が存在するときにはキーつつきの生起確率が高まり，色光が存在しないときにはキーつつきが生起しないという状態が観察されていないからである。この状態のハトの行動は非弁別的な行動随伴性にしたがっているのである。それでは弁別刺激による行動の制御はどのようにして確立するのであろうか。

ジェンキンスとハリソン（1960，1962）がハトを用いた実験でこのプロセスを明らかにしている（Jenkins, H. M., & Harison, R. H. 1960 Effect of discrimination training on auditory generalization. *Journal of Experimental Psychology*, 59, 246-253. Jenkins, H. M., & Harison, R. H. 1962 Generalization gradients of inhibition following auditory discrimination learning. *Journal of the Experimental Analysis of Behavior*, 5, 435-441.）。以下に示す4群のハトのデータは，第1群，第2群，第4群が1960年の論文，第3群は1962年の論文に掲載されているものである。すべての実験は2段階からなっている。

まず第1段階では，どの群もキーには同じ色光が照射され，また同時に特定周波数の音が提示されている状態において，キーつつき反応がVIスケジュールで強化されるという点では同じであった。しかし，4群には次のような違いがあった。すなわち，

第1群（非弁別訓練）

33秒の実験期と7秒のタイムアウトからなる40秒の実験ブロックにおいて，実験期に1000 Hz（ヘルツ）の音が連続的に提示され，1ブロックで平均1.7回強化されるVIスケジュールが適用された。25ブロックからなるセッションを10から40セッション実施した。

第2群（音提示-非提示弁別訓練）

1000 Hzの音のとき強化，音のないとき非強化の訓練を実

験ブロックごとにランダムに繰り返した。訓練後半になるにしたがい、音なしのブロックが多く（たとえば音ありのブロック25回に対し音なしのブロック125回）なるようにし、音ありのときの反応率が音なしの時の4倍以上になるのを訓練の完成基準とした。

第3群（2音弁別訓練）

1000 Hzの音のとき強化、950 Hzの音のとき非強化とした以外は第2群と同じである。音非提示条件はない。

第4群（2音強化-非提示弁別訓練）

450 Hzと2500 Hzの2音のとき強化、音なしのとき非強化とした。

第2段階はテストで、餌提示のない消去スケジュールのもと、周波数（音の高さ）の異なる7種類の音と音なしの8条件の下での反応頻度を比較した。33秒の1実験ブロックに1種類の刺激を提示し、8刺激条件を8回ずつ異なる順序で計64ブロック実施した。

図15-1がその結果で、縦軸は消去時に自発された各刺激のもとでの反応数の全反応に対するパーセンテージが被験体ごとにプロットされている。第1群の結果を見ると、ハトは1000 Hzの音のもとで強化子を得ていたにもかかわらず、1000 Hzのときの反応頻度が他の周波数と比較して特に高いということはなく、すべての刺激のもとで同頻度の反応が自発されている。それに対して、音提示-非提示の弁別訓練を受けた第2群では、他の音刺激のときと比較して明らかに1000 Hzの時の反応頻度が増加している。2音間の分化訓練を受けた第3群では結果はさらに顕著であった。また、第4群では、強化を受けた2つの音刺激のところで反応頻度が高くなっていることが分かる。この2群から4群のように特定の音が行動の生起頻度を制御するようになったとき、音は弁別

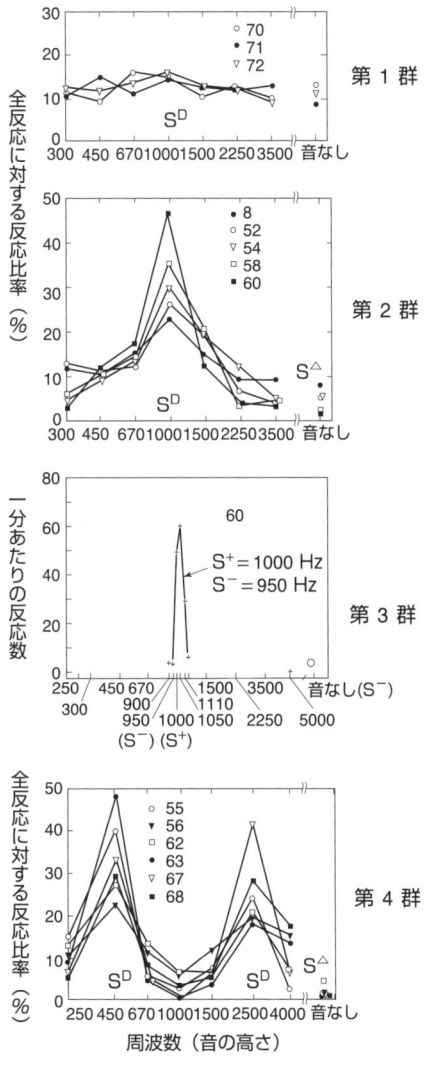

15 先行刺激によるオペラント行動の制御　　　　　　　　　225

図 15-1　異なる先行訓練のもとでの刺激般化
（Jenkins & Harison, 1960, 1962）

刺激としての機能を獲得したということができる。

ところで，第2群は第1段階の訓練において，1000 Hzの音でのみ強化を受け，第4群は2つの音刺激のもとで強化を受けたのであるが，テストの結果をみると他の音刺激のもとでも反応が出現している。このように特定の弁別刺激のもとで出現していた行動が弁別刺激に類似した他の刺激のもとでも出現することを**刺激般化**（stimulus generalization）という。その反応の出現頻度は図のように，弁別刺激を頂点としてそれに類似する程度に応じて高くなる山型の分布を示す。この分布は**般化勾配**（generalization gradient）とよばれている（8章，レスポンデント条件づけの般化も参照のこと）。般化は，ある状況で特定の行動が有効であることを学ぶと，次に類似の状況が出現したときにも同じ行動をするようになる，という生体の一般的行動特徴を示すものである。なぜ般化か生じるのかという点について，それを神経系のプロセスから説明するなどいくつかの試みがなされているが，この実験からも明らかなように生体の弁別強化の経験が般化が生じるための重要な要因の1つであることは確かである。

(2) 弁別の形成

オペラント条件づけの手続きによって，生体が異なる刺激のもとで異なる行動を示すようになったとき，刺激弁別もしくは**弁別**（discrimination）が生じているという。異なる刺激は，ジェンキンスとハリソンの実験における第2群のように刺激の提示，非提示という場合，あるいは第3群の2つの音刺激のように同一刺激次元内の異なる特性の場合，さらには音と色光のように刺激次元（モダリティ）が異なる場合がある。このような異なる刺激のもとで生じる生体の行動は弁別行動あるいは**弁別オペラント**（discriminated operant）とよばれる。

弁別を形成する代表的な手続きは継時弁別と同時弁別である。

15 先行刺激によるオペラント行動の制御　　　　　　　　　　227

[継時弁別]

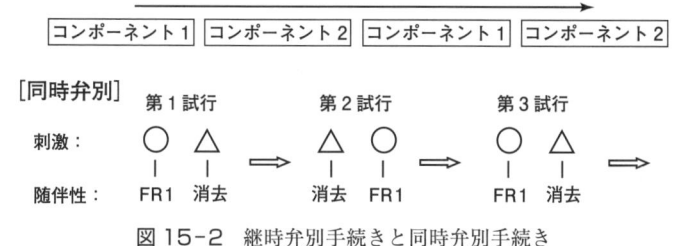

| コンポーネント1 | コンポーネント2 | コンポーネント1 | コンポーネント2 |

[同時弁別]

　　　　　　第1試行　　　　　第2試行　　　　　第3試行

刺激：　　○　△　　　　△　○　　　　○　△
　　　　　｜　｜　⇒　｜　｜　⇒　｜　｜　⇒
随伴性：　FR1 消去　　消去 FR1　　FR1 消去

図 15-2　継時弁別手続きと同時弁別手続き

継時弁別（successive discrimination）は主として多元スケジュールを用い，複数の刺激を1刺激ずつ順次提示しながら各刺激のもとで異なる行動随伴性を作動させる。通常は2刺激が用いられ，一方の刺激（正刺激：S$^+$）のもとでは特定の行動随伴性によって強化がもたらされ，他方の刺激（負刺激：S$^-$）のもとでは消去を適用することが多い。また，継時弁別における各刺激成分はコンポーネントとよばれる（図15-2上参照）。弁別学習の測度としては，全体の反応数に対するS$^+$への反応率（弁別比）が用いられる。前項で述べたジェンキンスとハリソンの実験はこの継時弁別手続きによるものである。

同時弁別（simultaneous discrimination）は主として並立スケジュールを用い，空間的に同時に提示される複数の刺激に異なる行動随伴性が適用されるというものである（図15-2下参照）。典型的には，たとえば図のように，S$^+$である○への1回の反応で強化，S$^-$の△への反応は強化なしに終了という形で，刺激の位置は試行ごとにランダムに変わる。弁別学習の測度としては，正反応率が用いられる。

以上2つの方法は，たとえば弁別行動の形成に力点をおくときには継時弁別，刺激間の弁別に力点をおくときには同時弁別のようにその研究目的や用途によって使い分ける。キンブル（1961）

は，20世紀の前半においては同時弁別手続きによる研究が多かったが，後半は継時弁別手続きによる研究が増加したと述べ，さらにこの2つの手続きの機能的相違を次のように指摘している。つまり，継時弁別は提示されている刺激に対して反応するかしないか（go / no‐go）を問題としているのに対し，同時弁別は生体がS^+に向かうかS^-に向かうかという2つの反応間の選択である（Kimble, G. A. 1961 *Hilgard and Marquis's Conditioning and Learning.* New Yok: Appleton-Century-Crofts.）。

それでは，実際の弁別学習のプロセスを実験で見てみよう。図15-3はヘリックら（1959）の実験における継時弁別手続きによるラットの弁別形成過程を示したものである（Herrick, R. M., Myers, J. L., & Korotkin, A. L.1959 Changes in S^D and in $S^△$ rates during the development of an operant discrimination. *Journal of Comparative and Physiological Psychology,* 52, 359-363.）。この実験ではレバーの上に取り付けられた表示灯の点灯がS^D，消灯が$S^△$（エスデルタ：弁別刺激がない状態をこのようによぶ）であった。まず表示灯の点

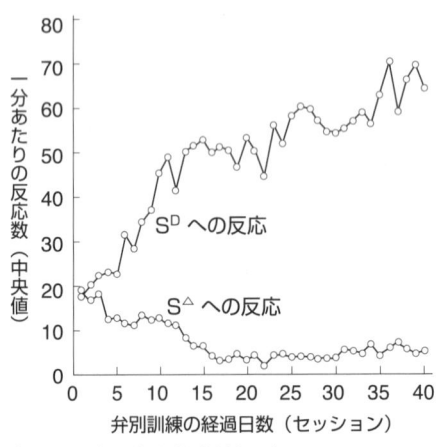

図15-3　弁別の形成過程と行動対比（Herrick *et al.,* 1959より改変）

灯時も消灯時も同じVIスケジュールで強化し，反応が安定したところで弁別訓練に入った。45分のセッションを22回のS^D期と23回の$S^\triangle$期に分割し，S^D期では強化の合計が45回になるようなVIスケジュールを適用した。またS^D期の長さは5秒から180秒，$S^\triangle$期の長さは30秒から90秒の間で変化した。コンポーネントはS^D期からスタートし，その後はランダムな順序で交替した。

図からわかるように，第1セッションでは，ランプ点灯時も消灯時も反応率に差はみられないが，セッションが進行するにともない消灯時の反応は徐々に減少した。一方，VIスケジュールが持続する点灯時の反応は大幅に増加し，最終的には弁別開始時のほぼ3.5倍の反応率に達した。反応率の分化は弁別手続き開始後数セッションで現れ，15セッションから20セッションで弁別はほぼ完成している。

この実験ではライトの点灯，消灯がS^+，S^-であったが，S^+，S^-が2つの異なる色，2つの異なる図形のような場合でも弁別形成過程はほぼ同じである。

15-2 刺激性制御の諸現象

(1) 行動対比

図15-3の弁別実験で一方の刺激の随伴性が消去になったとき，強化が継続している刺激のもとでの反応頻度が，スケジュールは以前と同じであるにもかかわらず上昇している。この現象は**行動対比**（behavioral contrast）とよばれ，弁別形成過程において生体に幅広くみられる一般的現象である。ただし，図では8匹のラットの中央値がプロットされているのでデータは比較的きれいであるが，個体別のデータでは常にこのような顕著な行動対比がみられるわけではない。

弁別事態において，強化継続側の刺激にVIスケジュールが適用されているかぎり，反応頻度の上昇が強化率に大きな変化をもたらすことはない。それにもかかわらず行動対比が生じるのはなぜであろうか。初期の研究者は生体が実験場面で自発する反応数は一定なので，消去側で減少した分，強化側に配分されたのだろうと考えた。しかし，行動対比は一方を消去でなく，強化率の低いVIスケジュールにしたときには生じるが，VIスケジュールと同じ数の強化子を反応に関係なく提示したときには，反応数が大幅に減少するにもかかわらず生じないことから，強化子の量の減少が関係している可能性も指摘されている。またこの現象は同時弁別手続きではみられないので，継時弁別手続きに含まれるなんらかの環境条件がそれを産み出している可能性もある。いずれにしても行動対比の現象は，弁別における1つの刺激のもとでの反応はその刺激だけに依存するのではなく，その刺激を含む刺激状況全体に依存することを示している。

(2) 弁別後般化勾配——頂点移動

同一刺激次元内の異なる刺激（たとえば，異なる色，異なる明るさの光，異なるピッチの音，円と楕円など異なる形）間の弁別の経験は般化に影響を及ぼす。実はこの現象はすでに2音間の弁別を紹介した図15-1の第3群のデータに示されている。図をよくみると，1000 Hzの音をS$^+$，950 Hzの音をS$^-$として弁別訓練を行った後の般化勾配の頂点は，1000 Hzのところではなく，1050のところにある。この現象はハンソン（1959）によって最初に見いだされ，**頂点移動**（peak shift）と名づけられたものである（Hanson, H. M. 1959 Effects of discrimination on stimulusgeneralization. *Journal of Experimental Psychology*, 58, 321–334.）。

ハンソンはまず，実験経験のない24羽のハトが単純なVIスケジュールの下で安定したキーつつき反応を自発するよう訓練し

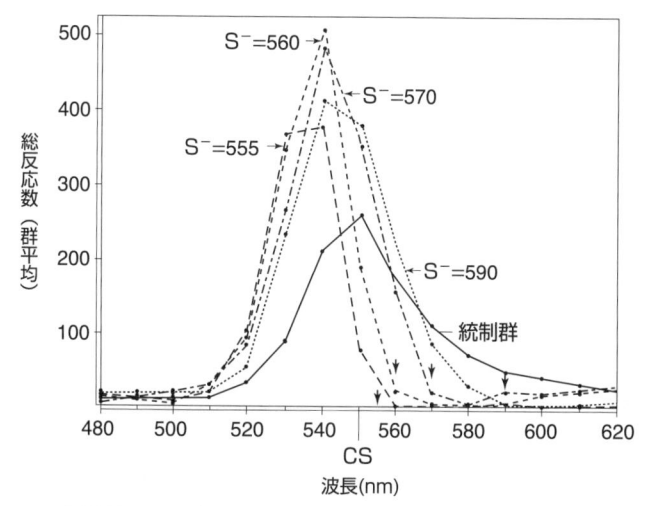

15 先行刺激によるオペラント行動の制御　　　　　　　　　　231

図15-4　頂点移動：弁別後の般化勾配（Hanson, 1959）

た後，ハトを4群（1群6羽）に分け，各群のハトに対して異なる弁別訓練を実施した。4群ともS⁺は同じでキーへの550 nm（ナノメーター）の色光の照射であったが，S⁻がそれぞれ555，560，570，590 nmと異なっていた。S⁺である550 nmの光は黄緑色で，590 nmの光は橙色に近い色である。弁別訓練は60秒の刺激提示期と10秒のタイムアウトを1実験ブロックとして，VI 1分スケジュールで強化するS⁺を15ブロック，消去のS⁻を15ブロックの計30ブロックを1セッションとし，10ブロック中にS⁺とS⁻が5ブロックずつランダムに入るようにして実施した。弁別完成基準は10ブロック中5ブロックのS⁻中に反応が出現しないことで，これはかなり厳しい基準である。実験群とは別の統制群（8羽）のハトは同じ実験条件でS⁺のみの刺激訓練を受けた。

　弁別完成後，各群のハトは同じ般化テストを受けた。般化は消去スケジュールの下で480，500，510，520，530，540，550，560，

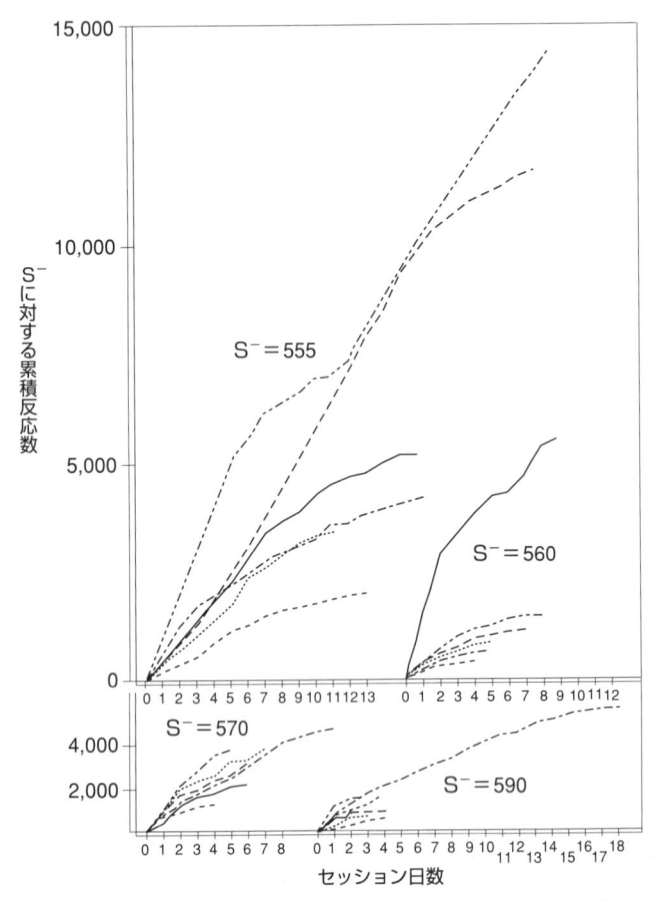

図 15-5　個体ごとの弁別獲得過程 (Hanson, 1959 より改変)

570, 580, 590, 600, 620 の 13 の刺激について調べられ, 各刺激は 10 秒のタイムアウトを挟んで 30 秒間ずつ, 合計 10 回提示された。図 15-4 が各群の各刺激に対する総反応数の平均値を示したものである。実線で示された統制群は 550 nm の色を頂点とする般化勾配を示している (図 15-1, 第 1 群と同じ) のに対し,

破線で示された4つの実験群ではすべてその頂点がS⁻とは反対側に移動している。その程度はとくにS⁺とS⁻が接近していたS⁻555 nm 群で最も顕著であった。このように弁別後の般化勾配の頂点が，S⁻とは逆の方法に移動することを**頂点移動**（peak shift）という。頂点移動については後にウマを被験体とした実験も行われ，同様の結果が得られている（Dougherty, D. M., & Lewis, P. 1991 Stimulus generalization, discrimination learning, and peak shift in horses. *Journal of the Experimental Analysis of Behavior*, 56, 97-104.）。

頂点移動もまた両刺激が同時には提示されない継時弁別手続きでのみ生じ，さらに生体がS⁻に対して反動的な行動を示すという点で行動対比と類似した現象であるということができる。

ハンソン（1959）の論文にはこの実験で行った弁別訓練の個別データが報告されている。各個体がどの程度の時間と反応数をかけてこの弁別を完成させたかがよくわかる格好のデータなのでここに転載しておく。図15-5は4つの実験群のS⁻に対するセッションごとの反応数の累積記録である。S⁻に対する反応なので各個体とも徐々に傾斜が緩やかになり最終セッションの終わりには反応が停止し，累積記録は水平になる。したがって，S⁻555 nm 群の中で直線を示している1羽のデータは弁別が完成しなかったことを示している。この図から私たちはいくつかの事実を知ることができる。第1に，2刺激間の距離が近い場合は弁別に時間（日数）がかかる（ただし，S⁻560 nm と S⁻570 nm ではあまり変わらない）。第2に，弁別に要する日数には大きな個体差がある。第3に，自発する反応数にも個体差がある。このように各個体の生のデータを観察することは大変興味深いことである。

(3) 無誤弁別

図15-5の弁別形成におけるS⁻への反応の減少プロセスからわかるように，弁別手続きの導入によって即座にS⁻への反応が

なくなるわけではなく，弁別の成立には数セッションから数十セッションを必要とする。換言すればその間，生体は強化をもたらさない負刺激（S⁻）に対して「誤反応」を起こしているということができる。

弁別手続きはしばしば，動物や人間の幼児における「刺激の弁別」や「特定の刺激のもとで適切な行動を遂行する」訓練に用いられる。そのような場面での「誤反応」の生起は，消去による全般的な反応の抑制をはじめとして，訓練場面からの逃避や攻撃行動などの情動的反応を引き起こすことがある。このような問題を解決する必要性から，誤反応を生じさせることなく弁別を形成する**無誤弁別**（errorless discrimination learning）手続きが考案された。

テラス（1963a, 1963b）は継時弁別手続きにおいてフェイドイン（刺激を徐々に導入），フェイドアウト（刺激を徐々に除去）という方法を用いることによって，ほとんど誤反応を示すことなく弁別を成立させることができることを示した。

フェイドインによる方法は，S⁺を一定の強度，持続時間で提示する一方，S⁻は初め弱い刺激を短時間提示し，徐々にそれを強く長くしていくものである。テラス（1963a）の実験では，まず，ハトをS⁺としての赤いキーをつつくよう訓練したのち，無誤弁別の第1セッションでS⁻を以下の3段階に分けて導入した（Terrace, H. S. 1963a Discrimination learning with and without "errors". *Journal of the Experimental Analysis of Behavior*, 6, 1-27.）。第1セッションにおけるS⁺の提示時間は30秒で，その間の反応はVI 30秒スケジュールで強化されている。

第1段階：最初に光の照射されていない暗黒キーを5秒間提示し，それを徐々に30秒間まで拡張する。
第2段階：S⁻の提示時間は5秒間に固定し，緑色の光を最

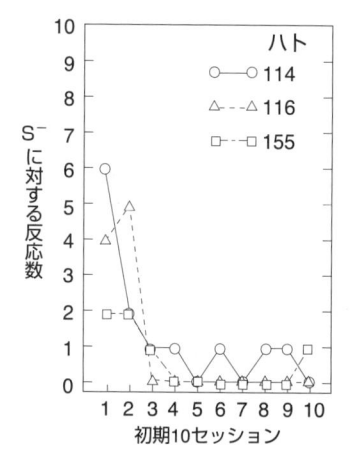

15 先行刺激によるオペラント行動の制御

図15-6 無誤弁別 (Terrace, 1963a)

初は暗黒から徐々に強くする。
第3段階：最終的な強度の緑の光を5秒間から30秒間まで徐々に拡張して提示する。

第1セッションのあと，第2セッションから第3セッションにかけてS⁺の提示時間を3分間，VI 1分スケジュールとしたうえで，S⁻の提示時間を30秒間から3分間まで徐々に拡張した。

図15-6は最初の10セッションにおける3羽のハトのS⁻に対する反応数をプロットしたものである。誤反応は各ハトともほとんどなく，1，2セッションで最も多いのが6反応，それ以降のセッションでは誤反応がないか，あっても1回のみである。

フェイドアウトによる方法は，すでに弁別が成立している旧刺激に新たに弁別を形成したい新刺激を重ね合わせて提示し，旧刺激を徐々に取り除いていくというものである。テラス（1963b）は，事前に比較的容易な赤と緑の弁別を訓練し，それをハトに

とって学習の難しい縦の白線と横の白線の弁別に利用するという方法をとった（Terrace, H. S. 1963 b Errorless transfer of a discrimination across two continua. *Journal of the Experimental Analysis of Behavior*, 6, 223-232.）。ただし，フェイドインの実験と異なり，この実験ではS⁺またはS⁻は5秒間提示されるだけで，S⁺で反応があれば即座に強化されるが，反応がない場合はいったんキーが暗転した後，次の試行が開始するというものであった。1セッションはS⁺，S⁻各60回の提示からなっていた。フェイドアウトは次のような手順で行なわれた。

〔セッション〕	〔S⁺〕	〔S⁻〕
1-10	赤	緑
11-15	赤地に縦線	緑地に横線
16	縦線・赤フェイドアウト	横線・緑フェイドアウト
17	横線	縦線

このフェイドアウトの手続きでもフェイドインの実験と同様，ハトはほとんど誤反応を自発することなく弁別を完成させた。この実験の中で，赤と縦線，緑と横線の重複提示だけで色のフェイドアウトを行わない条件も調べられているが，その場合にはかなりの誤反応が出現している。したがって，フェイドアウトの手続きが無誤弁別学習の重要なポイントだということがわかる。

無誤弁別学習の手続きは応用場面で用いられることが多く，さまざまなバリエーションが考案されている。また，無誤弁別は同時弁別場面でも可能である。さらに無誤弁別学習においては行動対比や頂点移動が起こりにくいことが確認されている。

(4) 刺激性制御の履歴効果

同じ行動の弁別刺激が過去と現在で異なることがある。たとえばあるハトのキーつつき行動が，以前は赤い刺激のもとで強化さ

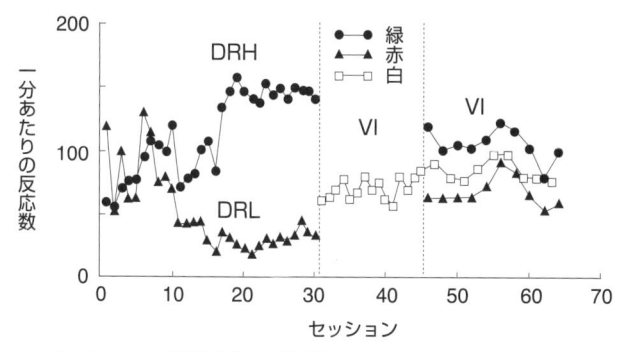

15 先行刺激によるオペラント行動の制御

図15-7 刺激性制御の履歴効果（Ono & Iwabuchi, 1997）

れていたが，現在は白い刺激のもとで強化されているような場合である。人間ならば学校や職場の移動など，社会的文化的随伴性が変化したときにこのような事態が起こり得る。弁別刺激が変わっても行動随伴性が以前と同じであれば同じ行動が続くが，行動随伴性が変わったならば，現在は以前とは異なる行動が生起しているはずである。その現在の状況の中に，過去の弁別刺激が突然出現したらどのようなことが起こるであろうか。もちろん，随伴性は現在のものが有効であり，過去の刺激と同時に過去の随伴性が復活するわけではない。

小野と岩淵（1997）の実験はハトを用いてこのような過去の刺激性制御の履歴効果を調べたものである（Ono, K., & Iwabuchi, K. 1997 Effect of histories of differential reinforcement of response rate on variable-interval responding. *Journal of the Experimental Analysis of Behavior*, 67, 311-322.）。図15-7にしたがって実験内容を説明しよう。まず，左端の履歴段階では多元スケジュールにより2種類の刺激性制御を確立させた。緑の刺激でDRH（0.5秒以下の短い反応間間隔の反応を強化），赤の刺激でDRL（3秒以上の長い反応間間隔の反応を強化）スケジュールの2つのコンポーネントが2分ご

とにランダムに交代した。図からわかるようにセッションを重ねるにしたがって，反応が分化し緑刺激のもとでは高頻度反応，赤刺激のもとでは低頻度反応が安定して出現するようになった。

そこで，この刺激性制御を中止し，第2段階としてキーつつきが白刺激のもとでVI 6-9秒スケジュールにしたがって強化されるような行動随伴性に変更した（図中央）。そして，この随伴性が続いているときに，ある日突然，第3段階として，前と同じように2分ごとにランダムに緑刺激と赤刺激を提示してみたのである。もちろん，スケジュールは前日と同じVIスケジュールである。このようにスケジュールはVIに保つたまま，その後1日おきに白刺激と緑・赤刺激の提示を繰り返した。

図右端の結果のように緑刺激，赤刺激の提示は反応の上昇と低下をもたらし，その効果は徐々に減少するものの20日間持続した。これと同じ結果は他のハトでも確認され，さらに別の実験で第1段階の履歴の形成から第2段階の白刺激の随伴性導入までの間を6ヶ月間離してみたが，それでも同様の履歴効果が得られた。このように過去に一度弁別刺激として刺激性制御を獲得した刺激は，もはや弁別刺激ではなくなっていたとしても，現在の行動に影響を及ぼすのである。

15-3 高次の刺激性制御

(1) 複合刺激による行動の制御

この章の冒頭で，弁別刺激が複合刺激の場合，すべての刺激要素が同じように行動を制御するわけではなく，そのうちの特定の刺激要素のみが弁別機能をもっていることがあると述べた。これを事実として実証した実験を紹介しよう。ここで刺激要素とよんでいる色や大きさ，形，数のような複合刺激を構成している個々の特性は，専門的には刺激次元とよばれる。

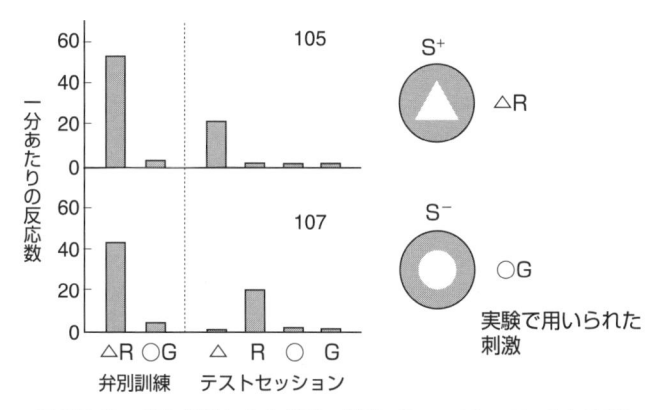

15 先行刺激によるオペラント行動の制御　　　　239

図15-8　複合刺激による行動の制御（Reynolds, 1961より改変）

　レイノルズ（1961）は2羽のハトに2種の複合刺激をそれぞれS^+，S^-として弁別を形成した(Reynolds, G. S. 1961　Attention in the pigeon. *Journal of the Experimental Analysis of Behavior*, 4, 203-208.)。S^+は赤地に白い三角形，S^-は緑地に白い円がキーに照射されたものである。実験は全部で9セッション行われ，6セッションまでと8セッションが弁別訓練，7セッションと9セッションがテストである。弁別訓練はS^+とS^-を3分ごとに交互に提示し，S^+のときはVI 3分スケジュールで強化，S^-は消去であった。テストセッションでは，消去スケジュールのもとで三角形，円，緑，赤のそれぞれの刺激を1分ずつ単独提示した。

　図15-8の棒グラフの左側が弁別訓練，右側がテストセッションの結果である。弁別訓練のときは，2羽ともS^+である赤地に白い三角形に反応しているが，テストになって各刺激要素が単独で提示されると，ハト105は三角形のみ，ハト107は赤のみに反応し，その他の刺激には反応していない。つまり，同じ赤地に三角形の刺激で強化されていても，一方のハトにとっては三角形が，もう一方のハトにとっては赤が実際の弁別刺激になっていたので

第1段階の刺激　　　　第2段階の刺激

赤　　　黄　　　　青　　　緑

図15-9　刺激図形

ある。

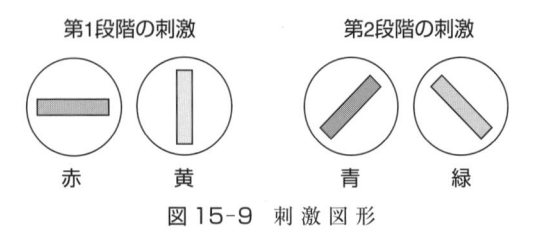

　何故このような違いが生じたのであろうか。レイノルズは，この結果はハトが複合刺激のうちのどの刺激次元に「**注意**（attention）」を向けていたかによる，と説明した。それでは個体による「注意」の違いはなぜ生じるのだろうか。個体によって違うのであるからおそらくその原因は個体発生的なものであろう。したがって，その個体の刺激性制御の歴史を詳細に調べるならば何らかの手がかりが得られるはずである。

　この実験で2羽がたまたま異なる刺激に反応したのは実験者にとって幸運であった。もし両方のハトが同じテスト刺激に反応したり，あるいはその後他の研究者が報告しているような中途半端な結果だったなら，実験者はもっと被験体数を増やすか，別の結論を用意しなければならなかったからである。

　複合刺激による弁別経験はその後の弁別訓練に影響を及ぼすことがある。常識的に考えると事前に同種の学習経験があれば，次の学習はより容易になるだろうと考えられるが，逆に，前の経験が必ずしも促進的に働かないような状況もありうる。複合刺激による「次元内シフト」と「次元外シフト」の比較実験がこの問題を取り上げている。

　一例として，マッキントッシュとリトル（1969）の実験をみてみよう（Mackintosh, N. J., & Little, L. 1969　Intradimensional and extradimensional shift learning by pigeons. *Psychonomic Science*, 14, 5–6.）。ま

15 先行刺激によるオペラント行動の制御　　　　　　　　241

ず，実験の第1段階において，ハトは「赤い横線」と「黄色い縦線」の弁別を行った［図15-9参照］。その際，16羽のハトを赤，黄，横線，縦線の各単独要素をS⁺とする群に4羽ずつ振り分けた。ここで色がS⁺の場合は線の角度は無関連次元，線の角度がS⁺の場合は色が無関連次元である。弁別訓練は同時弁別手続きで行われ，S⁺への正反応には5秒間の餌提示，S⁻への誤反応には8秒間のタイムアウトが随伴した。これを1日50試行で合計250試行実施した。

第2段階は，青い45度の線と緑の135度の線の弁別である。第1段階で色をS⁺としたハト，線をS⁺としたハトをそれぞれ2群に分け，一方の群は再び同じ次元の刺激をS⁺，他方は異なる次元の刺激がS⁺となるように振り分けた。つまり，色なら色，線なら線という同じ次元でもう一度やるか，異なる次元に変わるかの違いである。ここで同じ刺激次元で行う場合が「**次元内シフト**（intradimensional shift）」，異なる次元に変わる場合を「**次元外シフト**（extradimensional shift）」という。第2段階では色は青がS⁺，線は45度がS+であった。1日40試行以上の正反応

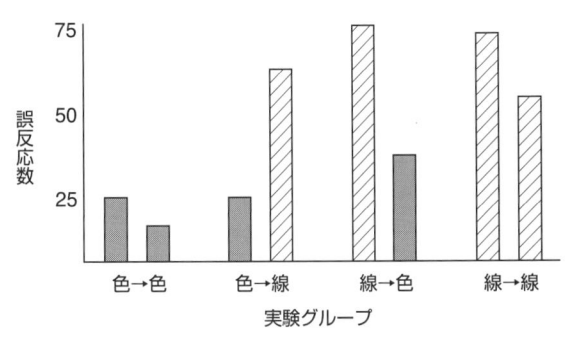

図15-10　次元内シフトと次元外シフト
（Mackintosh & Little, 1969 より作図）

を終了基準とした。

図15-10は，S⁺の刺激次元が色→色，色→線，線→色，線→線と変化した4グループの誤反応数を示したものである。まず，一見したところ，ハトにとって線を関連次元にした場合の弁別は色の場合より困難であることがわかる。したがって，左から2番目のグループのように色次元から線次元にシフトした場合は第2段階の誤反応数のほうが大幅に多くなっている。しかしながら，他のグループにおいては第2段階で誤反応数が減少している。次に焦点の「次元内シフト」と「次元外シフト」の違いをみると，色→色，線→線の「次元内シフト」を行ったグループはともに第2段階で減少しているが，色→線，線→色の「次元外シフト」を行ったグループでは線→色では減少し，色→線では増加している。全体として色より線のほうが弁別が困難であるという事実を重ね合わせると，これでは実際どちらなのか見極めることは難しい。そこで，マッキントッシュらは心理学においてグループデータを統計的に判断する際にしばしば使用される「分散分析」という統計手法を用いた。その結果，やはり「次元内シフト」の方が「次元外シフト」より誤反応数は少ないと結論づけている。

このようにこの実験では，弁別は「次元内シフト」の方が容易であるとの結果を得たのであるが，ただ，図からもわかるようにこの実験結果は明瞭なものでなく，おおよその傾向が示されたと受け取るべきであろう。「次元内シフト」後の学習の速さはラットやヒトを被験体とした実験でも幅広く認められているが，一方条件によっては否定的なデータも存在する。

(2) 条件性弁別

刺激弁別に条件性弁別とよばれる弁別手続きがある。これは通常の刺激弁別に弁別過程がもう1段階加わったもので，諸々のバリエーションがある。図15-11に2つの例を示した。

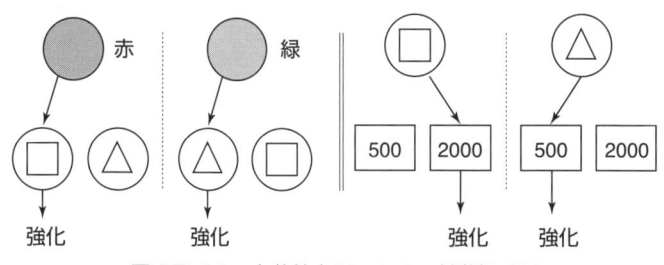

15 先行刺激によるオペラント行動の制御　　243

図 15-11　条件性弁別における刺激提示例

　左の図は視覚刺激の刺激次元が異なる場合の条件性弁別である。まず，最初に赤かあるいは緑の刺激が単独で提示される。そして次に四角形と三角形が同時に提示される（この2段階の刺激は同時に提示される場合と継時的に提示される場合がある）。このような状況において生体が，たとえば赤のときに四角形，緑のときに三角形に反応すると強化し，逆のときは消去とするものである。この例では刺激は2つとも視覚刺激であるが，実際はモダリティを変えて，視覚刺激，聴覚刺激，日常の事物など異なる刺激を用いても可能である。

　右図は四角形，三角形が第1段階の刺激になり，聴覚刺激が第2段階の刺激となるという形のものである。第1段階が四角形のときは2000 Hzの音，三角形のときは500 Hzの音が鳴っているときに反応すると強化され，それ以外のときは消去となる。このようにこの手続きは，ある刺激条件のもとでの特定の刺激への弁別的反応が強化をもたらすという意味で**条件性弁別**（conditional discrimination）とよばれている。また，この随伴性は2つの刺激，行動，結果から構成されることから3項随伴性に対して4項随伴性とよばれることもある。

　実はすでに紹介したレイノルズ（1961）の論文には，実験2として条件性弁別の実験が紹介されている。実験2ではキーの右側

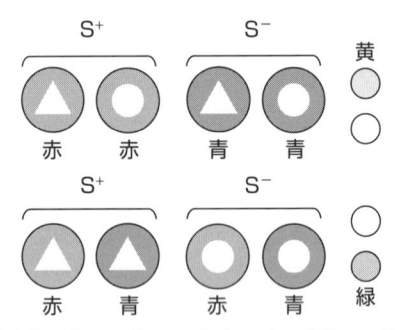

図 15-12 レイノルズ（1961），実験2の刺激

に上下に並んだ黄および緑の2つのサイドランプが刺激として付け加えられた。キーに照射される刺激は赤地に三角形か円，青地に三角形か円の4種類の複合刺激である。これら4種類の刺激が1セッション中3分間ずつ計48回，決められた順序で提示される。1セッションは6ブロックに分割され，そのうちの3ブロックでは黄色いサイドランプ，他の3ブロックでは緑のサイドランプが点灯した。

強化の随伴はサイドランプとキー刺激の組合せによって決定される。すなわち，図15-12のように，サイドランプが黄色のときは赤地の刺激，緑のときは三角形をつつくとFIスケジュールで強化され，それ以外は消去であった。図15-13から明らかなように，ハトはこの随伴性でもほぼ完全に弁別を成立させた。条件性弁別は生体が高次の刺激性制御を形成する基本的な方法として，現在まで動物の認知研究や幼児の言語訓練（16章）など幅広い領域で利用されている。

(3) 刺激クラスによる行動の制御

これまでは複合刺激を含めて，1個の刺激が特定の行動を制御する場合について述べてきたが，さらに複数の異なる刺激が同一

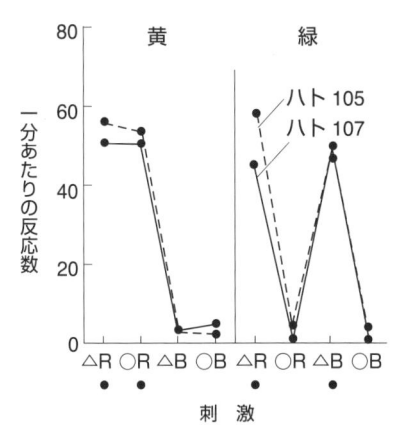

15 先行刺激によるオペラント行動の制御

図 15-13 レイノルズ (1961), 実験 2 の結果

の反応生起の機会を提供し，そして同一の結果をもたらす行動を制御していることがある。このようにある行動が特定の刺激集合を構成するすべての刺激によって生起し，他の刺激集合に属する刺激によっては生起しないとき，その刺激集合を「**刺激クラス (stimulus class)**」という。

刺激クラスは「物理的刺激クラス」と「機能的刺激クラス」の 2 種類に大別される。「**物理的刺激クラス**」は刺激のもつ物理・化学的特性に基づいて集合が形成されるものである。生体を取り巻く環境内の刺激は多くの場合，色や形，大きさなど複数の物理的刺激次元をもつ複合刺激である。それらの刺激次元のうちのなんらかの共通特性が行動を制御するとき，その共通特性を備えた刺激クラスは一般に**概念**とよばれている。そのうち人や動物，木，野菜，果物，あるいは時計，机，靴など日常世界に存在し，物理・化学的共通特性によって構成される刺激の集合は「**自然的概念**」とよばれ，それに対して実験や概念形成訓練等でよく用いられるような図形や色などで構成される刺激の集合は「**人工的概**

念」とよばれる。人工的概念は，用いる刺激次元やS⁺とする共通特性を明確に操作できるが，自然的概念は共通特性を強くもつ典型的なものから僅かに認められる程度のものまで広範にわたり，また，共通特性も複数の特性の混成によっている場合があり，明確な操作が難しい場合も多い。

一方，「**機能的刺激クラス**」は，個体の行動に対して共通の働きをもつ刺激の集合である。たとえば，1群の刺激のもとでの行動は強化をもたらすが，その他の刺激のもとでの行動は強化をもたらさないという場合，共通の強化をもたらす刺激の集合が「機能的刺激クラス」である。このような機能的刺激クラスは物理・化学的な共通特性をもっている場合ともっていない場合があり，とくに共通特性をもたない場合の刺激クラスは，「**恣意的刺激クラス（arbitrary stimulus class）**」とよばれている。たとえばイヌの「鳴き声」を聞いて「イヌ」の写真のパネルを押す個体が，その他「"いぬ"」という音声刺激を聞いたとき，「いぬ」や「犬」という文字をみたとき，「本物のイヌ」をみたとき，同様にパネルを押すならば，「鳴き声」「"いぬ"」「いぬ」「犬」「本物のイヌ」は同じ恣意的刺激クラスに属しているということができる。ここで，本物のイヌと，その「鳴き声」や"いぬ"という音声や文字の間には物理的刺激クラスのような顕著な共通特徴はない。

「物理的刺激クラス」の形成とそれによる行動の制御は，基本的に単純な弁別手続きによって行われる。ただ，刺激が1個のときと違うのは，特定の刺激クラスの共通特性をもった刺激をすべてS⁺として強化し，他の刺激クラスに属する刺激は強化しないというように分化強化が刺激クラス単位で行われることである。

「機能的刺激クラス」を形成するための方法は「条件性弁別」あるいは条件性弁別の一種である「見本合わせ法」が一般的で，現在までさまざまなバリエーションが考案されている。「人工的概念」を用いた機能的刺激クラスの形成過程についてはすでに紹

15 先行刺激によるオペラント行動の制御

介した実験の中に簡単な例がある。条件性弁別の項におけるレイノルズ（1961）の実験において，ハトが黄色のサイドランプのときに赤という共通属性を持つ2つの刺激，緑のサイドランプのときに三角形という共通属性を持つ2つの刺激をつつくようになったとき，赤と三角形という共通特性に基づく刺激クラスが形成されたのである。刺激クラスの形成はカテゴリ化（categorization）ともよばれる。機能的刺激クラスは言語の働き（16章）と密接な関係をもっているので，その詳細については16章で述べ，ここでは「物理的刺激クラス」の形成過程について具体的に述べることにする。

ハーンスタインとラブランド（1964）は自然風景のスライド写真1200枚以上を集め，1回のセッションで80枚のスライドを実験箱のキーに隣接したスクリーンに投射した（Herrnstein, R. J., & Loveland, D. H. 1964 Complex visual concept in the pigeon. *Science*, 146, 549–551.）。80枚のスライドのうち約半分はなんらかの形で人間が写っているもの，後の半分は写っていないと実験者によって判断されたものである。「判断された」というのは人間の姿は衣類，年代，性別，姿勢，画面上の大きさ，位置，色などが異なっており，さらに木や自動車の陰で判然としないものもあったからである。ハトがスクリーンに光がついているときはつつき，光がついていないときはつつかないように訓練したのち，平均1分間に1枚のペースでスライドを提示していった。そして，人間が写っているスライド（S⁺）のときにハトがキーをつついたときはVI 1分スケジュールで強化し，人間が写っていない場合（S⁻）は強化しなかった。セッションを重ねるうちに同じ写真が提示されることもあったが，その提示順序は前とは異なるようにした。このような1日80枚の複数の刺激からなる弁別強化手続きによって，5羽のハトは7セッションから10セッションで2種類の刺激の下で異なる反応率を示すようになった。図15-14はさらに

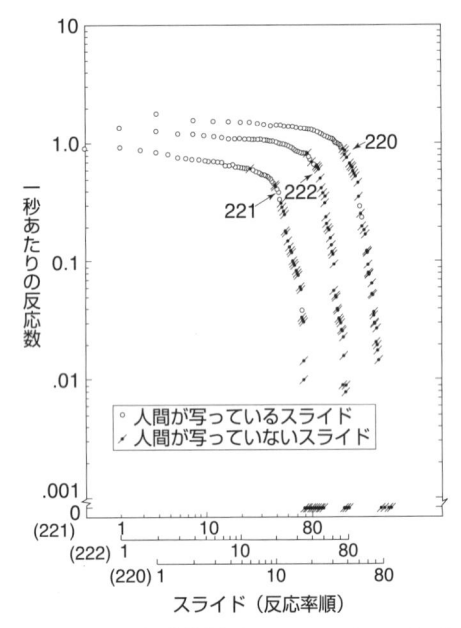

図 15-14 ハトの概念識別 （Herrnstein & Loveland, 1964）

訓練を続けた後，70 セッション目で今まで用いていない全く新しいスライドを使ってテストしてみたものである。

図は 80 枚のスライドを 1 秒あたりの反応率の高い順に並べ替え，それを対数尺度で表示したものである．白丸は人間が写っているスライド，黒丸に斜線がかかっているのが人間の写っていないスライドである．ここには 3 羽の結果だけが図示されている．多少の例外はあるものの，人間の写っているスライドはおしなべて反応率が高く（約 1 秒に 1 回），写っていないものは反応率が低い（1 秒に 0.1 回から 0.01 回），つまり，新しい 80 枚の刺激が，高い反応率を制御する刺激群と低い反応率を制御する刺激群の 2 種類の刺激クラスに分かれていることが分かる．

15 先行刺激によるオペラント行動の制御

このように刺激の集合に対して弁別強化手続きを適用すると，S⁺として用いられた刺激に対して分化的な反応が出現するようになると同時に刺激クラスが形成され，さらにそれが訓練されていない刺激にも般化することが明確に示された。ハーンスタインとラブランドはハトが人という刺激特性以外の手がかりを用いていないことを確認するために，写真を白黒にしてみたり，弁別強化を中止してランダムな強化にするなどのテストをしてみたが，それでも人と人以外の刺激スライドは弁別された。

弁別強化手続きによる刺激クラスの形成が可能であるということは，別の観点からみれば，ハトが刺激図形上のわずかな手がかりから共通特徴をみつけだすという優れた認知能力をもっていることを示すものである。この他にも，たとえばポーターとニューリンジャー（1984）はほぼ同様の弁別手続きを用いて，ハトがバッハの「トッカータとフーガ」とストラビンスキーの「春の祭典」を聴覚的に弁別すること (Porter, D., & Neuringer, A. 1984 Music discrimination by pigeons. *Journal of Experimental Psychology : Animal Behavior Processes*, 10, 138-148.)，また，渡辺・坂本・脇田（1995）はモネの絵とピカソの絵を弁別すること (Watanabe, S., Sakamoto, J., & Wakita, M. 1995 Pigeons' discrimination of paintings by Monet and Picasso. *Journal of the Experimental Analysis of Behavior*, 63, 165-174.) などを明らかにしている。

以上，弁別強化手続きによる概念形成の研究をみてきたが，歴史的には「弁別」の研究と「概念」の研究は異なる分野として研究されてきた経緯がある。すなわち，弁別は行動の刺激性制御研究の一環として主に動物を対象に，刺激特性の比較的明確な刺激を用いて研究されてきたのに対し，概念研究は動物および人間を対象としてより複雑な刺激を用い，「カテゴリ化」や「抽象化」のような高度な知的機能の研究の一環として行われてきた。

しかし，概念はケラーとシェーンフェルド（1950）によって

「刺激クラス内の般化と刺激クラス間の弁別」であると定義されているように，その形成の過程は本章で述べたような刺激性制御の諸機能を土台としている (Keller, F. S., & Schoenfeld, W. N. 1950 *Principles of psychology: A systematic text in the science of behavior.* New York : Appleton-Century-Crofts.)。したがって，刺激性制御という観点からみるならば，「弁別」の研究も「概念」の研究も同じ枠組で統一的にとらえることが可能なのである。

16

言語行動

　私たちは日々の生活の中でさまざまなオペラント行動を自発していますが，その中で音声や文字の操作から成り立つ言語行動の占める割合は大きい．とくに学生やオフィスで働く人たちは，一日中，ミーティング，会議，授業，電話，懇談などの場で音声言語を交し，あるいは電子メールのやりとり，新聞，論文，資料，本，報告書，企画書などを通して文字言語に囲まれている，といっても過言ではないだろう．

　本章では，言語行動の定義，および言語行動の種類とその特徴について述べた後，オペラント行動としての言語がどのように獲得されるか，言語の"意味"とその"理解"，そして言語行動と非言語行動の相互作用など，言語行動の基礎について解説する．

16-1　言語行動の基本的特徴

　言語行動には音声言語行動と文字言語行動がある．**音声言語行動**は，肺，口蓋，舌，唇などの骨格筋を用いて声帯による空気の振動を調節し，音声を生成するオペラント行動である．一方，**文字言語行動**は，主に手などの骨格筋を用いて外界の被操作体に視覚的刺激を生成するオペラント行動である．以下，オペラント行

動としての言語行動の特徴について考えてみよう。

(1) 言語行動の定義

　前章まで主に扱ってきた非言語行動とここで扱う言語行動の違いは何であろうか。声を出すこと，文字を生成することだろうか。確かにこれらは言語行動が他の非言語行動と区別される明確な特徴の1つである。しかし，この行動形態の違いだけが言語の特徴ではない。たとえば，チンパンジーが「ホー」という発声で干しぶどうを得るのと，ペンで紙に線を引いて干しぶどうを得るのは，餌による正の強化で維持される行動という意味で，レバーを押して干しぶどうを得るのと，同じである。また，10章で紹介した模擬実験において，たとえば架空の哺乳動物の「鳴き声」が「低音」の随伴によって頻繁に出現するようになったとしても，それは音声ではあるが言語行動ではない。さらに，手話や身振りのように音声や文字を用いない言語行動も存在する。それでは，言語行動を言語行動たらしめている要件は何であろうか。

　言語行動の第1の要件は，その行動が他個体に向けて自発されるということである。人間の場合で考えると，

言語行動は人（自己も含む）に向けて自発されたもの

ということである。したがって，言語行動においては話し手のみならず，聞き手の存在が不可欠である。

　次に，人に対して言語行動が自発されたとしても，その結果何の環境変化も生じないならば行動は維持されない。つまり，言語行動を受けた聞き手が，何らかのアクションを起こすことが必要なのである。そこで，言語行動の第2の要件は，

言語行動は聞き手を介した環境変化によって強化（弱化）される

ということである。これでかなり明確になったが，まだ1つ問題

が残っている。たとえ人に向けて言語行動が自発されたとしても，聞き手が話し手の言語行動を理解しないのであれば，アクションの起こりようがない。そこで次のような前提が必要になる。

言語行動は同じ言語共同体に属する成員間で成立する

以上をまとめると言語行動は，「同じ言語共同体に属する聞き手を介した環境変化によって獲得，維持される行動」と定義することができるだろう。この定義はスキナー（1957）がその著『言語行動』の中で用いた定義である（Skinner, B. F. 1957 *Verbal behavior.* New York : Appleton-Century-Crofts.）。この定義にしたがうと，餌によって出現しているチンパンジーの「ホー」という音声は言語行動ではないが，それがたとえば，他のチンパンジーがバナナを持ってくるというような環境変化によって生じているならば，言語行動だということになる。

以上のように言語行動は，使用される行動形態がある程度限定されている（つまり，音声や文字などの恣意的なシンボルが用いられる）点と，また強化や弱化の環境変化が他の個体（聞き手）を介してなされるという点が，大きな特徴である。しかし，言語行動もオペラント行動であるかぎり，その生起頻度が他の非言語的オペラント行動と同じように先行条件，行動，環境変化の3項随伴性にしたがって変化することに変わりはない。

(2) 言語行動の種類

言語行動は，先行条件および環境変化の特質によって働きの異なるいくつかの種類に分類することができる。この分類は「どのようなときに私たちはことばを発するのだろうか」という観点から考えるとわかりやすいので，とりあえず音声言語について具体例を考えてみよう。たとえば単純な例として，私たちはどのようなときに「みず（水）」と発声するだろうか。次に5つのケース

を示すが，これらの先行条件があったときそれに引き続いて「みず」と発声する確率は高いのではないだろうか。

① 砂漠で水が遮断状態のときに人を見つけたとき
② 自分が飲んだコップの水を［お酒ですか？］と問われたとき
③「さあ一緒に言いましょう，みず！」と言われたとき
④「水」や［mizu］の字を読むように求められたとき
⑤ 秋葉原の次の駅は「お茶の湯」でしたっけ？と問われたとき

さらに，この①から⑤のケースにおいて，どのような環境変化が生じると，発声した個体にとって強化的であるかを考えてみよう。読者はおそらく①と他のケースが異なっていることに気づくだろう。①以外では，「みず」という発声を聞いた他者は，「うなずき」，「なるほど」，「ありがとう」，「そうですね」，「違います」など注目，承認，肯定，否定を示す「般性強化子」を提示し，話し手はそれによって強化あるいは弱化される。一方，①では，話し手の「みず！」に対して聞き手が「なるほど」というだけでは，話し手は強化されない。聞き手を介して本物の水が提示されたとき，初めて強化されるはずである。

同様に先行条件も①とそれ以外では異なっている。①で話し手が「みず」という先行条件は，水の遮断化という「確立操作」である。一方，①以外では環境の中に刺激が存在する。②は「コップに入った水」，③は「みず！」という音声，④は「水」や「mizu」の文字，⑤は「お茶の……」という音声である。

以上の考察をもとに，言語行動をその先行条件とそれに随伴する環境変化（強化子・弱化子），さらに音声反応か文字反応かという基準で整理すると，言語行動は表16-1のような8種類の言語オペラント（識別できる個々の言語行動の単位）に分類するこ

16 言語行動

表 16-1 言語行動の種類

先行条件 (制御変数)			言語オペラント (言語行動の種類)	反応タイプ	強化子 弱化子
確立操作			マンド 要求言語行動 (mand)	音声・文字	特定
弁別刺激	環境の事物 ・出来事		タクト 報告言語行動 (tact)	音声・文字	般性
	言語刺激	音声	エコーイック 音声模倣行動 (echoic)	音声	
			ディクテーション・テイキング 書き取り (dictation taking)	文字	
		文字	テクスチュアル 読字行動 (textual)	音声	
			トランスクリプション 書き写し (transcription)	文字	
		音声・文字	イントラバーバル 言語間制御 (intraverbal)	音声・文字	
	言語刺激 ・制御変数		オートクリティック (autoclitic) 修飾言語行動	音声・文字	

とができる。

このうち，mand, tact, intraverbal, autoclitic はスキナー (1957) によって考案された用語である。

表から明らかなように，どのような種類の言語行動が自発されるかは先行条件によって一義的に決まってくる。したがって，これらの先行条件は言語行動の「制御変数 (controlling variable)」といわれる。大きく分けると制御変数は確立操作か弁別刺激かで，確立操作を制御変数とする言語行動はマンドのみで，あとは弁別刺激である。弁別刺激が制御変数になる場合は，3 種類に分かれ，「環境の事物・出来事」が弁別刺激になる場合，「言語刺激」その

ものが弁別刺激になる場合,「言語刺激とその制御変数」が弁別刺激となる場合である。最下段のオートクリティックは後述するように2次的な言語行動なので除外すると,音声による言語行動の基本形は,① マンド,② タクト,③ エコーイック,④ テクステュアル,⑤ イントラバーバルで,254ページの上部にあげた例はそのままこの順番になっている。これらの言語オペラントのうち,人間のコミュニケーションにおいて最も重要なのは,マンドとタクトである。

また,環境変化として提示される強化子,弱化子についてもマンドは特定刺激の遮断化や特定の嫌悪刺激の提示という確立操作が制御変数になっているので特定化されるが,他の言語行動は般性強化子である。以下に,各言語オペラントを例とともに簡単に説明しておこう。書き取りと書き写しについては説明するまでもないので省略する。

マンド:遮断化,嫌悪刺激の存在,などの確立操作によって自発される。他者に対して特定の行動を要求する言語行動である。
　　　　子どもが「おやつちょうだい」と言う
　　　　隣の人に「静かにしてください」と言う
　　　　「暖房をつけてください」と言う
タクト:環境内の事物・出来事を弁別刺激として自発される。他者に対して経験したことを報告する言語行動である。
　　　　子どもが「いぬ」を見て「いぬ」と言う
　　　　時計を見て「今,12時10分前です」と言う
　　　　女性を見て「彼女,泣いていますね」と言う
エコーイック:他者の音声を刺激として,それと同じ音声を反復する,オウム返しの言語行動。

16 言語行動

　　　　　　　　「飛行機だ！」　「飛行機だ」
　　　　　　　　「すごいね」　　　「すごいね」
　　　　　　　　「帰ろう」　　　　「帰ろう」
テクステュアル：文字を刺激としてそれに対応する音声を
　　　　　　　　出す。

　　　　　　　　文字「金色夜叉」発声"こんじきやしゃ"
イントラバーバル：直前の言語を刺激として，その後に来
　　　　　　　　るべき言語を自発する。

　　　　　　　　「1たす1は……」　　　「2」
　　　　　　　　「フランスの首都は」　　「パリ」
　　　　　　　　「古池や蛙飛び込む……」「水の音」
オートクリティック：上記の1次性言語行動が自発される
　　　　　　　　状況を説明したり，聞き手に対する効果を高める
　　　　　　　　ために，1次性言語行動に付け加えられるもの。
　　　　　　　　一般に言葉遣い，語順，文法とよばれるものの多
　　　　　　　　くはオートクリティックである。たとえば，コッ
　　　　　　　　プに注がれた「水」をタクトするときに以下のよ
　　　　　　　　うな表現をとる場合である。

　　　　　　　　「水だそうです」
　　　　　　　　「水だと思います」
　　　　　　　　「残念ながら水です」

16-2　言語行動の獲得

　人間の言語行動がどのように獲得されるか。実はこれは難しい問題である。なぜなら，言語行動は前章までに述べたような厳密に統制された実験的条件のもとでその獲得過程を再現することができないからである。子どもは誕生以来，養育者を中心とした周囲の人からさまざまな刺激を受け，少しずつ言語使用に必要な反

応レパートリーを準備していくが，実際に研究者が観察できるのはその中の一部の場面に限られている。しかしながら，そうした制限された場面での研究の積み重ねによって，人間の子どもがどのように「ことば」を獲得していくかが次第に明らかになってきた。ここでは，私たちの言語行動の中で比較的自発頻度の高い「タクト」の獲得過程に焦点をあてて説明しよう。

(1) タクトの学習

たとえば，子どもがコップを見たときに「コップ」と言うのがタクトである。そこでタクトの学習がどのようになされるか，そのプロセスを考えてみよう。まずは理解が容易なように，ある程度発話ができて，すでに他のいくつかの事物のタクトが可能な子どもが，コップを見て「コップ」とタクトすることを学ぶ場合を考えよう。通常，次のような形で行われることが多いのではないだろうか。

図16-1に沿って説明すると，まず，先行刺激として子どもがまだタクトできないもの（コップ）が提示される。子どもが何も反応しないならば，「これは何？」と聞いてみる。もし子どもが「おさら」という単語を言えるのであれば，その般化から「おさら」と言うかもしれない。そのとき養育者は「違うよ」と言ってそれを弱化する。次に養育者は「これはコップ」と発話する。これらの「これは何？」や「これはコップ」のような刺激は**プロンプト刺激**とよばれ，弁別刺激が提示されても行動が自発されない

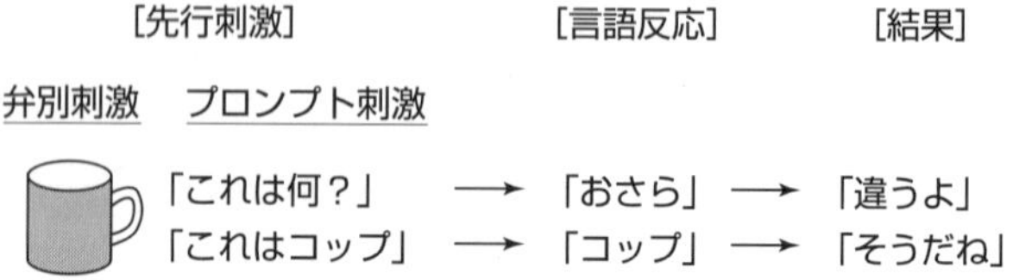

[先行刺激]	[言語反応]	[結果]

弁別刺激　プロンプト刺激

　🥛　「これは何？」　→　「おさら」　→　「違うよ」
　　　「これはコップ」　→　「コップ」　→　「そうだね」

図16-1　タクトの獲得過程

16 言語行動

ようなときに，反応を促進させるために用いられる補助刺激である。ここで，「コップ」という音を聞いてもし子どもが「コップ」と言ったならば，「そうだね」と言って強化する。このとき，養育者は「アップ」でも「ウップ」でも「コップ」に近い発音のものは強化する。これは逐次接近法による分化強化によって徐々に正確な発音に近づけていくシェイピングの方法である。このような試行を何回か繰り返すと，子どもはコップを見るとすぐ「コップ」と自発するようになり，次にコップがなければ，「コップちょうだい」などのマンドも自発されるようになる。さらに，形や色の違う他のコップに対しても「コップ」と言うようになり，コップの刺激クラスが形成される。

以上のプロセスは一見，単純で簡単そうにみえる。しかし，このようなタクトの訓練がうまく進行するためには，実はそれ以前にそれらを支えるいくつかの異なるクラスのオペラント行動が獲得されている必要がある。それらは次のようなものである。

① 養育者が「これはコップ」と言ったときに，子どもがしっかりとコップを見ていること。
② 養育者がコップを指して「これは何？」とプロンプトしたとき，養育者が指した先を見ること。
③ 「これは何？」のプロンプトに対して，名前を言うという反応を学んでいること。
④ 養育者の「コップ」という音を聞いて，同じように「コップ」と発音できること。
⑤ 養育者の「そうだね」や「違うよ」が般性強化子，般性弱化子として機能するようになっていること。
⑥ 「コップ」と言うマンドが自発されるためには，コップが何であるかその機能を学んでいること。

これらタクト獲得の前提となる行動の学習も，自然になされる

ように思われるけれども，実際は養育者や周囲の人々との密接な相互交流の中で1つ1つ獲得されていくものである。事実，発達的な障害を持つ子どもの言語訓練や類人狼の言語の学習において，これらの行動の一部がうまくできないために，タクトをはじめ言語行動の学習が著しく困難になることが示されている。

それでは次に子どもの発達初期の言語獲得過程をスキナーの著作 (1957, 1986) やホーンとロー (1996) の論文を参考に整理してみよう (Skinner, B. F. 1957 *Verbal behavior.* New York: Appleton-Century-Crofts.) (Skinner, B. F. 1986 The evolution of verbal behavior. *Journal of the Experimental Analysis of Behavior*, 45, 115-122. 言語行動の進化　岩本隆茂・佐藤香・長野幸治監訳　1996『人間と社会の省察』勁草書房) (Horne, P. J., & Lowe, C. F. 1996　On the origins of naming and other symbolic behavior. *Journal of the Experimental Analysis of Behavior*, 65, 185-241.)。

(2) タクト獲得の前提条件

タクト獲得の前提条件は，1) 聞き手行動の学習と，2) エコーイック行動の学習の2つに大きくまとめることができる。この2つは発達の初期から時間的に並行して進行する。

a. 聞き手行動の学習

聞き手行動とは，音声刺激が提示されたときに，その音声刺激に対して適切な反応が出現することである。多くの場合，音声と対応づけられた事物の方を向く，見る，指差す，手にとる，そしてより高度になると，たとえば「コップ」と聞いたときに，コップを手にとって飲むふりをするなどの習慣的行動の出現である。以上のオペラント行動に加えて，以前にコップでジュースを飲んだことがあれば，「コップ」と聞いたときに瞳が大きく拡大し「喜び」の情動反応を示すなど，聞き手行動としてのレスポンデ

ント行動も生じる。聞き手行動は後に述べるように,「模倣」をはじめ「ルール支配行動」や「言行一致」の基礎過程にもなっている。

このような聞き手行動は,通常,次のような養育者と子どもとの相互作用によって獲得される。

① 人間の音声の弁別

人の発生音が子どもの聞き手行動の効果的な刺激となるためには,たとえば養育者の発生音が子どもによって弁別されなければならない。そのために,養育者は,1つのことばを,ゆっくりと,高い声で大げさに,そして繰り返し発声する。やがて子どもは養育者の声に特別に反応するようになる。

② 共同注視スキルの確立

共同注視(joint attention)とは,養育者が見ている(あるいは指差している)「もの」を子どもが一緒に見ることである。共同注視を促進させるために,養育者は時にそのものを持ったり,振ったりして目立つようにする。さらに養育者は,子供の目と「もの」を交互に見る「参照視(referential looking)」を行う。約9ヶ月齢ほどになると,共同注視ができるようになり,やがて見分けにくいものや,あるいは遠いものでも可能になる。

③「もの」とその名前との対提示

養育者は子どもが「もの」を見ているときに,その「もの」の名前の発音,たとえば「コップ」をはっきりと,繰り返し提示する。これはレスポンデント条件づけの手続きである。このとき養育者は,「これはコップ」とか,あるいは「これは何?」「コップでしょ」といった代名詞や疑問代名詞と「コップ」との対提示をしばしば行う。この対提示によって子どもは,「これは?」や「何?」の刺激に対しては次に

「ものの名前がくること」を学ぶ。

④ 習慣的行動の成立

このようなプロセスと並行して養育者は，子どもが「もの」を指したり，それを掴んだりする行動を模倣（動作模倣）することを強化し，さらに自発的な模倣行動の出現を強化する。この強化の過程で，養育者は子どもに顔を近づけ，あるときは抱きしめながら大きな張りのある声で「そうだね」と言う。こうした身体接触と「そうだね」の音声の対提示の反復によって，「そうだね」という言語刺激は徐々に般性強化子としての機能を獲得していく。この動作模倣ができるようになると，今度は子どもが養育者や「もの」を交互に見ながら，「もの」を指し示したり，掴んだり，手渡しするようになる。さらには養育者が「コップ」と言って，コップを取り上げそれから飲み物を飲むようなしぐさをすると，こどもがそれを模倣するといった形で習慣的行動が拡大する。

このような練習を積み重ねると，およそ12ヶ月齢から18ヶ月齢までの間には，たとえば養育者が「コップを取ってきて」というとコップを取りに行くなど，より高度な聞き手行動が遂行できるようになる。

b. エコーイック行動の学習

聞き手行動の学習と同時に，エコーイック，すなわち音声模倣行動の学習が進行する。**エコーイック**はすでに述べたように，他者の発生音を弁別刺激としてそれと同じ音声を自発することである。エコーイックが生起するには，それ以前の練習によって，音声を発するための骨格筋の活動がある程度なめらかめに行われるようになっていることが前提になる。エコーイックの学習はおおむね次のようになされる。

① 発声のための準備段階

バブリング（哺語）によって発声の練習が行われる。バブリングは2ヶ月齢頃から始まり6,7ヶ月齢の頃が最も盛んであるが，これも自然に発生するわけではなく，同じ言語共同体に属する養育者や他者の声を聞くことによって促進されることが知られている。

② 音声模倣の発現

9ヶ月から13ヶ月齢頃には，他者の音声刺激に対する部分的あるいは類似の発声が出現するようになり，それに対して養育者は逐次接近法による分化強化を行う。このとき養育者もまた子どもの音声の模倣をし，模倣行動が促進されるようにする。摸倣行動は聞き手行動における動作摸倣によっても相互に促進され，摸倣すること自体が1つのオペラント（般化摸倣 generalized imitation, 19章参照）として機能するようになる。

③ エコーイック行動の潜在化

他者の音声を刺激として自発され，養育者など他者によって強化されたエコーイック行動は，やがて潜在化し外的な反応としては現れないことがある。このときのエコーイック行動の聞き手は自分自身となる。

このように子どもが，養育者の指差しや，「これは何？」に対して，それを指差し，それで飲む真似をするなどの聞き手行動がある程度できるようになり，さらに，エコーイックもひと通りできるようになった後に，ようやく図16-1に示したようなコップを弁別刺激として「コップ」とタクトする，という言語行動が自発できるようになる。

タクトは当初は「もの」の名前から始まることが多いが，やがて「痛い」や「おいしい」などの自分自身の経験や「来る」「泣いている」などの外部環境の状態についても自発できるようにな

る。たとえば,「痛い」というタクトは,子どもが転んだり机にぶつかったときに,養育者が痛めた部分を見たり,触ったりしながら,「痛いね」「痛いね」と対提示を繰り返すことがもとになっている。

16-3　ことばの「意味」と「理解」

　子どもがコップを見たとき,「コップ」と発声することができたとしても,実際にその子どもが「コップ」の「意味」を「理解」し,その用途（はたらき）を「理解」していなければ文字どおり意味がない。それでは「言葉の意味を理解する」とはどういうことだろうか。スクリュードライバーという言葉を「理解」していない子どもにその「意味」を教えることを考えてみよう。

［子ども］	→	［大人］
スクリュードライバーって？		ねじ回しのことだよ
ねじ回しって？		これ（実物を示す）だよ
これどうするの？		こうやってねじを回すんだよ
するとどうなるの？		ほら,名札がしっかりついたでしょ
ほんとだ！		

　このように［実際の事物・出来事］と「ことば（音声言語・文字言語）」とその「はたらき」の関係が形成されているとき,私たちは「ことばの意味」を理解しているといい,「ものの意味」がわかっているという。

　「もの」と「ことば」と「はたらき」,その中でもとりわけ「もの」と［ことば］の関係がどのように形成されるのかという問題は,実は,哲学者や言語学者そして多くの心理学者が取り組んできた難問の1つであった。行動分析学においては今のところ2つの有力な説明原理が提出されている。1つは「刺激等価性」,もう1つは「名称関係」とよばれるものである。

(1) 刺激等価性

　これは 1980 年代にシドマンによって提出された考え方である (Sidman, M. 1994. Equivalence relations and behavior : A research story. Boston, M. A : Authors Cooperative.)。今ここに，実物の球形の物体，片仮名で書かれた「ルーボ」という文字，音声の"るーぽ"の 3 つの刺激があるとする。この 3 つは子どもが今までに見たことも聞いたこともない刺激とする。

物体	文字	音声
○	「ルーボ」	"るーぽ"

　ここで養育者は，これらの各刺激間の関係づけを訓練する方法として，見本合わせ手続きを用いるとしよう。**見本合わせ手続き** (matching-to-sample) とは，条件性弁別手続きの一種で，まず 1 つの見本刺激を提示し次に複数の比較刺激を提示して，特定の見本刺激のときに決められた比較刺激を選んだら強化する，というものである。見本刺激と比較刺激は同時に提示される（同時見本合わせ）こともあれば，見本刺激が消失してから比較刺激が提示される場合（遅延見本合わせ）もある。また，比較刺激の中に見本刺激と物理的に同じ刺激が含まれている場合（同一見本合わせ）と，異なる刺激の場合がある。見本刺激と選択すべき比較刺激が異なる場合の見本合わせは**恣意的見本合わせ** (arbitrary matching-to-sample)，あるいは**象徴的見本合わせ** (symbolic matching-to-sample) とよばれ，以下に説明するように言語行動の学習に重要な役割を果たしている。見本合わせについては，中島 (1995) に詳しい解説がある（中島定彦　1995　見本合わせ手続きとその変法　行動分析学研究, 8, 160-176.）。

　さて，実際に，球形の物体，文字「ルーボ」，音声"るーぽ"による恣意的見本合わせについて説明しよう。見本合わせ手続きでは，どの刺激も任意に見本刺激にすることができるが，ここでは

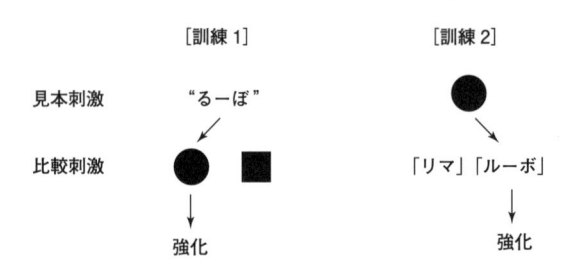

266   第Ⅲ部 オペラント行動

[訓練1]　　　　　[訓練2]

見本刺激　　"るーぼ"　　　　●

比較刺激　　● ■　　　「リマ」「ルーボ」

　　　　↓　　　　　　　　↓
　　　　強化　　　　　　　強化

図 16-2　恣意的見本合わせの手続き

音声"るーぼ"を見本刺激とする訓練1と球形の物体を見本刺激とする訓練2の2つの訓練を行うことにする（図16-2参照）。

まず訓練1では，養育者が"るーぼ"と言ったあと，比較刺激として球形と立方体を提示する。子どもが指差しや手にとるなどして球形を選んだならば，「そうだね」と般性強化子で強化し，立方体を選んだならば消去，あるいはタイムアウトとする。誤った場合は正しい反応が出るまで試行を繰り返す方法もある。このような訓練を繰り返すと，"るーぼ"に対して正刺激が左右どちらにあっても球形を誤りなく選択するようになる。次に訓練2では，球形を見本刺激とし，文字「リマ」と「ルーボ」を選択刺激とする見本合わせ訓練を行い，球形に対して「ルーボ」を選択するようにする。

以上の訓練によって子どもは，図16-3のパラダイム1に示したように，音声"るーぼ"に対して球形，球形に対して文字「ルーボ」を選択するという，直線部分で示した関係を学んだことになる。したがって，音声"るーぼ"を見本刺激として「ルーボ」を選択したり，「ルーボ」を見本刺激として音声"るーぼ"を選択するという学習はしていない。ところが，実際にテストとして音声"るーぼ"を提示してみると「ルーボ」を選択（**推移性** transitivity）し，「ルーボ」を提示すると音声"るーぼ"を選択（**等価性** equivalence）するようになる。ここで推移性，等価性とい

16 言語行動

[パラダイム1]　　　　　　　　　[パラダイム2]

図 16-3　見本合わせ手続きのバリエーション

うのはシドマンがこれらの関係を数学の概念を用いて表現したものである。

見本合わせ訓練は，さらに2つの新たな関係を出現させる。1つは，たとえば，球形を見本刺激として「ルーボ」を選択する訓練を行うと，「ルーボ」の提示に対して，「球形」を選択するという逆の関係も訓練なしに可能になることである。これは**対称性**（symmetry）とよばれている。さらに**反射性**（reflexivity）は，たとえば球形の見本刺激に対して球形を選ぶなど同じものを選ぶこと（同一見本合わせ）が可能になることである（Sidman, M., & Tailby, W. 1982 Conditional discrimination vs. matching-to-sample : An expansion of the testing paradigm. *Journal of the Experimental Analysis of Behavior,* 37, 5-22.)。

このように，いくつかの刺激間で見本合わせ訓練をすると，訓練していない刺激間にも新たな関係が生じることを**刺激等価性**（stimulus equivalence）という。刺激等価性によってグループ化された刺激クラスは等価クラスとよばれ，また等価クラス内の各刺激は等価関係にあるという。

パラダイム1では，[訓練1]の選択刺激を[訓練2]の見本刺激にするというものであったが，[訓練1]と[訓練2]で同じ刺激を見本刺激にしたり（パラダイム2)，また，異なる見本刺激のもとで同じ刺激ペアを選択刺激にして訓練する方法もあるが，

その場合も同様に訓練されていない刺激間に等価な関係が発生することが知られている。

これまでの刺激等価性に関する研究によれば，刺激等価性はヒトに特有にみられる現象で，動物では類人猿であっても特殊な手続きを施した場合を除いて認められていない。とくに対称性が困難であるといわれている。このような事実からシドマンは，刺激等価性は人間のみが生得的に備えているものであり，この刺激等価性が事物や出来事とことばやその他のシンボル（たとえば数字）を結びつけ，ことばが「意味」をもつことを可能にする基本的なメカニズムだと主張している。

日常生活で，私たちは音声の"いぬ"と，文字の「いぬ」「イヌ」「犬」，あるいはたくさんの種類の実物の犬を同じ刺激クラスとして取り扱う。そこでもし，英語の音声"dog"が日本語音声の"いぬ"に対応することを学べば，"dog"と文字「犬」や実物との対応を新たに学ばなくても，"dog"は犬のすべての属性と関連していることを理解するのである。

(2) 名称関係

シドマンの刺激等価性のパラダイムが事物と言語的シンボルとの関係に力点をおいているのに対し，**名称関係**（name relation）のパラダイムは事物や言語を個体の反応との関係の中でとらえ，それによってことばの「理解」や「はたらき」を説明しようとするものである。このパラダイムは言語行動における**ネイミング**（命名，naming）の役割を重視している。ネイミングはタクトよりも広い概念で，聞き手行動，エコーイック，タクトなどの全過程を含む包括的な行動体系である。

日常生活で私たちが使用している自然言語においては，「もの」の名前は，単にその「もの」と対応づけられたシンボルとしてあるだけではなく，むしろ「もの」の名前が刺激となって生じる

16 言語行動

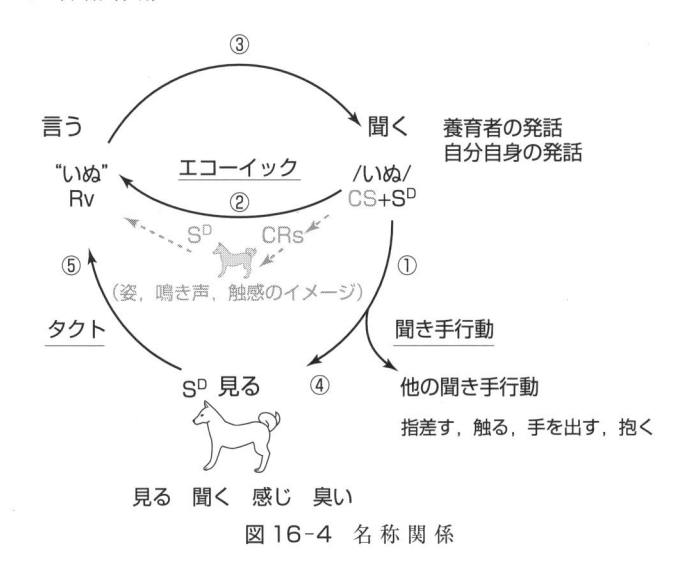

図16-4 名称関係

諸々の反応群の1構成要素と見ることができる。たとえば，誰かが「バター」と発声したとすると，聞き手のみならず話し手自身においても，それを見たり手に取るといった習慣的オペラント行動が生じたり，また，バターのイメージが浮かんだり匂いを感じるといったレスポンデント行動が生じる。これが名称関係といわれるもので，すでに述べた聞き手行動の学習やエコーイックの学習をとおして，このような関係が成立する。名称関係とはどのようなものか，ホーンとロー（1996）にもとづき説明しよう。

図16-4が名称関係の概要を示したもので，聞き手行動，エコーイック，タクトの3者が主要な構成要素である。この中で聞き手行動とエコーイックの学習はタクトおよび命名の前提条件である。順を追ってみていこう。

① まず，子どもは養育者の／いぬ／という声を聞くと同時

に，犬を見，指差し，あるいは触るという習慣的な聞き手行動を摸倣によって獲得する。

② 同時に養育者の／いぬ／という声を摸倣し，"いぬ"とエコーイックすることを学ぶ。

③ 次に子どもはエコーイックした自分の発話をさらに聞くという，自分自身の発話（声に出ない潜在的なものも含む）に対する聞き手になる。

④ 養育者の／いぬ／という声や自分自身の発話を聞くことは，さらに犬を見るといった聞き手行動を生みだす。

このようなサイクルによって犬の視覚刺激，聴覚刺激，その他犬が発する刺激は先行刺激，すなわち弁別刺激として機能するようになる。そして，

⑤ 次に子どもが単独で犬だけを見たときに，その犬を弁別刺激として"いぬ"とタクト（Rv：言語反応）するようになる。

このようにタクトができるようになったとき，名称関係は完結する。

この名称関係が形成される過程で，もう1つの出来事が進行する。それは養育者や自分の発話と「犬」の視覚や聴覚，触覚の対提示によって，／いぬ／という音声が条件刺激（CS）としての機能を獲得し，「犬」の姿，鳴き声，触感，臭いのイメージなどレスポンデント反応としての条件性感覚を誘発するようになることである（図中央部）。そうすると，実際に外部に犬の姿がなくても，今度はその条件性感覚を弁別刺激（S^D）として"いぬ"とタクトすることもできるようになる。

さらに，養育者が大きさや色，形態の異なる他の犬に対しても，同様に／いぬ／と発話し，それらに対して子どもが今までの犬と同

様の聞き手行動やタクトを自発し強化されるようになると，これによって犬という名称の刺激クラスが成立する。名称関係における刺激クラスは，このように「もの」と「言語的シンボル」だけによって成り立つのではなく，その「もの」や「言語」に関係した生体の行動が含まれるというところに大きな特徴がある。したがって，名称関係や刺激クラスは，固定的なものではなく，環境や随伴性の変化にともなって変化するものなのである。

ホーンとロー (1996) は，言語行動の分析に名称関係のパラダイムを用いることの利点を次のように述べている。第1に，複数の刺激に対して同一の命名を行うことによって，見本合わせのような手続きを用いなくても機能的な刺激クラスを形成することができる。第2にたとえば，ある動物に「犬」という命名を行うと，名称関係全体がその新たな動物に適用されるようになる。したがって，子どもはその動物に対して，他の犬に対するのと同じような聞き手行動を示すことができる。第3に，名称関係に聞き手行動や条件性感覚のプロセスが含まれていることによって，「理解」「意味」「イメージ」「表象」といった事柄を行動事象としてとらえることが可能になる。

16-4 日常言語行動の特徴

16-2，16-3節では人間の発達初期における言語行動の獲得プロセス，および言語の意味や理解など言語行動の基本的問題について述べてきたが，ここで目を転じて，私たちの日常生活における言語行動について考えてみよう。

日常言語行動の特徴は，なんといってもそのレパートリーの多様性と制御変数の複雑性であろう。人の家に招かれたとき，私たちはどんなに空腹でも，「何か食べ物をください」と直接マンドはしないし，女性に「私太っている？」と聞かれても正直に

「太っている！」とタクトはせず,「健康的にみえる」などとオートクリティックを用いる。

このような日常言語行動の多様性は, 不完全な刺激性制御, 強化仲介者としての聞き手の相対性など, 日常生活における行動随伴性の複雑性と大きく関係している。このような複雑性をもたらす要因は次のようなものである。

① 話し手の確立操作のレベルが発話状況によって異なる。それにより, 話し手の発話を強化する般性強化子の効力が変ってくる。
  例：話し手が睡眠不足のときは, 聞き手の短い応答が強化的になる
② 聞き手の確立操作のレベルも状況によって異なる。
  例：聞き手が空腹で機嫌の悪そうなときに,「この文書, 入力してくれる？」とマンドしても, いい結果は得られない。
③ 刺激・反応の多元性
  第1節の表16-1の説明において, 各クラスの言語オペラントはその先行条件によって一義的に決まってくると述べたが, 日常言語行動のとくにマンドやタクトにおいては, それらの制御変数が錯綜している場合がある。これには2つのケースがあり, 1つは複数の制御変数が1つの言語反応をもたらす場合, もう1つは1つの制御変数が複数の言語反応をもたらす場合である。
  例1：花見の席での「花より団子！」は, マンド, タクト, イントラバーバルなどの複合として発話されることがある。
  例2：「団子」を刺激として,「おいしそう」「黒ねこのタンゴ」「ヤキトリが食べたい」などの発話がな

される。

④聞き手による刺激性制御を受ける

　同じ言語反応を自発する場合でも，聞き手によってその反応が異なる場合がある。聞き手が誰であるかによって，話す単語を変え，内容を変え，話し方を変えることは日常よく経験するところであろう。このように聞き手が強化の仲介者としてだけでなく話し手の言語行動を制御する弁別刺激として機能するとき，その聞き手を「聴衆 audience」ともいう。

　　例1：子どもに対しては，「ワンワンかわいいね」というが，大人に対しては「犬，かわいいですね」となる。さらに，肯定的な反応を示す聴衆と否定的な反応を示す聴衆のときではことばづかいが変ってくる。

　　例2：「大丈夫，うまくいっている」のように自分自身を聴衆として語りかけることもある。

以上の要因の中で，特に弁別刺激としての聞き手（聴衆）の役割は大きい。人間は成長する過程でさまざまな言語経験を重ねるうちに，特定の聞き手がどのようなときに強化的な結果をもたらし，逆にどういうときに否定的な結果をもたらすかについて学習し，たとえば聞き手の感情状態のような微少な兆候をも弁別刺激として，そのもとで分化的な反応を起こすようになる。そのような分化的な反応は，オートクリティックによるさまざまな言語表現の変形をともなって自発される。以下に簡単にその例をあげておこう。

① タクトを偽装したマンド
・「この問題，少し難しいです」（教えてください，やさしくしてください）
・「これ，ケーキですね」（食べたいな）

② 聞き手への効果をより有効にするための変形
- 釣った魚を「こんなに大きかったですよ」と誇張して言う
- そうでもないが「評判いいですよ」と増幅させて言う
- 痛くても「怪我はたいしたことありません」と矯小化して言う
- 2時55分50秒を「3時になるところです」と簡略化して言う

③ 過去の強化的結果に基づく変形
- 「お金を無くした」と言ったらくれたので，無くしてないのにまた「無くした」と言う
- 「できません」と言ったら叱られたので，できそうもないが「できます」と言う

16-5　言語刺激による行動の制御

　人間のコミュニケーションにおいて重要な言語行動はマンドとタクトである。そのことを如実に物語るのが幼児における言語の獲得初期や，あるいはさまざまな身体的機能の低下を示す高齢者や障害を持った人たちのことばである。これらの人たちは，自分が今どのような身体状態，気分状態にあるのかをタクトすることによって，あるいは何をしてほしいのか，してほしくないのかをマンドすることによって，養育者や介護者との適切で良好なコミュニケーションが可能になってくる。

　マンドもタクトもともに話し手と聞き手の両者によって成り立っているという点では同じであるが，行動随伴性という点からみると対照的なところがある。具体的にいうと，言語のやりとりの中で恩恵をこうむるのは，マンドでは話し手であるが，タクトでは聞き手だということである。以下の例でそれを確認してみよう。

16 言語行動

　まず，マンドでは話し手の確立操作が先行刺激となって，特定の要求言語が自発される（たとえば，「窓を閉めてください」）。それを聞いた聞き手は話し手の要求に応じた環境変化を起こす（窓を閉める）。その変化によって話し手は強化され，聞き手に感謝の行動を示す（ありがとう）。その話し手の感謝の行動は，聞き手が自発した要求に応じる行動を強化，維持させる。

　　［話し手］　　　　　　　　　　　　［聞き手］
　　確立操作：寒い
　　「窓を閉めていただけますか」──→窓を閉める
　　結果：寒さの消失
　　「ありがとう」　　　　　　　　　←──→要求に応じる行動の増加

　このようにマンドの場合は，話し手は聞き手の行動による嫌悪状況の消失（負の強化）によって直接的に強化される。しかし，聞き手にとっては窓を閉めることによって直接的に生じる好ましい変化はない。聞き手の要求に応じる行動を支えているのは，多くの場合，社会的な文脈（人間関係）における随伴性である。
　次にタクトは，事物や出来事を弁別刺激として自発される。たとえば，

　　弁別刺激：バスの話

　　　そういえば，アイル　　　　　　そうなんだ
　　　ランドのバスはお釣
　　　りをくれないよ

　　　　　　［話　し　手］　　［聞き手：今度アイルランドに行く］

この例からわかるように，タクトには話し手にとって劇的な強化的結果は伴わない。話し手の発話は聞き手の同意や承認のような肯定的な反応によって強化され，不同意や反論のような否定的な反応によって弱化する。つまり，タクトではマンドとは反対に，話し手の言語行動が社会的な随伴性によって維持されているのである。一方，聞き手はその後アイルランドに行ったときに，小銭を用意して問題なくバスに乗ることができるなど，話し手のタクトによって実際的な恩恵を受けることができる。すべてのタクトが実際的な効果を持つわけではないが，少なくとも聞き手の経験していないものや事柄についての情報を得ることで，その後の聞き手の行動がより現実に適合した効率的なものになるのは確かである。

以上の例から分かるように，話し手のタクトは情報として重要な機能を持ち，聞き手のその後の行動に多くの影響を及ぼす。そこで次に，言語による行動制御の問題について少し考えてみよう。

(1) 随伴性形成行動とルール支配行動

言語と行動の関係，あるいは言語による行動の制御を考えるとき，随伴性形成行動とルール支配行動の区別を知ることは重要である。

随伴性形成行動 (contingency-shaped behavior) は
  通常の行動随伴性によって獲得，維持されている行動。これは直接経験による行動であり，したがって人間にも動物にも共通する。

ルール支配行動 (rule-governed behavior) は
  特定のタクト（ルール）を弁別刺激として始発され，維持される行動。しかし，同時に実際の随伴性のバックアップを受けることが多い。人間だけにみられる行動で，

ルールは非言語行動にも言語行動にも同じように弁別刺激として働く。

前に述べたように、タクトは聞き手の行動に影響を及ぼすが、タクトがすべてルールなのではなく、タクトのうち特定の要件を備えたものがルールとよばれる。すなわち、**ルールは行動に先行する言語刺激で、行動随伴性について記述したタクトである**。

たとえば、前に例示した、「アイルランドのバスはお釣りをくれないよ」は、事前に小銭を用意しておかないと、お釣りがもらえない（実際は後でバスセンターまで行けば返してもらえるが）という負の弱化（反応コスト）の随伴性を記述したルールである。この他、「この方法がいい」「これは食べても大丈夫」「そっちへ行くのは危険だ」のようなタクトがルールである。

ルールは必ずしも非言語行動についての行動随伴性だけでなく、言語行動についての行動随伴性についても記述することができる。たとえば、「イギリスに行って、相手のことばがわからなかったら"sorry？"と言うと繰り返してくれる」というルールは、言語行動に関係したものである。

1人の人間が、直接経験によって獲得できる行動レパートリーは限られている。しかし、こういったルールを聞くことによって私たちは、随伴性形成行動だけでは得られないような多くの知識と行動レパートリーを身につけることができる。人間の文化や社会生活はルールの生成とルール支配行動によって飛躍的に進化してきたといっても過言ではない。

ただし、ある個人の行動がルール支配行動か随伴性形成行動かは、遂行されている行動だけからでは区別できない。アイルランドでいつも小銭をもってバスに乗っている人が、人に聞いてそれを学んだのか、あるいは試行錯誤で獲得したのかはわからない。ある行動がルール支配行動であるかどうかは、その行動の形成プ

ロセスを明らかにすることによってはじめて明確になるのである。

次に，ルールが非言語行動を制御するようになり，その後その行動が維持，そして消去するプロセスを示した1つの典型的な実験を紹介しよう。

(2) ルール支配行動の獲得と消去

ガリツィオ (1979) は大学生を被験者として，人はどのような場合にルールにしたがい，どのような場合にそれにしたがわず，さらにルールにしたがった経験はその後の行動にどのような影響を及ぼすかについて調べた (Galizio, M. 1979 Contingency-shaped and rule-governed behavior: Instructional control of human loss avoidance. *Journal of the Experimental Analysis of Behavior*, 31, 53-70.)。

実験では13章3節で述べたフリーオペラント事態の非弁別回避手続きが用いられた。被験者は，50分のセッションに対して2ドル (200セント) が支払われることを知らされた上で，図16-5に示したようなパネルの前に座った。左端の緑のライトが点灯し実験が始まると，一定の時間間隔で短い音と同時に右端の赤のライトが点灯する。赤ライトの点灯は1回につき5セントの損失 (ロスあるいは反応コスト) を意味し，それも前もって知らされていた。さらに被験者は，中央にあるレバーを右に回転させると，赤ライトの点灯を一定時間遅らせることができること，その時間は10秒のときもあり，それ以上のときもあり，また赤ライトが点灯しないこともある，ことを教えられた。

実験は4つのコンポーネントからなる多元スケジュールで実施された。1セッション50分を12.5分ずつの4つのコンポーネントに分け，各コンポーネントでは反応が赤ライトの点灯を遅らせる時間が異なっていた。コンポーネントの変化は中央に位置する4つのライトの点灯 (黄色) 位置で表示された。

16 言語行動　　　279

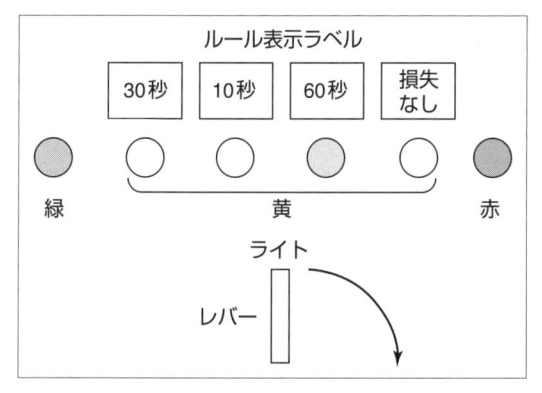

図 16-5　実験装置（Galizio, 1979 より作図）

a. 実験1：ルールのもとでの行動—随伴性形成行動との比較

このような実験セッティングのもとで，まず実験1では，ルールがない場合とある場合の行動の違いを調べた。まずルールのない条件（ラベルなし）では，赤ライトの点灯間隔を10秒に統一した上で，4つのコンポーネントに異なる遅延時間を設定した。一番左に黄色ライトが点灯したときは赤ライト点灯なし，2番目は10秒遅延，3番目は30秒遅延，4番目は60秒遅延である。このとき位置と遅延時間の関係は固定していたが，実施順序はセッションごとに異なっていた。したがって被験者は，たとえば左から2番目の黄色ライトがついているときは前の反応から10秒以内に反応しないと赤ライトが点灯してしまうが，4番目のときは60秒より少し短い時間間隔の反応でもよいことになる。

ルールのない条件で安定した反応が観察されるようになったら，同じ被験者に対して次にルールを付加した条件を実施した。コンポーネント刺激の位置を変えた上で，各コンポーネントの刺激ライトの上に正しいルールとして時間ラベルを表示した。時間ラベルは図16-5のように「30秒」「10秒」「60秒」「損失なし」と書

かれたカードで、被験者はこの時間を手がかりとして反応すれば、赤ライトの点灯を回避することができる。そして、最後に再びコンポーネントと遅延時間の関係を変えた上で、もう一度ルールのない条件に戻した。

図16-6が代表的な1人の被験者の結果である。左はルールのない条件のもとでの行動、すなわち随伴性形成行動の獲得過程である。遅延時間が10秒の時は、他の3条件とはやや異なり、1分あたりの反応が約9回と多く、約6.7秒間隔のペースで反応しているが、他の3条件では反応は分化されず、1分あたり約5回、およそ12秒間隔で反応している。同じ実験を行った他の3名の被験者のうち、1人は図の被験者とほぼ同じで、もう1人は4条件の区別が全くなされなかったが、あとの1人は5セッション頃までに各コンポーネントに最適な反応率を確立させた。このようにルールがない場合は、行動随伴性が特に顕著である場合（たとえば10秒条件）を除いて反応の分化は困難であり、可能な場合でもかなりのセッションの繰り返しが必要なのである。

図中央で、正しいルールが提示されると、4人の被験者の反応はすべて第1セッションからスケジュールに最適な分化、すなわち、「損失なし」の場合はほとんど反応せず、遅延時間が短くな

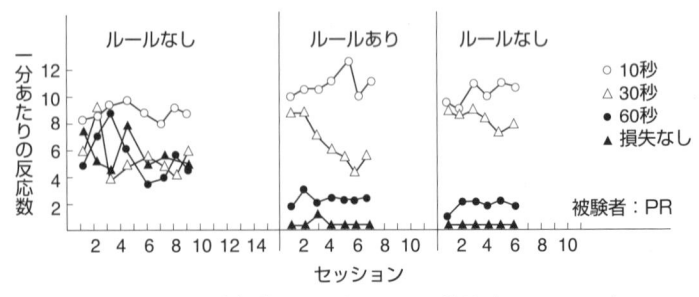

図16-6　回避行動に及ぼすルールの効果（Galizio, 1979）

るにしたがって反応数の増加，を示した。これはルールなし条件を実施せずに直接ルール条件を実施した他の2名の被験者でも同じ結果なので，前にルールなし条件を経験したことによる促進ではない。

最後に再びルールのない条件に戻ったとき，もちろんコンポーネントの位置は変更されているのであるが，4名のうち2人（図の被験者を含む）は，各コンポーネントのスケジュール（遅延時間）に対し反応を分化させるようになった。このことは，ルールによる最適な行動遂行の経験が，後の類似の事態における随伴性形成行動の獲得を容易にしたことを示している。あとの2名のうち，1人はすでに前のルールなし条件で分化しており，もう1人は10秒条件のみ分化させたが，他の条件は相変わらず分化しなかった。

b. 実験2：偽ルールのもとでの行動

実験2ではすべての場面でルールを提示したが，そのルールの大半は随伴性を正しく表示していないルール，つまり偽ルールであった。以下の2種類の偽ルールが用いられた。

①抵触ルール：そのルールにしたがって反応すると，実際の随伴性に抵触し，損失（赤ライトの点灯）が生じるルール。具体的には，ルールのラベルは，「10秒」「30秒」「60秒」「損失なし」のままで，反応による遅延時間をすべて10秒とした。このようにすると，「10秒」ラベル以外はすべて偽ルールとなり，ルールにしたがって反応しないでいると次々に赤ライトが点灯することになる。

②非抵触ルール：正しいルールではないが，そのルールにしたがっていても損失は生じないようなルール。すなわち，ルールのラベルは「10秒」「30秒」「60秒」「損失なし」と表示されているが，実際の随伴性はすべて赤ライトが提示さ

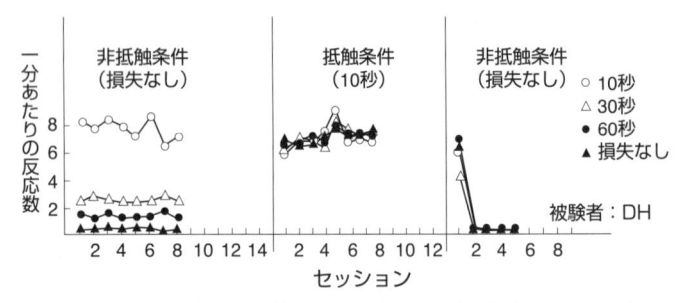

図16-7 実験2：偽ルールのもとでの行動（Galizio, 1979）

れない「損失なし」である。

4名の被験者の結果はすべて同じであった。図16-7の例からわかるように，最初の非抵触ルール条件ではルールが完全に行動を制御している。次の抵触ルール条件ではルールにしたがうことはなく，実際の随伴性が行動を制御するようになった。最後にもう一度非抵触ルール条件に戻ったとき，被験者はもはやルールにしたがうことはなく，実際の随伴性にしたがい反応率は低下した。

(3) 人はなぜルールにしたがうのか

この実験から私たちは，随伴性形成行動とルール支配行動の違いやその特徴を知り，さらに人は何故ルールにしたがうのかという問いについて有益な示唆を得ることができる。実験1でみたように，随伴性形成行動はその獲得が緩慢で，スケジュールの違いについての感受性も鈍い。一方，ルール支配行動はその獲得が急速であり，異なるスケジュールに対して当初から最適な反応を分化させることができる。初めて経験する環境で行動随伴性も明らかでないとき，そこに適切なルールがあれば，失敗して罰的な結果を受けることなくその環境にスムーズに適応することができる

のである。これが人がルールにしたがう最大の理由である。一度ルールを手がかりとすることの利便性を実体験したあとは，人は他の場面でもルールを利用するようになり，また，ルールが存在しない場合は，ルールをマンドするようになる。

しかし，ルールは常に正しいものであるとは限らない。あるいはそのときは正しくても時間が経過したり，行動随伴性の異なる他の環境に移行した場合には有効でなくなることがある。実験2の「抵触条件」の結果が示すように，ルールが実際の行動随伴性と対立してそれが有効に機能しない場合には，人はルールにしたがうことをやめて実際の随伴性にしたがうようになる。さらに，次の「非抵触条件」から明らかなように，一度実際の随伴性にさらされると，その後はルールよりも随伴性による制御が優勢になる。このことは，ルール支配行動がルールのみによって制御されているのではなく，行動の後に生じる実際の行動随伴性によって支えられていることを示すものである。

実験2の最初の「非抵触条件」はさらに別の事実を示している。それは，人はルールを提示されたならば，たとえそれが適切なものでなくても，実際の行動随伴性に大きく抵触することがないかぎり，漫然とルールにしたがいつづけるということである。同様の結果は他の実験でも証明されているが，これはルールのポジティブな面に対してネガティブな面といえるかもしれない。なぜならば，これは人の行動の保守的な面，すなわち，当面深刻な影響がないならば現状を維持する傾向と同根のものだからである。このような漫然と持続する行動（この現象は実は随伴性形成行動にもある）は，多くの場合実験2の抵触条件のような深刻な事態，つまりそのまま行動すると随伴性に抵触し，多大の不利益をこうむる事態に直面しないと変化しない。ただし，漫然と持続する行動からより現実の随伴性に適合した行動に変化させる方法はある。それは時には高頻度，時には無反応のように，時折，行動を大き

く変化させ，自ら随伴性にチャレンジすることである。

　一方，ルールにしたがう経験が効果的に働くこともある。実験1の第3フェイズにおいて2人の被験者は新しい刺激と随伴性の配置のもとで，ルールがなくても随伴性に適合した反応を分化させることができた。これは直前のルールにしたがう経験によって，この実験事態での適切な反応が獲得され，その反応がルールのない新しい実験事態に般化したのである。

　現代のような情報化社会は，ある意味で「ルール」が氾濫している社会である。マニュアルなどの形で多くのルールが提供され，「こうすればよい」「こうしてはいけない」と人を導く。確かにルールにしたがっていれば，効率よく適切な行動を獲得することができ，かつ，失敗も最小限に抑えることができる。しかし，実験例でもみたように，「ルール支配行動」は環境の変化に対して脆弱なところがある。それによって，環境が変っても相変わらず「古いルール」にしたがって行動するということがしばしば起こる。一方，「随伴性形成行動」は，獲得は遅く，失敗も経験するけれども，環境変化に対しては頑健であり，柔軟な適応力を発揮することができる。

　ルール支配行動と随伴性形成行動の問題は，現代に生きる「生体としての人間」のあり方や，これからの社会環境のあり方についてさまざまな問題を投げかけている。

　最後に「自己ルール」について触れておこう。今まで述べてきたルールは，原則的には他者が提示したルールであった。ところがルールには，この「他者ルール」の他に「自己ルール」あるいは「自己生成ルール」とよばれるものがある。「自己ルール」とは，自らが経験した行動随伴性を主に内言として言語化したもので，「こうすればいいんだ」「こうやるといけない」のようなことばで表されるものである。

　「自己ルール」も基本的に「他者ルール」と同じように弁別刺

激として行動を制御しうるが,諸研究は,とくに「自己ルール」とそれに基づく行動の一致率が高い——つまり,人は自己ルールにしたがいやすい——ことを指摘している (Catania, A. C, Matthews, B. A., & Shimoff, E. H. 1982 Instructed versus shaped human verbal behavior: Interactions with nonverbal responding. *Journal of the Experimental Analysis of Behavior*, 38, 233-248.)。

「人は自らの考えにしたがって行動する」,当たり前のことのようであるが,しかし,「自己ルール」にしたがうことにも,他者ルールにしたがうのと同じようなポジティブな面とネガティブな面があることに留意すべきであろう。

(4) 言 行 一 致

言語をもつ人間の大きな特徴は,言語行動と非言語行動か並行して生起していることである。今述べた「自己ルール」とそれにしたがう行動もその1つの例である。言語行動と非言語行動は,各々がとくに関連せず独自に生起することもあれば,たとえば「こうやって,のこぎりを持って,こう引く」のように1つの刺激事態で言語行動とそれに関連する非言語行動が同時並行的に出現することもある。また,「これから掃除をする」と言ってその後「掃除をしたり」,「掃除をした」後,「掃除をした」と報告するように,関連する言語行動と非言語行動か時間的に連鎖している場合もある。

これらのうちとくに,言語行動と非言語行動の連鎖における対応は,「**言行一致**(correspondence between saying and doing)」とよばれ,日常生活においてはとりわけ重要なものである。私たちは大筋において,ある人が「これをする」と言ったことは,そのあと遂行されるであろうと考える。一方,その逆の「言行不一致」は嘘や約束不履行など社会的行動の信頼性を損なうものとなる。

言行一致には2つのタイプがある。1つは文字どおり「言行 say-do 一致」で言語の後に行動が来るもの，もう1つは「行言 do-say 一致」で過去に行った行動について述べるものであるが，そのメカニズムは同じである。

　　　　　　　【自分の言語行動】　　　　【自分の非言語行動】
say-do 一致：「"ピーマンを食べます"」→「ピーマンを食べる」

　　　　　　　【自分の非言語行動】　　　【自分の言語行動】
do-say 一致：「ピーマンを食べた」　　→「"ピーマンを食べました"」

　言行一致は，言語行動と非言語行動が一致していた場合に強化されるという行動随伴性によって発達するものであるが，その前提としてすでに述べた「聞き手行動」の発達が重要である。すなわち，

　　　　　　【他者の言語行動】　　　【自分の行動】
　　　　　　「コップをちょうだい」→「コップを渡す」
　　　　　　「食べなさい」　　　　→「食べる」

のように，他者の言語刺激に対応する行動が強化される経験をもつ中で，やがて自分自身の言語行動に対応する非言語行動も出現可能になる。

　行動随伴性の面からは，言行一致は条件性弁別の一種とみることができる。たとえば，同一見本合わせにおいて，見本刺激として赤い刺激が提示されたときに，比較刺激の中から同じ赤い刺激を選択するようなケースとの類似性を考えればいいだろう。もし，これが実際にそうだとしたら，言行一致の現象を動物実験で再現できるはずである。ラッタルとデプキーは，ハトを被験体としてこれが可能であることを実証した（Lattal, K. A., & Doepke, K. J. 2001 Correspondence as conditional stimulus control: Insight from experiments with pigeons. *Journal of Applied Behavior Analysis, 34*, 127-144.）。

　実験では2つキーの実験箱が用いられ，それぞれに赤，緑，白の3色が点灯できるようになっていた。見本合わせの試行は以下のような手順で実施された。まず，見本刺激として2つのキーに同時に任意の異なる2色が点灯する。ハトがどちらか一方を5回つつく（FR5スケジュール：sayのコンポーネント）と両方のキーが1秒間暗転する。その後比較刺激として2つのキーの一方に見本刺激で選んだ色，もう一方はランダムに選ばれた他の色が点灯し，もしハトが見本刺激で選んだ色をつついたら（FR1スケジュール：doのコンポーネント）エサが3秒間提示され，違うキーを選んだら実験箱が3秒間暗転した。その後60秒間のITI（試行間間隔）ののちに次の試行がスタートし，1セッションで50試行実施した。

　図16-8は2羽のハトの結果である。Fで示されているのは実験の最後の段階（およそ80セッション経過後）であるが，2羽ともに80％を超える高い正反応率を示している。次のGの図は，Fの結果がsayとdoの一致を強化したことによって成立したものかどうかを確かめるため，比較刺激を提示した時にその正誤に関わらず最初の反応に対して強化をしてみた結果である。言行一致反応は急速にほぼチャンスレベルにまで減少した。Hで再びFと同じ条件に戻すと正反応率は上昇し，ハトの言行一致行動が強化によって維持されていることが確かめられた。

　この実験結果とヒトの言行一致行動とはいくつかの違いがあることに気付くかもしれない。まず，sayコンポーネントでことばが使われていない点，またdoコンポーネントでは特定の行動をするのではなく，選択しているにすぎないという点である。これらの問いに対する一つの回答は，言行一致の形式ではなく，働きに注目するということである。たとえば，「ピーマンを食べます」というsayは，「人参を食べます」などいくつかの選択肢の中か

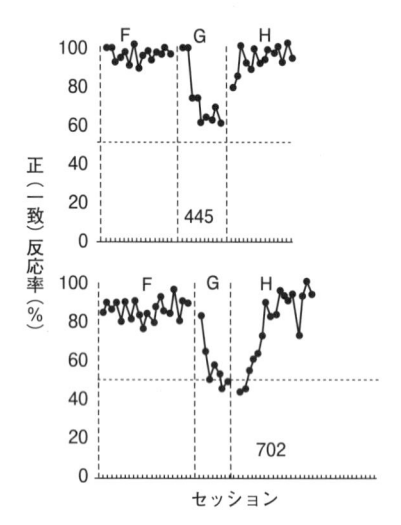

図 16-8　ハトによる言行一致訓練
（Lattal & Doepke, 2001）

ら一つを選んだと考える．また，「ピーマンを食べる」という do は，人参，トマトなどいくつかの選択肢の中からピーマンを選んだと考える，ということである．

　言行一致はまた，時間的に相前後する 2 つの行動の対応という点では，19 章で述べる「模倣行動」の獲得過程とも深く関連している．ただし，模倣行動の場合は，他者の行動を弁別刺激としてそれと同じ行動を自発した場合に強化されるのに対し，言行一致は，自分の前の行動を弁別刺激としてそれに対応する行動を自発した場合に強化されるという点が異なる．

〈模倣行動〉【他者の行動】　　　　【自分の行動】
　　　　　「手を上げる」　　→　「手を上げる」
　　　　　「"コップ"」　　　→　「"コップ"」

〈言行一致〉【自分の行動】　　　　【自分の行動】
　　　　　「"手を上げます"」 ⟶ 「手を上げる」
　　　　　「手を上げる」　　 ⟶ 「"手を上げました"」

　模倣行動において，特定の刺激と行動との対応が何度も強化されるとやがて，強化の経験がない新規な刺激が提示されたときでも模倣が自発される「般化模倣 (19 章)」という現象が生じるように，言行一致においても，言行一致が何度も強化されると，特定の刺激条件のもとでは強化がなくても，「言ったこと」は「やる」ようになる。すでに述べたルール支配行動も，同様のプロセスによって「ルールにしたがう」という普遍性を獲得する。

　行動随伴性の操作によって言行一致を促進させる手続きは「言行一致訓練」とよばれ，応用分野において多くの研究実践が行われている。

第 Ⅳ 部
オペラント行動研究の展開

　前章まで私たちは，行動随伴性を中心としたオペラント行動の基本現象をみてきた。それらの基本的現象を土台として，今日まで生体のさまざまな行動についての研究が行われてきた。本書でそのすべてを紹介することはできないが，以下ではその中で選択行動，迷信行動，社会的行動を紹介し，最後にオペラント行動研究の主要な研究法である一事例実験デザインと応用行動分析学について述べる。

17

選択行動

　選択行動は，環境内で2つ以上の複数の行動が遂行可能であるときに生じる。複数の行動が遂行可能であるということは，厳密にいうと環境内に行動可能な対象が複数あるか，あるいは1つの対象や刺激事態に対して複数の異なる行動が遂行可能である場合である。

　行動可能な対象が複数あるというのは，たとえば，キャンディとチョコレートのように2つの強化子がある場合，押すとキャンディが出てくるボタンとチョコレートが出てくるボタンの2つの操作体がある場合などであり，1つの対象に対して複数の異なる行動が可能というのは，賞味期限の切れているチョコレートを食べるか食べないか，曇りの日に傘を持っていくか行かないか，ある企業に投資するかしないかのような場合である。

　いずれにしても被験体の選択反応は，その反応によってもたらされる環境変化（たとえば，より好ましいものを得る，嫌悪的なものを回避するなど）に依存してきまってくる。したがって，選択行動の研究においては，反応選択場面をどのようにしつらえるかということと，それぞれの選択の結果として生じる行動随伴性をどのように設定するか，ということがポイントとなる。

　従来の選択行動の研究の多くは，研究上の利便性から主として

17 選択行動

環境内に行動可能な複数の選択肢が存在する場面で行われてきた。それらの研究で用いられる代表的な手続きは，並立スケジュール（concurrent schedules of reinforcement）および並立連鎖スケジュール（concurrent-chain schedules of reinforcement）である。

17-1 並立スケジュールによる選択行動の研究

(1) 並立スケジュールの手続き

並立スケジュールは2つ以上の異なる行動に対して異なる行動随伴性を適用するものである。ハトを被験体とした典型的な並立スケジュールの実験では，2つキーの実験箱が用いられる（図17-1）。

実験が始まると，2つのキーにライトが点灯する。刺激光は同じ色のときもあれば異なることもある。そして，2つのキーにはそれぞれ異なる行動随伴性が設定される。たとえば，左側をFIスケジュール，右側をVIスケジュールにしたり，左右を同じスケジュール，たとえばFRやVIにしてその値を変える場合もある。通常，2つのスケジュールは独立にそして同時に適用されるため，両方のキーに反応すれば，両方のスケジュールから強化子を得ることができる。

このような実験セッティングで，たとえば一方のキーにFR 20,

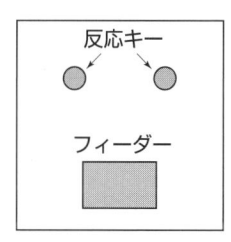

図17-1 並立スケジュール用の2キーつき実験箱

他方のキーに消去スケジュールを適用すると,当初は左右のキーに反応するがやがて,FR 20 スケジュールのキーのみをつつくようになる。それは消去キーに反応せず排他的に FR 20 のキーだけをつついた方が,餌の獲得までの時間と労力が少なくて済み,また,全体の強化量も多くなるからである。

次に,それぞれの行動随伴性を VI 30 s と VI 60 s にしたらどうなるであろうか。この場合はハトは VI 30 s だけでなく VI 60 s の方にも行動するようになる。その理由は,もしハトが VI 30 s だけに反応するならば 1 時間で約 120 回,一方,VI 60 s だけに反応するならば 1 時間で約 60 回の強化子を得るが,両者に反応すれば理論的には 180 回の強化子を得ることが可能になるからである(実際には餌を食べる時間やセットアップから行動までのロス時間があるので強化数はこれより少なくなる)。

このような並立スケジュールによる選択行動研究において見出された代表的な行動原理は対応法則と呼ばれるものである。

(2) 対応法則

ハーンスタイン (1961) は,上述のような 2 キーの並立スケジュール用実験箱を用い,まずハトを赤で照射された左キー,白で照射された右キーを等しい割合でつつくように訓練したのち,それぞれ値の異なる「並立 VI VI」スケジュールのもとでの左右のキーへの反応を観察した (Herrnstein, R. J. 1961 Relative and absolute strength of response as a function of frequency of reinforcement. *Journal of the Experimental Analysis of Behavior*, 4, 267-272.)。左右のキーの VI の値は,表 17-1 の 6 種類でこれを 3 羽のハトに適宜割り当てた。

たとえば,一番上の VI 9 分-VI 1.8 分の場合,左キーでは,1 セッション 90 分で 10 強化,右キーでは 50 強化,合計で 60 強化が最大限可能である。したがって,全強化に対する左キーの強化

17 選択行動

表17-1 ハーンスタイン (1961) での並立スケジュールの値

VI値（分）	強化数*	左キーの強化率（%）
左キー 右キー	左キー 右キー	
9 － 1.8	10 － 50	16.6
4.5 － 2.25	20 － 40	33.3
3 － 3	30 － 30	50
2.25 － 4.5	40 － 20	66.6
1.8 － 9	50 － 10	83.3
1.5 － EXT(消去)	60 － 0	100

* 強化数は1セッション90分あたりの推定強化数

率は16.6%となる。この実験ではすべての並立スケジュールにおいて「反応切替時強化遅延 (changeover delay : COD)」という条件が付加された。これは、もし一方のキーがセットアップし、強化準備状態にあるときに反応がなされたとしても、その反応が他方のキーへの反応の直後（本実験の場合は、1.5秒以内：COD 1.5 s)になされた場合は強化しない、というものである。このCODは2つのキーへの反応が連鎖することなく、独立になされるようにするための処置で、その後の並立スケジュールを用いた実験ではよく利用されるようになった（次章、コンカレント迷信の項参照）。

図17-2は、各並立スケジュールに平均29.9セッション（16から45の範囲）さらされ、定常状態に達した最終5セッションにおける3羽のハトの左キーへの反応率（全反応に対する左キーへの反応の割合）をプロットしたものである。横軸は6種類の並立スケジュールにおける左キーの強化率である。もし、左キーへの強化率と反応率の値が同じであれば、データポイントは対角線上に位置することになる。図から3羽のハトの結果は、完全ではないとしてもどの値も対角線に近接しており、強化率と反応率が一致していたことを示している。

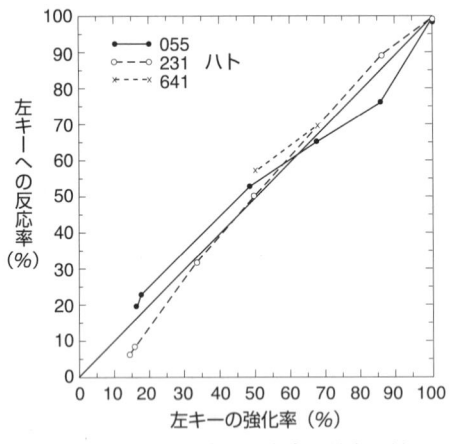

図17-2 強化率と反応率の対応関係
(Herrnstein, 1961)

　ハーンスタイン（1961）は，並立スケジュールにおけるこのような反応と強化の関係について，**対応法則**（matching law）とよばれる次のような式を提案した。

$$\frac{B_L}{B_L + B_R} = \frac{R_L}{R_L + R_R}$$

　ここで，B_Lは左キーへの反応数，B_Rは右キーへの反応数，R_Lは左キーへの反応によって得られる強化数，R_Rは右キーへの反応によって得られる強化数である。したがってこの式は，左の選択肢に対してなされた反応の割合が，その選択肢によって得られた強化子の割合と等しいことを表している。

　この対応法則は，その後さまざまな種の行動によくあてはまることが実証されたが，一方，選択行動には諸々のバイアス（偏り）が混入することがあり，どのような場合でも対応法則があてはまるわけではないことも明らかになった。そこで，後には行動

17 選択行動　　　　　　　　　　　　　　　　　　　　　297

のバイアスや生体の強化率の違いに対する感度などをパラメータ
として組み込んだ式が一般に使われるようになった。

17-2　並立連鎖スケジュールによる選択行動の研究

(1) 並立連鎖スケジュールの手続き

　選択行動を研究する手続きとしての並立スケジュールにはいつ
かの制約がある。まず，選択肢の選択と各選択肢への反応が分離
されていないことである。つまり，並立スケジュールでは各選択
肢で要求される反応数や遅延時間のもとで反応すること自体が選
択行動となっている。また，各選択肢への反応はスケジュールの
基準を満たすと1次性の強化子によって強化されるので，それら
の反応は選択というよりも餌という直接的な随伴性によって制御
される行動という色彩が強くなる。

　このような制約を少なくしてより多様な選択肢間の選好を調べ
ることができる手続きが並立連鎖スケジュール（concurrent-
chain schedules of reinforcement）である。これは文字どおり，
並立スケジュールと連鎖スケジュールが合成されたものである。

　ハトを被験体とした並立連鎖スケジュールの手続きの例を図
17-3に示した。並立連鎖スケジュールは初期段階（initial link：
IL）と終期段階（terminal link：TL）の2段階で構成されており，
強化子は終期段階の終了時に与えられる。実験が始まるとまず，
初期段階として2つのキーが同じ刺激光（たとえば白）で照射さ
れ，それぞれのキーに値の等しい独立のVIスケジュール（たと
えば，VI 30 s）が適用される。これらの初期段階のキーに対す
る反応は，どちらのキーでVIスケジュールが完了したかによっ
てそれぞれ異なる終期段階に移行する。たとえば，左キーのVIス
ケジュールがセットアップしたときにハトが左キーをつつくと，
初期段階の刺激が2つとも数秒間消え，次に終期段階として左

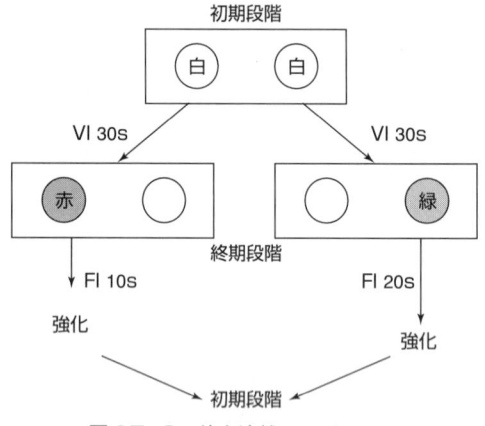

図17-3 並立連鎖スケジュール

キーに赤の刺激が点灯する(右は暗転する)。一方,右キーがセットアップしたときに右キーをつついた場合は,右キーに緑の刺激が点灯する(左は暗転する)。終期段階では,たとえば赤いキーのときはFI 10 s,緑のキーのときはFI 20 sスケジュールが作動する。そして,FIの基準を満たした後の赤,あるいは緑のキーへの反応によって強化子である餌が提示され,その後,数秒間の試行間間隔(inter-trial interval: ITI)をおいたのち,再び2つのキーに白の刺激が点灯し,初期段階がスタートする。

この並立連鎖スケジュールにおける独立変数は,各終期段階に設定される行動随伴性である。すなわち,この例では,FI 10 sとFI 20 sの2つの行動随伴性に対する選好(preference)を比較することになる。また,選好の指標としての従属変数は,初期段階(IL)の一方の選択肢に対する相対反応率(たとえば,全体の反応に対する左キーへの反応の割合)である。

$$相対反応率 = \frac{左キーへの反応}{左キーへの反応 + 右キーへの反応}$$

したがって、もし相対反応率が0.5ならば、左キーと右キーへの反応は同じで特別の選好はないが、もし0.8ならば、左キー、すなわちFI 10 sの随伴性に対する選好が認められるということになる。

(2) さまざまな行動随伴性に対する選好

このように、並立連鎖スケジュールでは、終期段階に設定した行動随伴性に対する生体の選好を、初期段階における2つの選択肢への反応の配分によって調べることができる。これまでに主に研究されてきた終期段階の行動随伴性は、以下のようなものである。

a. 直後小強化 対 遅延大強化

短い遅延ですぐに得られる少量の強化子と長い遅延の後に得られる多量の強化子との間の選好を調べるものである。前者を好む場合を衝動性、後者を好む場合をセルフコントロールという。この実験の詳細については後に述べるが、動物は一般に衝動性を示すことが知られている (Rachlin, H., & Green, L. 1972 Commitment, choice and self-control. *Journal of the Experimental Analysis of Behavior*, 17, 5–22.)。

b. 強制選択 対 自由選択

TLに1個のキーだけが現れる場合と複数のキーが現れる場合の比較である。1個の選択肢しか現れないのを強制選択、複数の選択肢が現れるのを自由選択という。一般に動物もヒトも自由選択場面を好む傾向がある (Catania, A. C. 1975 Freedom and knowledge : An experimental analysis of preference in pigeons. *Journal of the Experimental Analysis of Behavior*, 24, 89–106.)。

c. 固定遅延強化 対 変動遅延強化

強化子までの遅延時間がほぼ固定している FI スケジュールと，早い場合と遅い場合が混在している VI スケジュール間の比較である。一般に変動遅延強化の方が好まれる (Grace, R. C. 1996 Choice between fixed and variable delays to reinforcement in the adjusting-delay procedure and concurrent chains. *Journal of Experimental Psychology: Animal Behavior Processes*, 22, 362-383.)。

d. 非分割遅延 対 分割遅延

たとえば，同じ FI スケジュールの値 (30 秒) の TL において，一方は刺激光が変らない (非分割遅延) が，一方は途中で色が変る (分割遅延) 場合である。一般に，非分割遅延の方が好まれるが，これは刺激を分割すると，強化子への心理的距離が増加するからだと解釈されている (Duncan, B., & Fantino, E. 1972 The psychological distance to reward. *Journal of the Experimental Analysis of Behavior*, 18, 23-34.)。

e. 情報刺激 対 非情報刺激

図 17-3 では IL と TL は刺激が異なり，かつ 2 つの TL にも異なる色が用いられたが，たとえば，一方の TL は IL と色を変える (情報刺激) が，一方の TL は IL と同じ色 (非情報刺激) にすることもできる。一般に情報刺激が好まれる (Hursh, S., & Fantino, E. 1974 An appraisal of preference for multiple versus mixed schedules. *Journal of the Experimental Analysis of Behavior*, 22, 31-38.)。

f. 確実強化 対 不確実 (あるいは確率的) 強化

たとえば，同じ遅延時間の FI スケジュールで，一方は通常のようにセットアップ後に 1 回つつくと強化子が提示される (確実強化) が，一方はセットアップの後強化される場合と強化されないで試行が終ってしまう場合が半分ずつある (50% の確率的強

化）ような TL 間の比較である。確率的強化の方が強化率が低いにもかかわらず好まれる（Kendall, S. B. 1974 Preference for intermittent reinforcement. *Journal of the Experimental Analysis of Behavior*, 21, 463-473.）。これは生体がときにリスクを伴う選択肢を好む傾向と一致している（Kendall, S. B. 1989 Risk-taking behavior of pigeons in a closed economy. *The Psychological Record*, 39, 211-220.）。

ここで，第1番目のセルフコントロール（直後小強化　対　遅延大強化間の選好）についての実験例を具体的に紹介しておこう。

(3) セルフコントロール

ラックリンとグリーン（1972）の実験はどのようなときにハトがセルフコントロールを示し，どのようなときに衝動性を示すかを調べたものである。彼らの実験手続きを図17-3のスタイルに合わせて改変し図示したものが図17-4である。

1セッションは50試行からなり，はじめの10試行は強制選択試行，その後の40試行が自由選択試行である。本実験では終期段階において，左はキーが1個現れる強制選択，右は2個現れる自由選択の形を取っているが，ここでいう強制選択試行と自由選択試行は，初期段階における選択形式の違いを述べたものである。強制選択試行は，初期段階で2つのキーに白が点灯するが，実際は一方のキーへの反応だけが有効であるというものである。このような処置を施すと，毎日のセッションのはじめに，生体に2つの終期段階の両方を経験させることができるので，選択行動の実験ではしばしば組み入れられる方法である。

それでは本題の自由選択試行の手続きについて述べよう。まず初期段階として，白色で照射された2つのキーが提示される。スケジュールはどちらも FR 25 である。並立連鎖スケジュールの初期段階で FR スケジュールを用いると，通常用いられる VI ス

初期段階

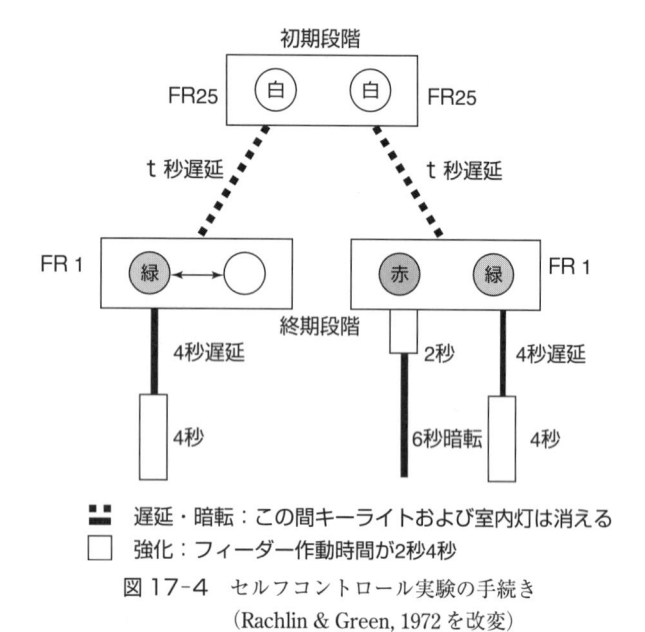

```
FR25  (白)    (白)  FR25
       t秒遅延   t秒遅延
```

FR1 (緑)↔(○)   (赤)(緑) FR1

終期段階

4秒遅延   2秒   4秒遅延

4秒   6秒暗転   4秒

- ▮▮ 遅延・暗転：この間キーライトおよび室内灯は消える
- ▢ 強化：フィーダー作動時間が2秒4秒

図17-4　セルフコントロール実験の手続き
（Rachlin & Green, 1972 を改変）

ケジュールに比べて選好が増幅される傾向がある。どちらかのキーへの反応が25回に達するとt秒の遅延時間（この間，キーライトと室内灯が暗転する）が挿入された後に終期段階が開始する。この遅延時間の長さは，10秒および0.5，1，2，4，8，16秒の7種類である。

左の終期段階ではどちらかのキー1つに緑が点灯し，それを1回つつく（FR1）と4秒の遅延（暗転）の後，4秒間フィーダーが作動する（ハトは餌を食べることができる）。一方，右の終期段階が選ばれた場合は，2つのキーに赤と緑が点灯する。どちらのキーが赤になり，どちらのキーが緑になるかは毎試行ランダムに変化する。ここで，赤のキーを1回つつくと，即座に2秒間フィーダーが作動するが，緑のキーをつつくと4秒間の遅延の後

4秒間フィーダーが作動する。このように赤のキーの選択は直後に少量の強化子をもたらし，緑のキーの選択は遅延の後に多量の強化子をもたらすのである。強化の後，再び初期段階に戻るが，ここでキーが赤のときは2秒の強化の後，6秒間の遅延（暗転）が挿入されるので，結果的にどの終期段階が選ばれたとしても，終期段階に要する時間は等しくなるようになっている。

被験体である5羽のハトは，初期段階での遅延時間（図で「t秒遅延」と書いてある部分）が10秒の条件を35セッション行った後，残りの6種類の遅延時間条件を2回ずつ，1種類につき10セッション行った。

結果であるが，まず右の赤と緑の2つのキーが点灯する終期段階に移行した場合，これはデータに示すまでもなく圧倒的に赤が選ばれ，赤の選択率はどの条件においても95%を下ることはなかった。つまり，ハトは2キーの終期段階においては遅延大強化子ではなくて，直後小強化子を選んだのである。

図17-5は初期段階の結果である。縦軸は各t値の最終5セッションにおける左キーへの相対反応率の5羽のハトの中央値である。横軸左端の0.5秒条件が初期段階と終期段階が近接する一般的な並立連鎖スケジュールであるが，この条件のときは左側1つキーの選択率は明らかに低い。つまり，ハトは初期段階で右のキーをつついて2つキーの終期段階を選択し，さらにそこで直後小強化子を選ぶのである。ただ，ここで注目すべきことは，t値が長くなるにつれて左キーへの選択率が上昇し，16秒遅延では逆に左の1キーが明確に選好されていることである。

この結果は，動物はどのような場合でも直後小強化子を選好するのではなく，初期段階の開始から強化までの遅延時間が全体として長くなると，遅延強化子を好む（セルフコントロールを示す），あるいは，小強化子が嫌悪的になることがあることを示している。つまり，強化までの遅延時間が，強化子の価値や効用を

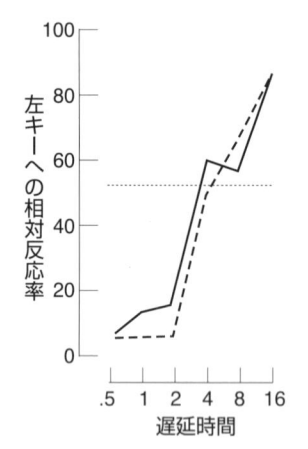

図17-5 遅延時間の関数としての左キーへの相対反応率
(実線は上昇系列, 破線は下降系列)
(Rachlin & Green, 1972)

変化させている可能性が考えられるのである。

　この遅延時間によって強化子の価値や効用が変わることを組織的に検討しているのが，近年盛んに行われているヒトを対象とした「**遅延価値割引**（delay discounting）」の研究である。研究においては主に質問紙を用いて，たとえば「1ヶ月後の10000円」に対して「いくらだったら今すぐもらうか」という値を調べていく。このとき今すぐもらえる金額は10000円よりも低くする。7500円だったら1ヵ月後にするが，8000円なら今もらうという選択がなされたなら，1ヵ月後の10000円の価値は20％割り引かれていると判断する。このようにして遅延期間や金額を実験変数として操作することにより，縦軸に金額（この場合は1万円が最大値），横軸に遅延期間をとった遅延価値割引曲線が得られる。遅延価値割引曲線は多くの場合，遅延期間が短いところで急激に価値が減少する形をとり，双曲線関数がよく当てはまるとされて

いる (Rachlin, H., Raineri, A., & Cross, D. 1991 Subjective probability and delay. *Journal of the Experimental Analysis of Behavior*, 55, 233-244.)。さらに，文化的差異や経済状況によって割引率が大きく異なることなども興味深い現象である。

　セルフコントロールの実験パラダイムは，また，注意欠陥／多動性障害 (attention-deficit / hyperactive disorder) や自閉性障害 (autistic disorder) の子どもの行動性の研究などに適用されている。

18

迷信行動

　オペラント行動は，その出現頻度が行動の結果としての環境事象（たとえば強化子の提示）に依存して変化する行動である。そして，オペラント条件づけの基本的な原則が，生体にとって効力のある環境変化を行動に後続させることによりその出現頻度を変化させる，というものであるならば，たとえ行動と強化子との間に依存関係がなく，強化子がある行動に対してたまたま時間的に接近して随伴したような場合でも，その行動の自発頻度は変化するはずである。このような行動に依存しない強化手続きのもとで観察される生体の特異的で定型的な行動が**迷信行動**（superstitious behavior）である。

　迷信行動は行動に依存しない環境変化によってだけでなく，行動に依存する通常の行動随伴性の中にも存在する。そこで以下に，行動に依存しない随伴性における迷信行動，行動に依存する随伴性における迷信行動について順次述べることにする。

18-1　行動に依存しない随伴性のもとでの迷信行動

　行動に依存しない行動随伴性の代表的なものは「**時間スケジュール**（time schedule）」である。時間スケジュールとは，生

体の行動に関わりなく，一定時間ごと（固定時間スケジュール，fixed-time schedule: FT）あるいは変動する時間間隔（変動時間スケジュール，variable-time schedule: VT）で強化子を提示する手続きである。ここで注意を要することは，時間スケジュールをFIやVIスケジュールと混同しないことである。FIやVIスケジュールでは一定時間あるいは変動する時間が経過した後，行動がなければ強化されないが，時間スケジュールでは行動があってもなくてもそれには関係なく，決められた時間が経過すると自動的に強化子が提示される。したがって，時間スケジュールでは，行動の後にたまたま近接して強化子が提示されることもあれば，離れて提示されることもあるというように，行動と強化子との時間関係は偶然的なものである。このように行動と強化子提示との間に偶然的な結合しかないとき，その随伴性の下で生じる行動が迷信行動なのである。

偶然的強化によって行動が定型化するという事実自体は，迷信行動ということばが用いられる以前にガスリーとホートン（1946）によって見いだされている。この研究では，ネコは単に棒を傾けると問題箱から脱出できたのであるが，数試行後には，各ネコはそれぞれ特有の棒に触る行動を定型化させている（Guthrie, E. R., & Horton, G. P. 1946 *Cats in a puzzle box*. New York: Holt, Rinehart and Winston.）。

(1) ハトの迷信行動

まず，迷信行動研究の発端となったスキナーの研究（Skinner, B. F. 1948 "Superstition" in the pigeon. *Journal of Experimental Psychology*, 38, 168–172.）をみてみよう。実験手続きはきわめて簡単なもので，体重をエサ自由摂取時の75%に制限したハト8羽を実験箱の中に入れ，ハトの行動にかかわりなく，15秒毎に5秒間だけフィーダーを上げるようにしただけである（FT 15秒強化スケ

ジュール)。その結果，8羽のうち6羽のハトが2人の観察者の意見が完全に一致するような特異的な行動を示した。それは次のようなものであった。

・次の強化がくるまで2～3回，ケージの中を左回りにまわる（1羽）
・ケージの天井の角に向かって，繰り返し頭を突き上げる（1羽）
・見えない棒を下から押し上げるようにトスをする（1羽）
・頭と体の振子運動。頭を前方に伸ばし，そして，右から左へすばやく動かした後ややゆっくりと戻す（2羽）
・不完全なペッキング。あるいは，床を擦る運動（1羽）

スキナーは，6羽のこれらの行動は馴致期間中にはみられず，また，エサの提示を中止したときには消失したので，周期的な強化子提示によって形成されたものであるとして，その成立過程を次のように説明した。

「ハトはエサが提示されるときになんらかの行動をしている。それにたまたま強化子が随伴すると，その結果としてこの行動が繰り返される傾向が増大し，もし次のエサ提示までの間隔が消去が生じるほど長くなければ，もう一度その行動に強化子が随伴する確率が高くなる。そこで強化を受けるとこの行動はますます強められ，さらに強化を受けやすくなる。」

迷信行動とそれ以外の典型的なオペラント行動との違いは，迷信行動においては強化子の提示は行動に依存していないが，一方，典型的なオペラント行動においては強化子の提示は行動に依存しているという点だけである。迷信行動は，このように強化子の行動への随伴が計画されたものではなく，偶然的なものであっても強化子はその直前の行動の出現頻度を増加させる，というオペラ

18 迷信行動

(2) 人間の迷信行動

次に，人間を被験者として偶然的強化の行動に及ぼす効果を調べた実験を2つ紹介しよう。小野（1987）は，実験室内に大型のレバーを導入し大学生を被験者として迷信行動の発達過程を調べた（Ono, K. 1987　Superstitious behavior in humans. *Journal of the Experimental Analysis of Behavior*, 47, 261-271.）。5 m×2.5 m の実験ブース内に設置されていたものは，横幅 360 cm のテーブル上の3台のレバーと，正面の壁に取り付けられた赤，黄，緑のシグナルライト，および，強化装置であった（図 18-1 参照）。行動に依存しない強化スケジュールは FT と VT のそれぞれ 30 秒と 60秒で，強化ランプの点灯とブザーの音，そしてデジタルカウンターへの1点の加算で強化された。また，この強化とは無関係に，セッション中に赤，黄，緑のシグナルライトが順次点灯した。各シグナルライトは，セッション中6回－8回，ランダムにそして総点灯時間が等しくなるようにして点灯された。時間スケジュールのセッション時間は 30 分で，その後 10 分間の消去過程が観察

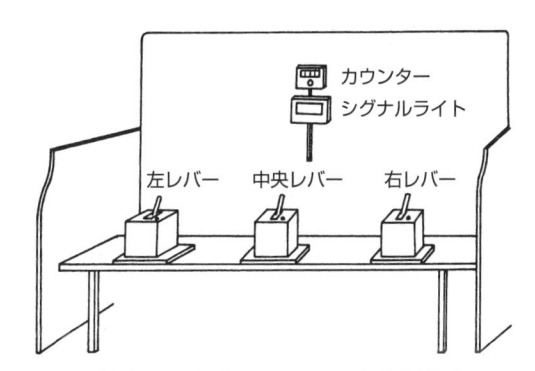

図 18-1　迷信行動の実験に用いられた実験装置（Ono, 1987）

された。被験者に求められたことは，実験セッション中ブース内に留まることとカウンターの得点を上げることであった。

その結果，20人の被験者のうち3人に迷信行動ともいうべき特異的で定型的な行動が出現した。1人はレバーを数回すばやく引いたのちしばらく引いたままにしている行動，1人はブース内のいろいろな"ものに触れる行動"，そしてもう1人はあるシグナルライトの色のもとで特定のレバーを引くという，いわゆる感覚的迷信（後述）を示した。その他の被験者は長期にわたって一貫した定型的行動を示すことはなかったが，ある行動に強化子が随伴したときに，一時的にその行動を繰り返すという行動反復現象が認められた。ある行動が短期的に出現し，しばらくすると他の行動がそれにとって代わるということが繰り返される現象は，時間スケジュールに特有の漂流現象（drift）とよばれている。

さて，それでは迷信行動を示した3人の被験者は，どのようにしてその一貫した定型的行動を発達させたのであろうか。小野（1987）は，この3人のデータの中には4つの共通の特徴があり，それが一貫した迷信行動を生じさせた原因であると指摘している。それは，

① セッションの初期において，
② 特定の行動に時間的に接近して強化子が随伴し，
③ その行動は繰り返し強化され，
④ 他のクラスの行動は強化されない，

の4点である。1例として被験者5（S5）のデータをみてみよう。FT 60秒スケジュールにさらされたS5の定型的行動はレバーを数回すばやく引いた後に1回長く引く（引いたままの状態でいる）というものであった。図18-2は最初の9分間のレバー引き行動と強化子の出現状況を示したものである。イベントレコーダーの記録は引いたときにペンが上にあがり，戻したときに下に

18 迷信行動   311

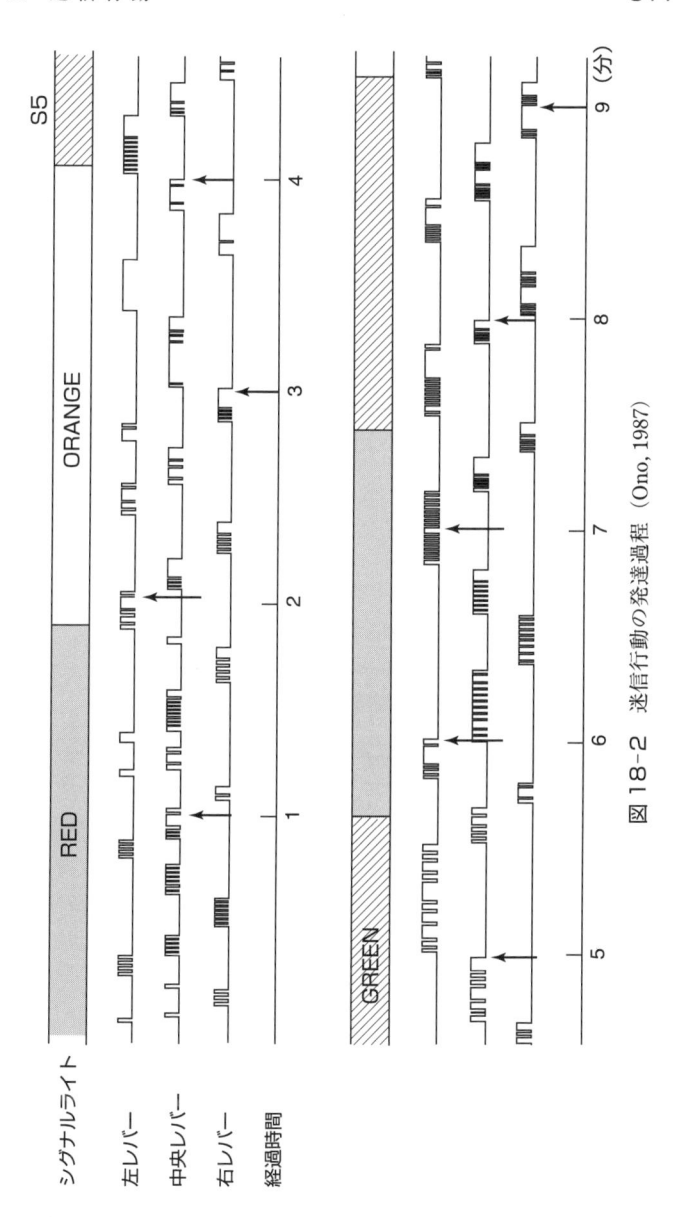

図 18-2 迷信行動の発達過程 (Ono, 1987)

さがるようになっている。S5は，セッション開始直後は各レバーに対してすばやい連発状の行動を示していた。しかし60秒後，数回の行動連発ののち，偶然的にレバーを引いたままにしていたときに最初の強化子が提示された（図矢印）。するとその後すぐさま，長く引くという行動が頻繁に出現するようになり，そして，その後のほとんどの強化子は，レバーを引いて待っているときに提示されることになった。数回引いて待つという行動パターンは初めのうちは変則的であったが，7分目頃になるときれいな定型的パターンをみせはじめ，その行動は消去時まで持続したのである。

1987年に出たもう1つの論文，ワーグナーとモリス（1987）は，迷信行動の獲得過程を幼児を被験者として調べたものである（Wagner, G. A., & Morris, E. K. 1987 "Superstitious" behavior in children. *The Psychological Record*, 37, 471–488.）。この実験では，3歳6ヶ月から6歳0ヶ月の12名の子どものうち6名がFT 15秒スケジュール，そして6名がFT 30秒スケジュールにさらされた。強化子は，ボボという子どもぐらいの大きさの道化人形の口から出てくるおはじきで，それは後に実験室の棚においてあるおもちゃと交換することができた。実験の手順は，馴致訓練の後，ベースライン（20-2参照）を2セッション，FTスケジュールを6セッション，そしてベースラインを2セッションというものであった。1セッションの時間はおおよそ8分間であった。ベースラインとFTの開始時に，子どもたちは次のような教示を受けた。「この人形はみんなの友達でボボといいます。ボボはときどきおはじき（マーブル）をくれます。おはじきがでてきたらすぐ取って箱にいれて下さい。早く取らないと下に落ちてしまいます。線のところまでたまると，おもちゃと交換できます。」

結果は，まず12名の被験者のうちFT 15 sで4名，FT 30 sで3名の計7名の被験者に特異的な行動が出現した。それらの行

動は、ベースラインではみられずFTセッションになって、それも2セッション以上続けて出現し、そして後のベースラインでは消失した。特異的な行動は、たとえば、人形の顔の前でしかめ面をする、人形の顔や身体を触る、鼻にキスをする、口をすぼめる、笑う、鼻に触る、腰を振る、などである。これらの行動はビデオに収められており、また、観察者間の一致度も保証されている。5名の子どもは特定できるような迷信行動を示さなかったが、時間スケジュールにさらされたすべての個体が特異的な行動を発達させるわけではないということは、他の研究によって指摘されているとおりである。

18-2 行動に依存する随伴性のもとでの迷信行動

迷信行動は一般に、行動に依存しない強化スケジュールのもとでの行動である。しかしながら、行動に依存するスケジュールにおけるある種の行動も迷信行動とよばれることがある。これらは3項随伴性のうちのどこかに非依存的な関係があるときに発達してくる。この種の迷信行動の代表的なものとして、コンカレント迷信と感覚的迷信を紹介しよう。

(1) コンカレント迷信

この迷信行動は、2つ以上の行動が並立的に強化されるような状況（並立スケジュール）において出現する。ブルーナーとレヴュスキー (1961) は、4つのテレグラフキーのうち左から3番目のキーへの行動が、反応間間隔 (IRT) 8.2秒以上10.25秒以下であった場合のみ5セントの強化子を与える条件 (Conc. Ext, Ext,DRL 8.2 s LH 2.05 s, Ext スケジュール) を設定した (Bruner, A., & Revusky, S. H. 1961 Collateral behavior in humans. *Journal of the Experimental Analysis of Behavior*, 4, 349–350.)。オペラントレベルに

おける行動はすべてのキーに対して等しくなされていたが、強化フェイズにはいると実験に参加した4人の高校生のすべてが左から3番目の強化キーよりも無関連キーを高い頻度で押した。そのうちの3人は一番右側のキーを集中的に押し、他の1人は3つの消去キーに対して等しく反応した。実験後のインタビューにおいて、すべての被験者は強化キーを強化準備状態にするには、少なくとも1つの別のキーへの反応が必要であったと確信しており、3番目のキーへの強化が時間に関係していると報告したものはいなかった。

カタニアとカッツ（1963）は、大学生を被験者とした並立スケジュールの実験において、迷信的行動が生じることを明らかにした（Catania, A. C, & Cutts, D. 1963 Experimental control of superstitious responding in humans. *Journal of the Experimental Analysis of Behavior*, 6, 203-208.）。この実験において、被験者は2つのボタンが与えられ、右のボタンへの行動はVI 30秒スケジュールで強化され、左のボタンへの行動は消去された（コンカレント VI 30 s EXT スケジュール）。この状態では被験者は両方のボタンに対して高率で反応した。そこでカタニアとカッツは、次に、すでに述べた**反応切替時強化遅延**（changeover delay ; COD）の制限を加えた。すなわち、VIボタンへの反応は、消去ボタンに対する反応から一定時間（2秒～15秒）経過しないと強化されないようにしたのである。この制限によって消去ボタンに対する迷信的行動は大いに減少した。つまり、CODがない場合に、消去ボタンからVIボタンへの連鎖的行動が迷信的に維持されたのである。

並立スケジュールにおける連鎖的行動の出現は、強化子は強化する行動だけでなく、それ以前の反応間間隔をも含めた包括的な行動連鎖を強化する力があることを示すものである。このことは、たとえばDRLやDRHスケジュールにおいて、被強化行動に先立つ反応間間隔（IRT）の選択的強化が可能であるという実験事

(2) 感覚的迷信

3項随伴性には行動と強化子との依存関係の他にもう1つ依存関係が存在する。それは特定の弁別刺激のもとでの特定の反応が強化されるという弁別刺激と強化子の関係である。3項随伴性において，弁別刺激が強化子の提示とはなんら有効な依存関係をもたないような事態——この手続きにおいて強化子は行動には依存するけれども，刺激には依存しない——が設定されると，そこに迷信的弁別が生じることが明らかにされた。このような現象は感覚的迷信（sensory superstition）とよばれ，モースとスキナー（1957）によって初めて報告された（Morse, W. H., & Skinner, B. F. 1957 A second type of superstition in the pigeon. *American Journal of psychology*, 70, 308-311.）。

モースとスキナーの実験では，まず，3羽のハトのキーつつき行動がVI 30分スケジュール（1分から59分の範囲）で強化された。通常は，キーはオレンジ色のライトで背後から照射されており，このときのハトの反応率は，全体に低いものであった。次に，1時間に4分間だけキーを青で照射するようにした（1日の実験は6～20時間）が，この刺激の変化は作動しているスケジュールとはなんら関係はなかった。このような手続きを続けているうちに出現してきた顕著な行動は，キーに青いライトが照射されると反応率が上昇したり下降したりすることであった。すなわち図18-3に示したように，比較的反応率が低いとき（カーブC, D）は青の刺激で反応率が上昇し，反応率が高いとき（カーブA, B）は青の刺激で低下した。ただし，この迷信の方向は一定ではなく，長い実験セッションの間では3羽のハトすべてが上昇から低下，また低下から上昇へと漂流現象を示した。

感覚的迷信における反応率の変化は実際に弁別刺激が有効に作

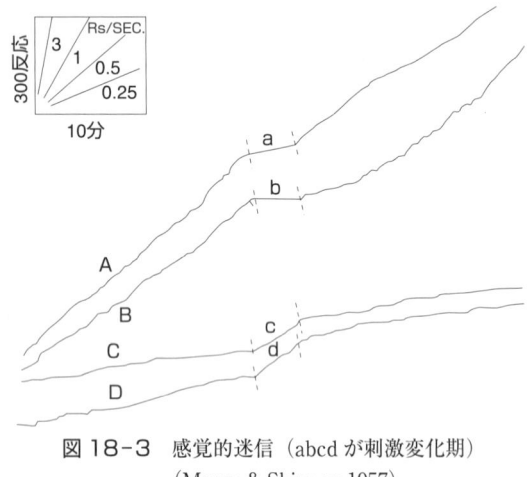

図18-3 感覚的迷信（abcdが刺激変化期）
(Morse & Skinner, 1957)

用しているときほど極端なものではないが，幅広く諸々の条件下で生起することが確認されている。このような一見不必要とも思える弁別的行動の発生原因は定かではないが，実験中に刺激が変化したときの局所的な強化率の違いが徐々に反応率の差をもたらした可能性も考えられる。

すでに紹介した小野（1987）の実験でも，シグナルライトは強化子の提示とは何の関係もないにもかかわらず，1人の被験者は一貫して赤のときは左のレバー，緑のときは中央のレバー，オレンジのときは右のレバーを引くという感覚的迷信行動を示している。

18-3 人間社会と迷信行動

(1) 迷信と言語

人間の迷信行動においては，言語との関連を無視することはで

18 迷信行動

きない。実際，人間社会に存在する多くの迷信は，言語によって行動をコントロールしている。言語による行動のコントロールの一例は，言語行動の章（16章）で述べたルール支配行動である。ルールとは「行動に先行する言語刺激で，行動随伴性について記述したタクト」であるが，ある種の「迷信」は，そのルールが「偽ルール」であるときに出現する。また，ルールには，他者によって述べられた社会的ルールと生体自体が自発する自己ルールがある。したがって，生体は社会的ルールとしての迷信の聞き手であると同時に話し手として迷信の発信者にもなりうるということである。

説明をわかりやすくするために，具体的な例で考えてみよう。たとえば，筋肉痛のときいつもほうれん草を食べる男性がいたとする。彼のこの行動は，もしほうれん草摂取と筋肉痛軽減との因果関係が社会的に認知されていないならば，迷信行動とよばれるだろう。彼がこの迷信行動を自発するようになった原因は2つ考えられる。

① 筋肉痛軽減とほうれん草摂取との偶然的な結合という個人的経験。つまり，かつて筋肉が痛かったときにたまたまほうれん草を食べたら，速やかに痛みが消失したことがあった。
②「ほうれん草は筋肉痛に効く」という社会の他のメンバーからの教示あるいは示唆。

① は個体の行動とその結果の随伴性（この場合は偶然的随伴性であるが）にもとづいて発生した行動であり随伴性形成行動である。② は他者から与えられた社会的ルールを弁別刺激として自発された行動で，ルール支配行動である。このように迷信行動の起源も，他の人間行動と同じように随伴性形成行動とルール支配行動の2つが考えられる。このとき，① の随伴性形成行動によって行動を獲得した人が「ほうれん草は筋肉痛に効く」という

ならば，この陳述は自己ルールとしての迷信である。

　ただし，すべての偽ルールが必ずしも迷信とよばれるわけではない。「間違った教示」や「不適切な命令」は迷信とはみなされない。あるルールが偽であるかどうかは，そのルールが随伴性をどの程度正しく記述しているかによる。実験場面においては，実験者が随伴性を管理し，何が"正しい"随伴性であるかが明らかなので，真偽の判断は比較的容易であるが，日常場面では必ずしも容易ではない。一般的には，たとえば以下のような場合に随伴性の記述は偽となるだろう。

① 行動と結果との間の非依存関係を依存関係として記述した場合（あるいは，その逆）。典型的な迷信はこのケースである。
　実験例：30秒ごとにポイントが得られる時間スケジュールをFRスケジュール（反応が20回必要）と述べる。
　日常例：雨が降ったのは，雨乞いをしたからだと述べる。
② 他の環境のもとで作用している随伴性を，正しい随伴性として記述する場合。たとえば，その随伴性の記述は，過去やあるいは別の刺激環境においては正しかったが，現在は異なっているような場合である。
　実験例：FRスケジュールからFIスケジュールに変ったのに「30回押すことが必要」と述べる。
　日常例：今は夜でも明るく安全に爪が切れるのに，「夜爪を切ってはいけない」と述べる。
③ 随伴性の一部のみを記述したり，2次的（余分な）属性を付加した場合，あるいは，強化子を生じさせるのに必要なオペラントクラスの制限よりもさらに狭い範囲の反応トポグラフィを示している場合。

実験例：FI 10 秒なのに「5 回押してから 10 秒待って 1 回押す」と述べる。
　　日常例：「キティちゃんの鉛筆を使うと試験でいい点が取れる」と述べる。

(2) 日常生活における迷信

　最後に人間の日常生活でみられる迷信行動の特徴とその意味について考えてみよう。すでに述べたように，迷信行動の発生は，「うまくいったことは繰り返される」というオペラント条件づけのメカニズムそのものに由来している。このメカニズムはまた，迷路学習において，ラットがうまく餌を得ることができた場合次も同じ道を通り，うまくいかなかったら道を変える「**ウィンステイ，ルーズシフト**（win stay, lose shift）」という現象にも働いている。このように，迷信行動はきわめて単純な行動法則に基づいて発達するので，私たちの日常生活から迷信行動を取り除くのは容易ではない。

　実際，過去の因習に基づく社会的ルールとしての迷信や，個人ベースあるいは集団ベースで新しく生成される「迷信」「迷信行動」はおびただしく存在する。迷信行動は，それによって環境が変化せず，また，明確な形で生体に不利益をもたらすこともなく，さらに時折好ましい結果がもたらされている限りは，消去することはない。たとえば，いまも神社，仏閣のお守りを持つ人は多い。お守りが積極的にその役割を果たしていると考える人は少ないだろうが，それでもそれによって，多少の"安心感"をもつことができるならば，それは 1 つの効能である。それに加えて，何かの拍子にうまくいったり，あるいは災難を避けることができた人は，それらの幸運が発生した原因を後からお守りに帰属させることもあるだろう。運動選手やギャンブラーが行う儀式的な迷信行動などもこのようにして維持されている。

人間の迷信行動の大きな特徴の1つは，回避型の迷信行動が多いことである。たとえば現代人は健康を失うことや病気になることを避けるために，特定の食品を多量に摂取したり，あるいは特定の健康法を試みるなどさまざまな回避行動を示している。これらの行動とその結果については科学的な根拠が乏しいものも多い。また，個人的に行う厄除け，魔よけ，呪術的行為のような回避行動，さらには「仏滅」に結婚式をあげず，「友引」に葬儀をしないなどの社会的な回避行動も存続している。回避事態の迷信行動についての実験的研究はあまりないが，筆者は小野（1987）と同じ装置を用いた弁別的回避事態において，大学生が電気ショックを回避するために極度の定型的行動を示したことを観察している。

迷信行動が行動随伴性によって維持されている以上，そのすべてを非合理的な行動として否定することはできないだろう。しかしながら，迷信行動はしばしばステレオタイプという定型的な行動形態を示すことがあり，そのような定型的な行動の持続は，個人を取り巻く随伴性や集団を取り巻く環境随伴性が変化し，人や集団が新しい随伴性に適応的に変化しなければならないときは，その行動変化の妨げになる。

それでは迷信行動を消去させるには，どのようにすればよいのであろうか。まず，消去手続きを用いて偶然的な強化が起こらないようにすることであるが，実験場面と違い日常場面では，「良いこと」や「悪いこと」は予告なく偶発的に起きるのでこの方法は難しい。漫然と持続する定型的行動から現実の随伴性に適合した行動に変化させるもう1つの方法は，16章でも述べたが，ときに行動するのをやめたり，類似の他の行動を自発するなど行動に変動性をもたせ，それによって随伴性にチャレンジすることである。最近の研究により，行動の変動性自体もオペラント行動として，適切な行動随伴性を整備することによって，その変動性を増加させることができるのである。

19

社会的行動

19-1 社会的随伴性

3章で,生体としての人間は「社会的存在」であると述べた。「社会的存在」とは,生体は1個で生きているのではなく,他者の中にあり,他者とともに生きていることを意味する。これを人間が生きている環境,すなわち行動随伴性の枠組で考えると,社会的行動は3項随伴性の3つの構成要素,弁別刺激,行動,結果のいずれか,あるいはすべてに他個体が関与している行動ということができる。したがって社会的行動の範囲は広く,またこれまでみてきた諸々の行動と重複している。このような社会的行動を制御する行動随伴性は社会的随伴性(social contingency)とよばれる。まず,社会的随伴性の特徴を,確立操作も含めて,各項ごとに簡単に概観しておこう。

a. 確立操作:他個体の出現や消失による生体の状態の変化
① 遮断化,飽和化,嫌悪化

社会的随伴性においては他個体の存在が確立操作として機能する。たとえば,他個体が近くにいることによるストレスや嫌悪化,あるいは他個体との分離による遮断化,その逆の飽和化など。

② 行動性の変化

また，他個体の存在は，オペラント行動の自発頻度を高めたり（社会的促進という），そのトポグラフィを変えたり，特定の強化子の効力を変化させることがある。

b. 弁別刺激：他個体が弁別刺激となる。3種類ある。

① 他個体の出現・消失自体が弁別刺激となる場合
　・担任の先生が現れたら話をやめる
　・警察官を見たら速度を落とす
　・知り合いにあったら「こんにちは」と言う

② 他個体の行動が弁別刺激となる場合
　・止まれの身振りで止まる
　・不機嫌な顔を見て立ち去る
　・「トンボと言って」と言われて「トンボ」と言う

③ 他個体に適用された行動随伴性が弁別刺激となる場合
　・蹴ると自動販売機からジュースが出てくるのを見て，蹴る
　・A先生が丁寧に質問に答えているのを見て，A先生に質問する
　・友達が叱られたのを見て，木登りをやめる

C. 行動：行動随伴性が他個体の行動に依存している場合

① 行動随伴性がメンバー全体に適用されるとき，メンバー間の「協力行動」が生まれやすくなる。

② 行動随伴性が特定メンバーに適用されるとき，メンバー間の競争行動が生まれやすくなる。

d. 結果：他個体の身体変化による強化・弱化

① 他個体の直接的身体変化

これは，レスポンデント行動であることもあればオペラン

ト行動のときもある。たとえば他個体への攻撃行動は，他個体の「悲鳴」というレスポンデント行動によって，または他個体の逃走というオペラント行動によって維持されるかもしれない。

② 他個体の身体変化を介した環境変化による強化・弱化

すでに述べたように，多くの行動が他個体の身体変化を介した環境変化によって強化・弱化される。言語行動も他個体のオペラント行動を介した環境変化によって維持される社会的行動である。

③ 他個体による般性強化

社会的随伴性において頻繁に生起するのは「承認」や「注目」あるいは「否定」などの他個体による言語的・非言語的な般性強化・弱化である。

以下では，社会的行動における2つの代表的なトピックス，「模倣行動」と「協力・競争行動」について述べ，最後に個体差の問題について触れる。

19-2 模倣行動

「学習は模倣（imitation）からはじまる」といっても過言ではないであろう。基本的骨格筋動作，基本的生活動作，言語をはじめとする社会生活に必要な数々の文化的・社会的行動など，人間の行動発達にとって「模倣」や［真似］の重要性は計り知れない。落語にでてくる八っあん，熊さんもご隠居さんのふりを見てものを学んだものである。人間において模倣行動は，生後間もない乳児にも認められ，また，サルや鳥など一部の動物においても自然発生的な模倣が認められるように，学習によらない模倣の存在も指摘されている。しかしながら，学習を促進させる模倣行動の多

くはまた，学習によって獲得したものである。

オペラント行動としての模倣行動は，他個体を弁別刺激とする行動随伴性の中で生じる。前節で述べたように他個体を弁別刺激とする行動には3種類あるが，そのうち模倣行動はとくに，② 他個体の行動が弁別刺激となる場合，および，③ 他個体に適用された行動随伴性が弁別刺激となる場合，に出現する。この2つは明確に分離できるものではないが，主として ② の場合が一般の模倣，③ の場合が観察学習（observational learning），もしくは代理強化（vicarious learning）とよばれているものである。

(1) 他個体の行動を弁別刺激とする模倣行動

模倣研究において，模倣の対象となる他個体は「モデル」とよばれる。オペラント行動としての**模倣**は，モデルの行動とトポグラフィが類似した行動が強化されることによって形成される。

模倣における「類似」は完全な「一致」ではなく，「対応」でもよい。すでに述べたように行動にはさまざまなオペラントクラスからなる行動レパートリーがあり，また同じオペラントクラスの行動も次元やトポグラフィにおいて異なっている。したがって，たとえば，モデルが右手を上げたときに被験者は自分の左手を上げるかもしれないし，また，モデルの「ワンワン」に対して「バンバン」と反応するかもしれない。このようにゆるやかな対応のある模倣行動が強化されれば全体として変動性のある模倣行動が形成され，逆に，特定の次元やトポグラフィを厳密に分化強化すれば，モデルの行動にほぼ一致した模倣行動をシェイピングすることができる。

a. 動物の模倣行動

オペラント行動としての模倣が形成される過程を簡単な模擬実験で確認してみよう。図19-1のような2部屋続きの実験箱の各

19 社会的行動　　325

部屋に1羽ずつハトを入れる。中央の仕切りは透明のアクリル板で双方がよく見える。各部屋の上部に5個のキーを水平に設置する。左のモデルバトにはすでに餌によって，キーが点灯した時に5つのキーのどれか1つをつつくように訓練してある。右の被験体ハトもキーつつき行動は獲得しているものとする。

さて，ここで各5個のキーすべてが点灯して実験が始まる。おそらく左のモデルバトはいつものように5つのキーのうちどれかをつつくであろう。次に右の被験体バトについては，キーライト点灯中に，たとえば左から2番目，あるいは右端というようにモデルバトと同じキーをつついたら餌を提示するようにする。このときモデルには餌は稀にしか与えない。このような試行を繰り返すと，被験体ハトはいつもモデルと同じキーをつつくようになるはずである。この模倣行動形成のプロセスは，15章で述べた条件性弁別と構造的に同じである。実際の実験的研究としては，たとえば次のものがある (Howard, M. L., White, K. G. 2003 Social influence in pigeons (COLUMBA LIVIA): The role of differential reinforcement. *Journal of Experimental Analysis of Behavior*, 79, 175-191.)。

この模擬実験のように被験体にたまたま模倣行動が現れるのを待って，強化する方法は時間がかかる。それを解決する方法の1つに身体的誘導がある。たとえば，ニューリンジャーとニューリンジャー（1974）の実験では，餌を遮断化したハトに実験者の手

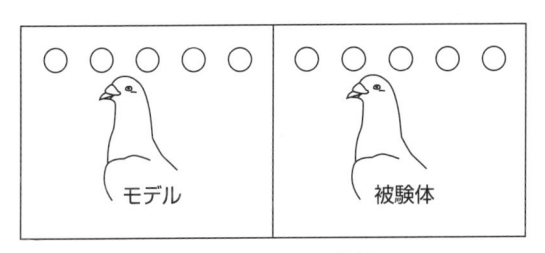

図 19-1　ハトの模倣

から餌をついばむように訓練したあと，今度はその手をゆっくりキーに近づけ（ハトもキーに近づく），キーをつついて見せたところ，ハトは速やかにキーをつつくようになった (Neuringer, A., & Neuringer, M. 1974 Learning by following a food source. *Science*, 184, 1005-1008.)。

b. 人間の模倣行動

人間の模倣行動は大別すると，非言語行動の模倣である動作模倣と言語の模倣である言語模倣の2つがある。動作模倣の例としてミラーとドラード (1941) の子どもを被験者とした古典的研究をみてみよう (Miller, N. E., & Dollard, J. 1941 *Social learning and imitation*. New Haven : Yale University Press.)。

子どもは2人1組で実験に参加し，1人はモデル，1人が真の被験者であった。実験室には2つの椅子があり，その上に箱が置いてあって，どちらかの箱にはキャンディが入っていた。まず，モデルが部屋に入り，実験者に指示された方の箱の方に行ってキャンディを手に入れた。ただし，モデルがキャンディをもらったかどうかは被験者にはわからないようになっていた。

それを見た被験者が次に部屋に入るが，そのとき被験者は2群に分けられ，「模倣群」はモデルと同じ箱の方に行くとキャンディがあり，「非模倣群」はモデルと反対の箱のほうに行くとキャンディがあった。その結果，模倣が強化された子どもは速やかに模倣行動が出現するようになり，模倣しないことが強化された子どもは模倣しないようになった。

言語模倣の代表的な例は，幼児が言語行動としてのエコーイックを習得する場合である。エコーイックは他者の音声を弁別刺激としてそれと同じ音声を自発することであり，言語行動の形成に重要な役割を果たしているものである。エコーイック行動の学習については16章に詳しく述べたのでそちらを参照していただき

たい。

(2) 他個体に適用された行動随伴性を弁別刺激とする模倣行動

「模倣」というタイトルで行われた研究のかなりの部分がこの種の観察学習に関する研究である。**観察学習**は，他個体の行動とその結果からなる行動随伴性を観察することによって生じる行動変化である。その結果として大抵の場合，他個体の行動と類似の行動が出現する。ただし，厳密にいうと，観察学習は上記の他個体の行動を弁別刺激とする模倣行動とは異なる。なぜならば，観察学習では他個体と類似の行動をすることは十分条件ではあるが，必要条件ではないからである。たとえば，他個体がレバーを押して嫌悪刺激が提示されたのを観察した個体はレバー押しをしなくなるように，観察学習では類似した行動が伴うとは限らないのである。

a. 動物の観察学習

ソーンダイクは1911年に出版した『動物の知能』という本の中で，「効果の法則」の実験に加えて，ニワトリ，ネコ，イヌを被験体とした模倣についての実験を紹介している。ソーンダイクは問題箱を経験したことのないネコに，熟練したネコの行動とその結果とを観察させてみたが，その成績はナイーブな（観察経験のない）ネコよりも悪いものであった。

しかしその後の研究は，動物も観察によって模倣行動を示すことを明らかにしている。たとえば，エプスタイン（1984）は，実験室の中でハトの観察学習を実証した（Epstein, R. 1984 Spontaneous and deferred imitation in the pigeon. *Behavioural Processes*, 9, 347-354.）。実験装置は，図19-1と同じ2室からなっている。ただし，各部屋には5個のキーの代わりに，1個のピンポン球，1本の紐，1個のキーが取り付けられていた。左の部屋はモデル用，右

の部屋は被験体用であるが，被験体用の部屋のフィーダーには餌は入っていなかった。模倣行動のベースラインを測定した後に，以下のような手順で観察学習を行った。まず，被験体の部屋に操作体（ピンポン球，紐，キー）がない状態で，モデルがいずれかの操作体に反応し強化子を受ける。これを数セッション行った後，今度は被験体の部屋に操作体を入れ，被験体が反応できるようにした（ただし，強化はない）。

その結果，4羽の被験体のすべてが，観察のあとでは特定の操作体に対してベースラインの時よりも高い反応率を示し，その中の2羽はとくに顕著であった。この2羽は，モデルを除去したあとでも模倣行動を繰り返した。

ロバート（1990）は，これまでの諸研究を概観し，動物が実験室や野外で観察学習によってさまざまな模倣行動を示すことを紹介している（Robert, M. 1990 Observational learning in fish, birds, and mammals: A classified bibliography spanning over 100 years of research. *The Psychological Record*, 40, 289-311.）

b. 人間の観察学習

観察学習は，単なる模倣とは異なり，モデルの行動だけでなくその結果を観察することによって成立する。そこで，ローゼンクランスとハータップ（1967）は幼児を対象として，モデルの行動を強化する場合と弱化する場合の観察学習に及ぼす効果を比較した（Rosenkrans, M. A., & Hartup, W. W. 1967 Imitative influences of consistent and inconsistent response consequences to a model on aggressive behavior in children. *Journal of Personality and Social Psychology*, 7, 429-434.）。

まず，観察場面では大人がモデルになり攻撃的な行動を実演してみせる。その行動は"頭をぶっ壊してやる"と言いながら空気で膨らませた大きな人形の頭をハンマーで叩いたり，"穴だらけ

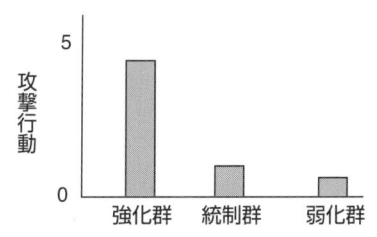

図 19-2　子どもの観察学習 (Rosenkrans & Hartup, 1967 より作図)

にしてやる"と言いながら粘土の人形にフォークを突き刺すというものであった。その後，強化条件ではモデルは別の大人から「よくやった」と賞賛され，弱化条件では「とんでもないことをした」といさめられた。

　被験者はこの一部始終を観察したあと，部屋に入って同じおもちゃで遊ぶ機会が与えられた。図 19-2 は，各条件の子どもにおける攻撃的行動の平均生起回数である。実験ではもう 1 条件，モデルの観察をしない統制群が付け加えられている。結果は，モデルの攻撃行動が強化された場面を観察した子どもは，攻撃行動が弱化された場面を観察した子どもよりも，また，統制群の子どもよりも多くの攻撃行動を自発させた。

(3) 観察学習の成立と般化模倣

　前項で，動物の観察学習の研究例としてエプスタイン (1984) の実験，ヒトの観察学習の研究例としてローゼンクランスとハータップ (1967) の実験を紹介したが，両実験で注目してもらいたいのは，モデルはともに特定の行動によって強化（弱化）の操作を受けているが，被験体（観察者）の模倣行動は強化（弱化）されていない点である。このように，観察学習においては，模倣行動は強化なしに成立する。これが (1) の強化によって形成される模倣行動との違いである。

それでは，強化なしの観察学習はどのようにして生じるのだろうか。これには今のところ2つの説明がある。1つは，バンデューラ（1965）の社会的学習理論による説明（Bandura, A. 1965 Influence of models' reinforcement contingencies on the acquisition of imitative responses. *Journal of Personality and Social psychology*, 1, 589-595.），他の1つは「般化模倣（generalized imitation）」による説明である。

バンデューラの説明によれば，「モデルが誉められたり」，また「叱られたり」する場面を見た観察者は，「この行動をすると誉められる」「この行動をすると叱られる」であろうという「予期」を発達させ，次に自分が同じ場面に遭遇したときには，その予期によって強化された行動を模倣し，弱化された行動はしないようになる。この予期を可能にしているのは言語的あるいは映像的表象を伴う媒介過程である。この説明は「予期」や「表象」などの概念を使用しているため，動物を含めた観察学習をどう統一的に説明するか，問題が残る。

一方，「般化模倣」による説明は，動物にも人間にも適用できるものである。般化模倣はオペラント条件づけの弁別と般化に基づいている。ベアとシャーマン（1964）の実験にしたがって般化模倣を説明しよう（Baer, D., & Sherman, J. A. 1964 Reinforcement control of generalized imitation in young children. *Journal of Experimental Child Psychology*, 1, 37-49.）。

般化模倣の前提となっているのは，特定のモデルの行動と観察者の模倣行動の一致に対する単純な強化である。まず，幼児は実験室にやってくると，カウボーイ姿のパペット人形と対面する。パペットは，「○○ちゃん，これできるかな？」と言っていろいろな仕草をしてみせる。たとえば，第一番目にパペットが「グラブ－フラグ－バグ」のような無意味なことばを言ったとき，被験児が同じことば繰り返すと強化される。

この模倣行動がなめらかにできるようになったら，次にパペットの「口の開閉」や「うなずき」を模倣の対象とする。これらの訓練が進むと，たとえばパペットの「うなずき」は被験児の「うなずき」の弁別刺激となり，「これできるかな？」のプロンプトがなくても，パペットの仕草を見ただけで模倣行動が生じるようになる。このようにして，モデルが示した弁別刺激のクラスと模倣反応のクラスの2つのクラスが形成される。

　次に，被験児がまだ強化されたことのない新しい刺激を用いて，形成された刺激および反応クラスの般化のテストを行う。たとえば，刺激としてパペットが「レバー」を押してみる（幼児用のレバーは別にあり，オペラントレベルが低いことを確認済みである）。このときに，もし模倣行動が出現したならば，般化模倣の成立である。ひとたび般化模倣が成立するとその後は，刺激と反応の一致が時々強化されれば，新しい刺激に対する模倣反応が頻繁に生じるようになる。ベアとその共同研究者たちは，このような手続きによって，実際に子どもが般化模倣を示し，強化されたことのないさまざまな模倣行動を示すようになったことを多くの実験によって証明した。

　このように模倣行動の強化経験をベースとした般化模倣により，動物やヒトの「強化なしの模倣行動の出現」が説明されるのである。

19-3　協力行動と競争行動

　複数の人が同じ環境内にいればそれだけで社会的行動が生じる訳ではない。複数の個体，典型的には2個体間の社会行動は，各個体への強化的事象の生起が多かれ少なかれ他個体の行動に依存している場合に生じる。ここで，2つの随伴性が区別できる。1つは，各個体にもたらされる強化が，もっぱら他個体の行動に依

存しているような随伴性，もう1つは強化が両者の行動に相互に依存している随伴性である。

協力行動（cooperative behavior）や競争行動（competitive behavior）は後者の随伴性で生じる。協力行動が発生する随伴性の特徴は互恵的強化，すなわち，メンバーによる行動が基準を満たせば，すべてのメンバーが同じ強化を受ける。一方，競争行動が発生する随伴性においては，メンバーのうち限られた人だけが強化を受けるか，あるいはメンバーによって異なる度合いの強化を受ける。

このような社会的行動随伴性は実際にどのように機能するのか，人間の協力行動と競争行動に関する実験で検討してみよう。シュミット（1976）は2人の人間がどのような場合に協力し，どのような場合に競争し，そしてどのような場合に1人で仕事をすることを好むかを4つの条件を設定して調べている（Schmitt, D. R. 1976 Some conditions affecting the choice to cooperate or compete. *Journal of the Experimental Analisis of Behavior*, 25, 165-178.）。

男女大学生20人が同性同士10組のペアを組んで実験に参加した。各ペアの被験者は顔を合わせることなく，それぞれ別室で同じ実験に臨んだ。各部屋には図19-3に示した実験装置が備え付けられていた。一番下にあるのが反応用ノブ，その上に黒く見えるのが随伴性切り替え用スイッチと相手の場面選択表示ランプ（青）である。右上のランプはセッションオンランプ（赤），右下は相手の反応ランプ（白），中央上は本人の得点カウンターと得点表示ランプ（緑），下が相手の得点カウンターと得点表示ランプ（緑）である。

この実験で各被験者は，自分の希望あるいは相手の希望により，次の3種類のうち1つの随伴性の下で反応することができた。

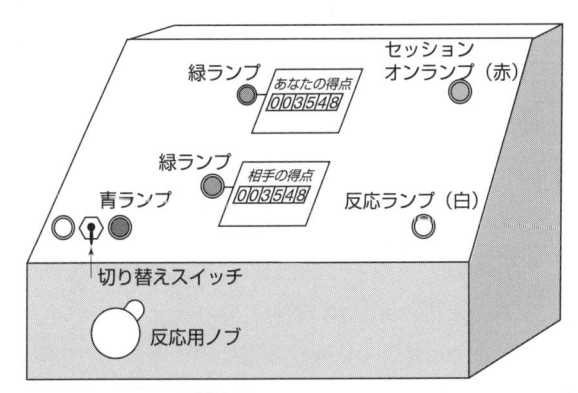

図 19-3 各被験者の前に置かれた実験装置 (Schmitt, 1976)

① 協力随伴性

どちらかが先にノブを引くと白の反応ランプが3秒間点灯する。その際，白ランプ消灯直後0.5秒以内にパートナーがノブを引くと，反応ランプが0.1秒点灯した後，両者にポイントが与えられる。そしてセッションオンランプは2秒間消灯する。タイミングがうまく合わなかった場合はやり直しとなる。

② 競争随伴性

この場面では先にノブを引いた1人だけがポイントを得る。強化後両者に5秒間のタイムアウトが挿入され，セッションオンランプが消灯，ノブへの反応も無効となる。タイムアウトが終了するとセッションオンランプが点灯し，再び，先にノブを引いた方の人がポイントを得る。

③ 個人随伴性

この随伴性が選択されると，2人の被験者はめいめい自分自身の反応のみでポイントを得ることができる。パートナーの反応は反応ランプの0.1秒間の点灯で表示される。1回の反応強化ごとに5秒間のタイムアウトが挿入された。

このように実験では，タイムアウトを挿入することにより，いずれの随伴性においても1試行の所要時間を約5秒に統一した。

さて，実験では2組の随伴性間の選択およびそれらの随伴性のもとでの反応が調べられた。2組の随伴性は

協力随伴性　対　個人随伴性
協力随伴性　対　競争随伴性

である。どちらの被験者も黒の随伴性切り替えスイッチでいつでも自分の選びたい随伴性を表示することができるのであるが，両者の選択が異なった場合にどちらの随伴性を優先するかによってさらに2つの条件が追加された。それによって，実験条件は以下の4つとなった。優先と書いてあるのは両者の選択が異なった場合に優先される随伴性である。

① 個人随伴性優先　対　協力随伴性
② 協力随伴性優先　対　個人随伴性
③ 競争随伴性優先　対　協力随伴性
④ 協力随伴性優先　対　競争随伴性

各被験者に支払われるポイント（後に10点が1セントに換金される）は，個人随伴性と協力随伴性間では個人が3点，協力が4点，競争随伴性と協力随伴性間では，競争が6点，協力が4点であった。

結果を図19-4に示した。横軸は上記の4条件，縦軸は60分のセッションの中で各ペアが協力反応を行った比率である。プロットの右横の数字は同じ値であったペアの数である。

図からまず，個人随伴性と協力随伴性に関しては，被験者は優先度に関わりなく，常に協力随伴性を選んだ。10ペア中の9ペアは両条件で95%以上の協力反応率を示した。

一方，競争随伴性と協力随伴性の間では，優先度によって結果

19 社会的行動

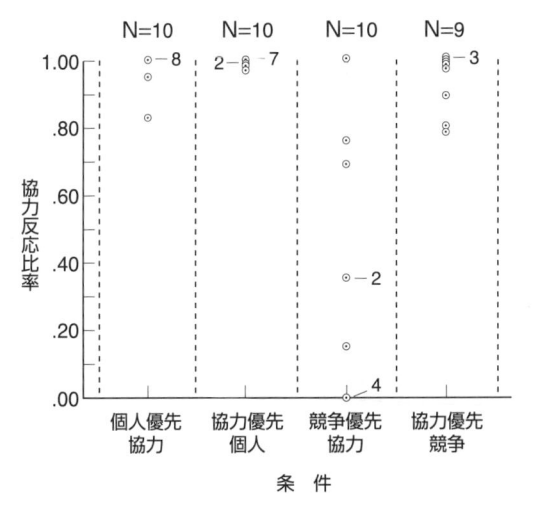

図 19-4 各条件における協力反応率

が異なった。競争が優先される条件，つまり，1人が競争を選ぶと2人とも競争随伴性が適用される条件では，10ペアのうち5ペアでその協力反応率は16%以下であった（全体では33%）。図右側の協力が優先される条件ではすべてのペアが高い協力反応率を示し，平均協力反応率は93%であった。

協力随伴性では1試行で2人が4点ずつ得られるが，競争随伴性はどちらか一方のみが6点である。競争随伴性で行動するときは勝たなければポイントが得られない。本実験の配点割合の競争随伴性で協力随伴性より利益をあげるには全競争試行のうち67%以上に勝つ必要がある。実際，勝利率の高い人はより競争随伴性を選択する傾向があった。しかし，競争随伴性は身体を消耗する随伴性だったのであろう。1人の女性被験者は，競争随伴性優先条件の後，実験をやめたという。

2個体以上が関与する場面でも，設定された環境随伴性によっては必ずしも協力行動や競争行動が出現しないような場合もある。

たとえば，2個体が同じ課題に取り組み，10回のノブ引き反応によって両者がともに強化されるが，反応はどちらがしてもよい，つまり，両方がしてもよいしどちらか一方でもよいという随伴性を設定すると，最終的にはどちらか一方のみが反応して，片方は反応しなくなるというワーカー・パラサイト（worker-parasite）現象が出現する。このような環境随伴性と個体間の相互作用のバリエーションは人間社会にさまざまな社会的行動を生み出すことになる。

19-4 行動における個体差

生体の行動は行動随伴性によって制御される。したがって，特定の行動随伴性が適用されると，どの個体においても概ね同様の行動が生起する。たとえば，FR 100 強化スケジュールが適用されそれが定常状態にいたると，ハトやラットであればどの個体もブレイクアンドランの反応パターンを示すようになる（11 章参照）。しかし，このことは特定の行動随伴性のもとでの生体の行動は全く同じであるということを意味しているのではない。実は大いに異なっているのである。

(1) 個体差の起源

生体の個体差は何によって生じるのであろうか。大きく分けると系統発生と個体発生の2つの起源を考えることができる（図 19-5）。

系統発生的起源は，遺伝によって決定されている個体差である。これにはさらに種による行動性の違いと種内の個体独自の行動性の変動がある。生物種によるさまざまな制約のために，刺激感受性や行動が異なることはすでにみてきたとおりである。また，同じ種の個体でも個体ごとに遺伝的特性は異なっている。たとえば，

19 社会的行動　　　　　　　　　　　　　　　　　　　　　　337

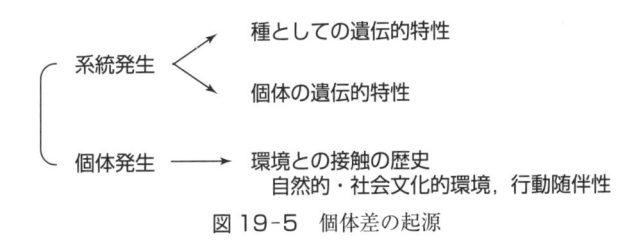

```
          ┌─── 種としての遺伝的特性
    系統発生 ─┤
   ┌       └─── 個体の遺伝的特性
 ──┤
   └ 個体発生 ─── 環境との接触の歴史
                  自然的・社会文化的環境，行動随伴性
```

図 19-5　個体差の起源

行動性の高いラット同士，低いラット同士の交配を何代にもわたって続けると遺伝的に行動性の高いラットと低いラットを作ることができるという選択交配の事実は，行動性の一部が確実に遺伝的な要因に依存している証拠である。

個体発生的起源は，個体の誕生後，自然的環境，社会文化的環境，行動随伴性との相互交渉に基づく経験によって発達してきた行動の多様性である。

(2) 行動実験における個体差

「実験で一貫した結果が得られた」というような話をすると，よく個体差（個人差）はないのですか，との質問を受けることがある。個体別のデータが示されている論文をみればわかるように，ほとんどの実験において個体差は歴然としてある。したがって，データを評価する際に問題となるのは，実験における独立変数の効果が個体差よりも大きいかどうかということである。

実は個体差をどう扱うかということは，科学的研究の研究方法を2分するほどの大きな問題なのである。たとえば，「VRスケジュールとVIスケジュールの反応率の違い」を調べるために1匹のラットにVR，1匹のラットにVRと強化率がほぼ同じVIスケジュールを適用したとする。実験をして反応率を調べたところVRでは1分あたり70回，VIでは60回だったとする。この結果から，VRの方がVIよりも反応率が高いといえるであろう

か。それは難しいであろう。1つにはVRに割り当てられたラットがたまたま反応率の高い個体で，VIに割り当てられたラットがたまたま反応率の低い個体であったのかもしれないし，さらに70と60が偶然以上の差といえるかどうかという問題もあるからである。

これらの問題を解消する1つの方法は，多標本実験デザインとよばれるもので，たくさんの被験体を用いて実験を行う方法である。たとえば，VRスケジュールに10匹，VIスケジュールに10匹割り当てた結果，表19-1(a)のような数値が得られたとする。これを見ると，VRスケジュールでも反応率の低い個体がおり，また，VIスケジュールでも反応率の高い個体がいることがわかる。最大値と最小値はともに100と30である。多標本によるデータにはこのように個体によるばらつきがあるので，通常それを平均値で表す。そしてこの平均値の差，ここでは70と60の差

表19-1 多標本実験デザインと単一被験体法

(a) 多標本実験デザインによるVRとVIの比較

VR		VI	
S1	90	S11	50
S2	70	S12	80
S3	90	S13	30
S4	50	S14	60
S5	100	S15	60
S6	60	S16	40
S7	30	S17	100
S8	70	S18	70
S9	80	S19	60
S10	60	S20	50
平均	70		60

(b) 単一被験体法によるVRとVIの比較

	1回目	2回目	3回目……
	VR VI	VR VI	VR VI……
S1	90 70	80 70	90 80……
S2	60 50	70 60	…………
S3	40 30	30 30	…………

の 10 という値の再現性を推測するために統計的検定という手法が用いられる。

個体差の問題を解消するためのもう1つの方法は，単一被験体法（20章参照）とよばれるもので，同じ被験体の中で独立変数の効果を比較する方法である。

表 19-1(b) の例では，S1に対して VR と VI を実施し，さらにそれを2回，3回……と繰り返し測定している。同一個体内の比較では条件間で比較的一貫したデータが得られる。そして念のために，別の数個体で同じ実験を実施し，一番目の個体と同じ結果が再現できるならば，独立変数の効果はより確かなものになる。

行動研究においては，多標本実験デザインが用いられることもあるが，通常は単一被験体法が用いられる。その理由は，生体は平均値ではなくユニークな個体として行動しているものであるから，独立変数の効果は，直接個体において確かめられたほうがよい，ということである。

単一被験体法を用いた研究で，各被験個体が個体差を示しながらも，全体として独立変数の効果を明確に示している例を，実際の実験結果で紹介しよう（Ono, K. 2000 Free-choice preference under uncertainty. *Behavioural Processes*, 49, 11-19.）。

図 19-6 は，並立連鎖スケジュールにおけるハトの選好を調べたものである。詳しい説明は省略するが，データポイントがプラス方向に行けば「自由選択」への選好，マイナス方向は「強制選択」への選好を示している。最大値は .5 と -.5 である。この3羽のハトの結果から，統計的検定を用いるまでもなく，この行動随伴性において「ハトは自由選択への選好を示した」と結論づけることに躊躇する人は少ないであろう。しかし，図を見ると個々のデータには大きな個体差がある。

ハトAはセッションの進行につれて選好を強めているが，その速度が速い。ハトCも徐々に選好を強めているがその速度は

図 19-6 ハトの個体差

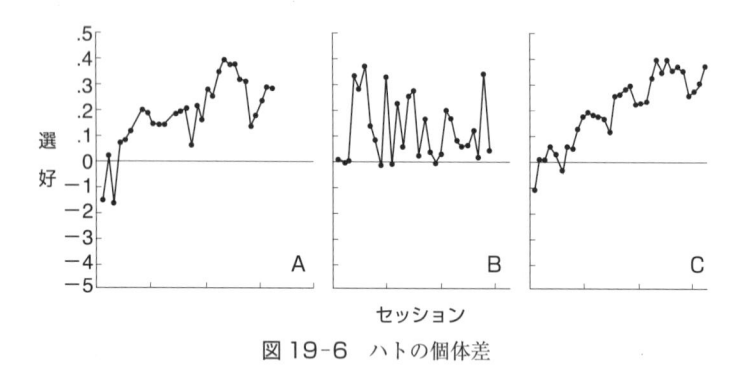

ゆっくりしている。一方，ハトBは図からわかるようにセッション（日）によって大きなムラがあるが，それでも選好は一貫してプラス方向にある。このように，単一被験体法では個体差を認めながらも，その個体差を超えた独立変数の効果を実証することができるのである。

(3) パーソナリティ

生体の行動は，反応クラス，行動次元，トポグラフィなどさまざまな面において異なっている。全く同じ実験室の全く同じ実験条件のボタン押し行動でも，ある人は握りこぶしで，ある人は指先で，ある人は強く，ある人は弱く，ある人は速く，ある人はゆっくり押す。

たとえば同じ実験条件のもとで多くの人を被験者として調べたとき，握りこぶしで強くそして速く押す被験者と，指先で弱くそしてゆっくり押す被験者の2通りに分かれたとしよう。私たちはそれぞれのグループを共通の行動パターンを示す人たちとして分類し，場合によってはその行動パターンに，たとえば前者は外向的や積極的，後者は内向的や消極的とラベルをつける。そして，外向的・積極的と名づけられた行動パターンを示す人たちは，別

の実験状況においても同様の行動を示すだろうと予測する。

　非言語行動だけでなく，言語による反応を求めることがある。たとえば，「あなたは無口ですか」「何事もゆっくりしていますか」のような質問をすると，それらに対して，「はい」の反応が多い人，「いいえ」の反応の多い人，半々の人のように分かれるだろう。このような言語反応に対しても，「はい」の反応の多い人を内向的，「いいえ」の反応の多い人を外向的とよび，さらには非言語行動で外向的パターンを示す人が，言語反応でも外向的パターンを示すかどうかその相関関係を調べることもできる。

　このように共通の行動パターンにラベルをつけてゆくと，やがてそれらは，一般にパーソナリティ（厳密にいうと，個人が示すさまざまな行動パターンの総体）とよばれているものを構成するようになる。

20

研究と実践の統合

20-1　応用行動分析学

　これまでの章では，主に実験的行動分析学による研究を参照しながら，行動についての科学的原理や研究法，そしてそれから得られた実験的事実を概観してきた。応用行動分析学は，これらの知見を現実社会のさまざまな問題の解決に適用する分野である。応用行動分析学は「応用」という接頭語がついているが，しかし，単なる「基礎」に対する「応用」ではない。応用行動分析学では「研究」と「実践」は統合されている。

　応用行動分析学も実験的行動分析学と同じく，生体の行動は環境事象によって変化するということを基本的な前提としている。この半世紀の間に実験室内で実証されたレスポンデント行動，オペラント行動についての諸原理は，日常生活における人間の営みに適用できることが多くの研究によって明らかになってきた。これまで応用行動分析学においてなされてきた研究実践例を具体的に述べると，大学生の学習活動や学術活動の改善，発達障害児の行動改善や社会適応に対する支援，成人の恐怖反応や適応障害の低減，薬物依存に対する援助，運転中のシートベルト着用の促進，作業中の事故の減少，コミュニティにおける好ましい行動の増加，動物行動の訓練などがある。応用行動分析学の適用範囲はこのよ

うに，臨床心理学から医学，カウンセリング，産業，組織，福祉，教育，スポーツ，環境保護といった幅広い領域にまたがっている。

応用行動分析学が準拠する行動の原理，研究デザイン，行動観察法，データ分析法なども実験的行動分析学と同じである。応用行動分析学が実験的行動分析学と唯一異なるところは，対象とする行動が実験室における個体の行動ではなく，日常生活において改善を要する不適切な行動や，社会的に解決が求められる行動，あるいは社会的に促進すべき行動であるという点である。

以上の応用行動分析学の特徴をまとめると次のようになる。

第1に，応用行動分析学は，行動に焦点を当て，問題や状況の把握，また，介入やその効果の測定を行動レベルで行う。非言語行動と同時に言語行動も重要な対象行動である。さらに，臨床実践において重要な役割を果たす感情，認知プロセス，意識，態度，欲求，パーソナリティなども行動随伴性の枠組みの中で扱う。

第2に，行動の改善や変容を図るために正の強化，負の強化，弱化などの行動の原理を用いる。刺激性制御，強化スケジュールによって個体の行動に直接働きかけることもあれば，環境セッティング全体を整備することもある。

第3は，科学的なアプローチをとることである。たとえば，機能的分析といわれる方法によって問題行動の原因を明らかにし，その上で環境を操作し問題の改善を図る。介入の効果は，通常，単一被験体法の研究デザインによって客観的に判定する。

このようにして応用行動分析学においては「研究」と「実践」の統合が可能になるのである。

20-2 単一被験体法による研究デザイン

単一被験体法（single-subject design）は，実はこれまで各章で紹介してきた研究でも随所で用いられていた方法である。この

方法および応用行動分析学についてはすでに日本語で読める良書がある（日本行動分析学会のホームページ参照）ので，詳しくはそれらを参考にしていただくとして，ここでは単一被験体法の主要な方法について簡単に説明しておくことにする。

科学的研究の基本は，従属変数（dependent variable）に及ぼす独立変数（independent variable）の効果を調べることである。応用行動分析学において従属変数とは，改善や修正が必要な行動，そして，独立変数はセラピストや実践家，ときには本人によって操作される条件，とくに行動の改善を図るための環境操作や行動随伴性の操作である。

独立変数の効果の判定は比較によってなされる。この比較は多標本実験デザイン（group design）の場合は，被験者間あるいは実験条件間の平均値でなされる。たとえば，実験群の被験者には独立変数の操作を加え，統制群の被験者には操作を加えないでおき，両群を比較して，その平均値の間に差があれば独立変数の効果ありと判定するのである。一方，単一被験体法における比較は同一個体内で行われる。同一個体内で独立変数の効果を調べる最も一般的な方法は，ベースラインと比較するという方法である。単一被験体法における比較は，通常，次の順序で行われる。

　　　ベースライン測定　⟶　操作導入　⟶　効果の判定

ベースライン（baseline）は，独立変数の操作を加える前の個体の行動を観察し数値で表したものである。前に述べたオペラントレベルの行動観察もベースライン測定の1つである。その他，例をあげれば，治療介入前の不安反応の生起率，タクトの訓練をする前のタクト自発率，職場環境の改善を図る前の事故率，フォームの変更を行う前のサーブ成功率などである。このように一定の期間，標的とする行動（従属変数）を一定の基準にしたがって観察記録することを**アセスメント**（assessment）という。

アセスメントはベースラインだけでなく，介入操作のときも，そして介入の長期的効果を判定するフォローアップとよばれる期間においても実施されるもので，行動研究の根幹をなす重要なものである。

それでは以下に，単一被験体法の代表的な研究デザインについて略述しよう。

(1) ABAデザイン

単一被験体法の中で最も一般的なデザインである。Aはベースライン期，Bは操作（独立変数）導入期である。

　　ベースライン　⟶　操作導入期　⟶　ベースライン

このデザインは，ベースラインを測定した後に，介入操作を実施し，その後にもう一度ベースラインに戻すので除去（withdrawal）デザイン，あるいは反転（reversal）デザインともよばれる。ABAデザインでは，通常，セッション単位で標的行動のアセスメントを行い，そのデータをA,B,Aの3期に分けてプロットする。したがって，その結果は図20-1(a), (b)のように表示される。

図20-1(a)は，ベースラインの行動頻度が低く，操作導入によって増加する場合，図20-1(b)は，逆にベースラインで高く，

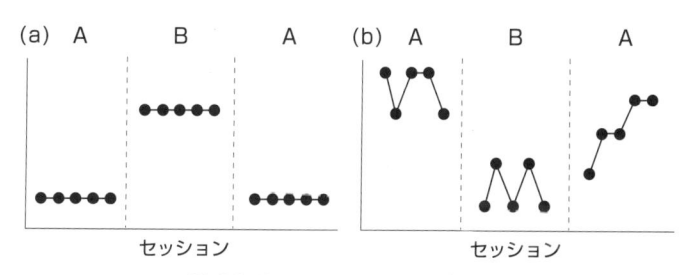

図20-1　ABAデザインの表記法

操作導入によって，減少する場合である。(a)のように操作の導入により整然とした行動の増加が認められ，さらにそれを除去したときに再び減少するならば，特定の介入操作は効果があったと判定する。

データポイントは，しかし，常に(a)のように整然としているわけではなく，むしろ(b)のように変動したり，(b)の右端 A のように一定の傾向（上昇傾向，下降傾向）を示すことが多い。このような場合の効果の判定には十分な注意が必要である。データポイントは，通常，3点以上は必要だといわれている。

ABA デザインには，独立変数の除去を行わない AB デザイン，除去の後もう一度操作を導入して，効果を確認する ABAB デザインなどの変形がある。

ここで，ABA デザインの実際の適用例として，多重人格障害（解離性同一性障害）と診断された患者に ABA デザインによる介入操作を行い，多重人格という診断の根拠となっている患者の行動が，行動随伴性によって変化することを示した研究を紹介しよう（Kohlenberg, R. J. 1973　Behavioristic approach to multiple personality : A case study. *Behavior Therapy*, 4, 137-140.）。

対象者は，多重人格障害を伴う統合失調症（精神分裂病）と診断され35年間施設で暮らしている51歳の男性である。この患者の多重人格は，高人格，中人格，低人格と名づけられた3種の行動レパートリーから成り立っている。

① 高人格：声のピッチが高く，速く話す。身体動作も速く活動的である。死んだ親類や霊の話が多く，破壊的行動や脅迫的行為が出現する。
② 中人格：中程度の声のピッチ，大きさで話し，内容もまともである。リラックスして新聞やテレビを見たり，卓球やチェスなど社会性のある行動がみられる。

20 研究と実践の統合　　　347

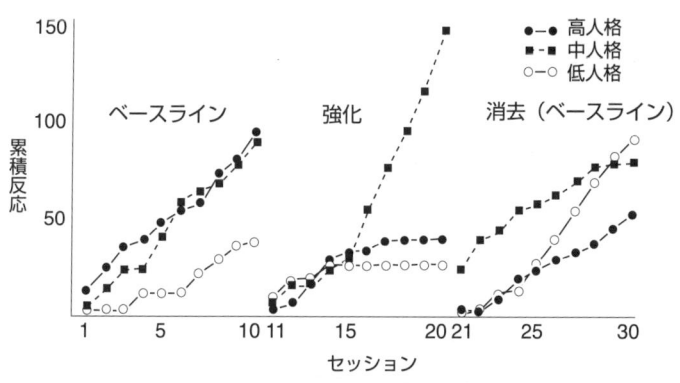

図20-2　3種の人格行動レパートリーの累積記録
（Kohlenberg, 1973）

③ 低人格：低いピッチでゆっくり話し，世界の破滅や自分の数奇な運命について語る。うつの症状を示し，会話や身体動作もほとんどない。

この3つの行動レパートリーの交替は，特別な外的刺激変化がなくても生じ，30分の面接中に何度も生じた。

実験は次のように行われた。まず，ベースラインでは，30分間のセッション中の3種の行動レパートリーの出現頻度がアセスメントされた。毎セッションとも「具合はどうですか」「何歳ですか」「今日は何日ですか」「なぜ病院にいるのですか」のような質問，10問に対する返答を観察し，それらを3つの行動レパートリーに分類した。質問への返答に実験者は直接答えることはせず，セッションの終了時にトークン（病院内で使える代用コイン）を6個渡した。

10セッションのベースライン記録の後，独立変数として「中人格」に対する強化の随伴を行った。方法は質問への応答の中で患者が「中人格」を示したとき，即座にトークンを1個渡し，彼

の手を握ることであった。この操作を10セッション実施した後，再びベースラインに戻した（「中人格」への強化随伴は中止した）。

図20-2が結果で，各セッションにおいて出現した3種の行動レパートリーを各レパートリーごとに累積したものである。ベースラインでは「高人格」と「中人格」が「低人格」よりも多く出現していた。これはセッションが対人接触場面であることの影響とも考えられる。次の操作導入期で，「中人格」の行動に対して強化が随伴するようになると，「中人格」の行動が増加し，他の人格の行動は消失した。データをみると6セッション目から急増しているが，この変化には随伴性に対する意識化（自己ルールの生成）が関与した可能性がある。そのあと，ベースラインに戻ると第1セッション目は「中人格」の行動が出ているが，その後は減少し相対的に他の人格，とくに「低人格」がより多く出現するようになった。しかし，操作導入期のような顕著な違いはない。

このようにこの研究は，ABA研究デザインを用いることにより，少なくとも行動レベルで記述する限り，この患者の多重人格を特徴づけている行動レパートリーは行動随伴性によって変化することを実証した，ということができるだろう。

(2) 多層ベースラインデザイン

多層ベースラインデザイン（multiple baseline design）は，ABデザインを複数の標的行動（行動間多層ベースラインデザイン），複数の場面（刺激場面間多層ベースラインデザイン），あるいは複数の被験者（被験者間多層ベースラインデザイン）で実施し，操作導入による独立変数の効果を判定するものである。ABAデザインでは，最後に操作を除去するが，とくに臨床場面では折角改善している行動をまたもとに戻してしまうことに大きな抵抗がある。この問題を解決する方法が多層ベースラインデザイン，そして次の条件交替デザインである。

20 研究と実践の統合　　　349

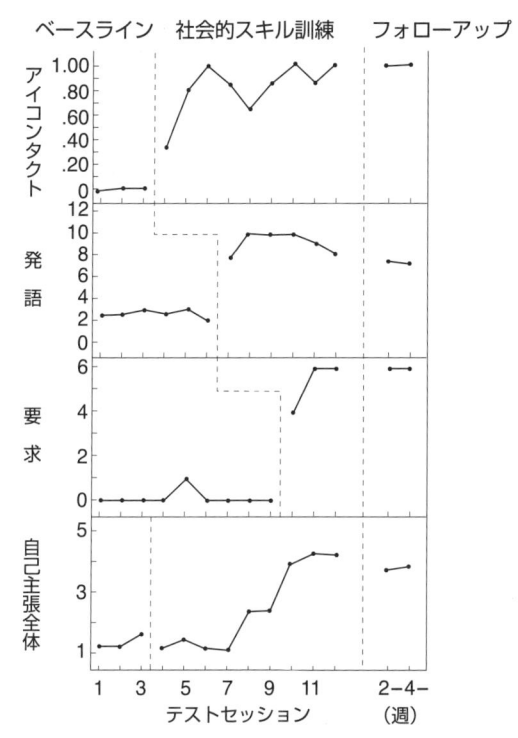

図20-3　行動間多層ベースラインデザインの表示例
(Bornstein, Bellack, & Hersen, 1977)

　行動間多層ベースラインデザインによる実践およびデータの表示例を図20-3に示す。この研究は自己主張の乏しい8歳の男児に対する3週間にわたる社会的スキル訓練の効果を調べたものである (Bornstein, M. R., Bellack, A. S., & Hersen, M. 1977　Social-skill training for unassertive children : An multiple baseline analysis. *Journal of Applied Behavior Analysis*, 10, 183-195.)。自己主張を構成する下位行動として，アイコンタクト（視線を合わせること），発語，要求の3つの行動を取り上げ，さらに全体の自己主張の程度を別途評

価している。多層ベースラインデザインでは，まず，すべての標的行動のベースラインが測定される。そして，各行動に対して時間的な間隔を置きながら順次操作を導入していく。このように時間的にずらして操作を導入するのが多層ベースラインデザインの特徴であり，刺激場面間，被験者間でも同じである。操作の導入開始は縦の破線で表示する。

まず，アイコンタクトに社会的スキル訓練が実施されるとアイコンタクトの頻度は上昇した。しかし，他の行動は変化していない。次に発語に対しても操作を導入するようにすると，発語は増えたがしかし，要求は変化しなかった。最後に要求に対して操作を導入すると要求行動も増加した。全体的な評価は，アイコンタクトに対する操作導入ではあまり変化しなかったが，発語で少し増え，要求を加えたとき顕著な増加を示した。さらに，2週間後と4週間後に行われたフォローアップ（事後観察）では，いずれの効果も持続している。

この結果から私たちは，1）社会的スキル訓練は子どもの3つの社会的行動を増加させるのに有効である，2）社会的スキル訓練の3つの行動に対する効果は独立しており，他に般化することはなかった。3）全体的な自己主張に対しては，アイコンタクトよりも発語，さらに要求の訓練が有効である，などを知ることができる。

(3) 条件交替デザイン

実践場面では，たとえばある行動の改善に2つの方法が考えられるが，そのうちどちらがより有効かを比べたいときがある。**条件交替デザイン**（altering treatment design）は，特定の行動に対する複数の独立変数の効果を比較するのに有効な方法である。

例としてプラダー・ウィリー症候群の患者の活動機会を増加させるのに2つの随伴性のうちどちらがより有効かを調べた研究を

20 研究と実践の統合

紹介しよう (Caldwell, M. L, Taylor, R. L, & Bloom, S. R. 1986 An investigation of the use of high-and low-preference food as a reinforcer for increased activity of individuals with Prader-Willi syndrome. *Journal of Mental Deficiency Research*, 30, 347-354.)。プラダー・ウィリー症候群 (Prader-Willi syndrome : PWS) は，新生児期の筋緊張低下や哺乳障害，幼児期からの過食と肥満，発達遅延，低身長，性腺機能不全などを特徴とする症候群である。とくに主要な症状は，満腹中枢の障害によるとされている過食で，しばしば盗食がみられるほど深刻である。

この実践は，この障害をもつ患者の体重管理と，社会的に好ましい活動や運動を促進させるプログラムの一環として行われたもので，対象者は14歳から32歳までの11名であった。活動は歩行，自転車，水泳など6種類で，指導者の下で20分間それに従事することであった。

この研究の独立変数は，以下の3つの操作（条件）のうちどれが活動を増加させるのにより有効であるかを比較することであった。条件は，1つの活動に従事したら，A条件：スナックなど好きな食べ物を食べることができる，B条件：野菜など好きでない食べ物を食べることができる，C条件：食物なし（ベースライン），の3種類であった。活動によるエネルギー消費量は80-150カロリーに対し，食物強化によるエネルギー摂取量は30カロ

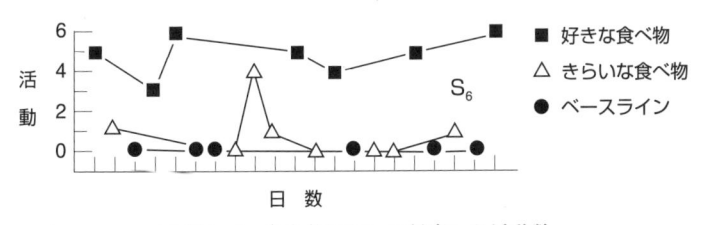

図20-4 各条件において従事した活動数
(Caldwell, Taylor, & Bloom, 1986)

リーであった。1日に1条件を実施する（当日どの条件であるかは対象者に知らされた）こととし，それを日ごとにランダムに交替させて20日間観察した。条件の順序は，

ABCAABBCCCABACBBACBA

であった。このように2つの操作条件とベースラインという3つの条件間の相互比較になっている。

図20-4が従事した活動の数を1日ごとに記録したものである。11名のうち5名では，この図の被験者のように好きな食べ物のとき（A条件）に，明確に活動の数が増え，好きでない食べ物のときは，ベースラインと同様，ほとんど活動に従事することはなかった。しかし，他の6名では条件間に明確な差がないかあっても小さなものであった。

結果におけるこれらの違いは，障害の程度や内容に依存している可能性もあり，また，その他の要因が混入している可能性もある。しかし，この実践によって一部の患者にとっては，問題行動である摂食行動自体を強化子として，運動という適切な行動を増加させ，かつ良好な体重を実現できることが証明された。

(4) 基準変更デザイン

基準変更デザイン（changing criterion design）は，独立変数の値を体系的に変化させ，それによる従属変数の変化を観察するものである。独立変数の値の変更に伴って，従属変数の値が段階的に変化したならば，その変化は独立変数の変化による可能性が高いと判定する。通常，比較はベースラインと各基準の間で行われる。

このデザインの例として，カフェインの過剰摂取を低減させるのに行動的介入プログラムを使用し，その効果を基準変更デザインによって判定した研究をあげよう。1日に8杯以上のコーヒー

20 研究と実践の統合

(1000 mg以上のカフェイン）を飲み，生理的，行動的症状を訴え，かつカフェイン消費量を減らしたいと望む3人の成人が被験者となった (Foxx, R. M., & Rubinoff, A. 1979 Behavioral treatment of caffeinism: Reducing excessive coffee drinking. *Journal of Applied Behavior Analysis*, 12, 335-344.)。

この研究では，**行動契約**（behavioral contract）という方法が用いられた。具体的に説明すると，被験者は研究開始時に20ドルを保証金として支払う。次に4つの基準が設けられ，その基準を1つクリアするごとに 2.5 ドル，合計で 10 ドルの金額が返却される。さらに，プログラムの全期間を通じて，基準を超える日が1日もなければ研究の最後に10ドルのボーナスがもらえる。もしある基準の期間中にその基準を1日でも超えてしまうと，2.5 ドルを失い，またボーナスの資格も失う。

実験者被験者合意の上で設定された4つの基準は，カフェイン摂取量を1基準ごとに 100 mg ずつ減少させていくものであった。操作介入の前にベースライン，操作終了後にフォローアップを実施した。

ベースライン → 基準1 → 基準2 → 基準3 → 基準4 → フォローアップ
　　　　　　　900 mg　800 mg　700 mg　600 mg

従属変数としてのカフェイン摂取量の記録は，被験者自身が毎日消費したカフェイン含有飲料のタイプと量を記録するという形で行われた。

図20-5は，この実験に参加した1人の女性の結果である。3人の被験者のうち，2人は，この図のように基準の変化がカフェイン消費量を系統的に変化させ，フォローアップにおいてもその効果を持続させた。しかし，1人の被験者は基準3と基準4で1日ずつ基準を超えてしまった。

このようにこの研究では，行動契約と基準変更デザインによっ

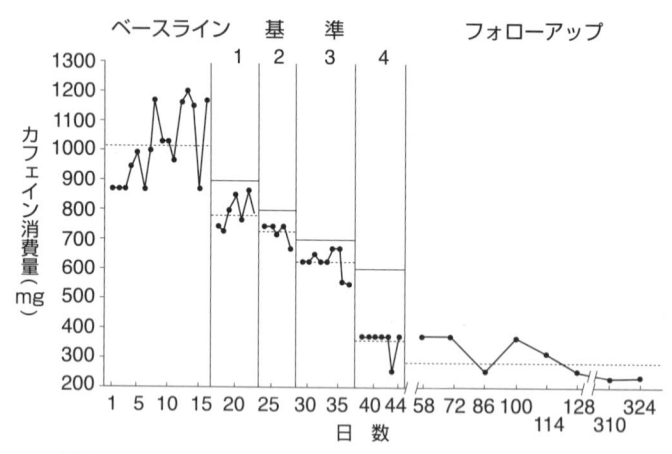

```
              ベースライン    基 準      フォローアップ
                          1
                          2
                          3  4
     1300
     1200
     1100
  カ  1000
  フ   900
  ェ   800
  イ   700
  ン   600
  消   500
  費   400
  量   300
  (mg) 200
         1  5  10  15  20  25  30  35 40 44  58 72 86 100  128  324
                          日 数                114  310
```

図 20-5　基準変更デザインによるカフェイン消費量の推移
　　　　　（Foxx & Rubinoff, 1979）

てカフェイン消費量を減少させることができるという結果が得られたが，ただし，このプログラムにはさまざまな外乱要因が絡んでいる可能性があり，そのような要因に対する検討も必要である。たとえば，被験者は自らこの実験に志願しているので，カフェイン消費量の減少に対する行動傾向がもともと強かった可能性がある。また，被験者を取り巻く他者によって，社会的な圧力を感じたかもしれない。さらに，本実験で採用された自己モニタリング（self-monitoring）の方法の信頼性や，自己監視をすること自体が行動を変化させる可能性についても考慮する必要があるだろう。

　行動契約や基準変更デザインは，カフェインの他，タバコやアルコール消費量の低減についても利用されている。

図表出典 (出現順)

3章

佐藤昭夫・佐伯由香 編,原田玲子・内田さえ・鈴木敦子・佐藤優子 著 2003 『人体の構造と機能』(第2版) 医歯薬出版.

4章

Stellar, E., & Hill, H. 1952 The rat's rate of drinking as a function of water deprivation. *Journal of Comparative and Physiological Psychology*, **45**, 96-102.

7章

Pavlov, I. P. 1927 (林 髞 訳 1937 『条件反射学』三省堂,川村浩 訳 1975 『大脳半球の働きについて:条件反射学』岩波文庫).

Anrep, G. V. 1920 Pitch discrimination in the dog. *Journal of Physiology*, **53**, 367-381.

Braun, H. B., & Geiselhart, R. 1959 Age differences in the acquisition and extinction of the conditioned eyelid response. *Journal of Experimental Psychology*, **57**, 386-388.

Norris, E. B., & Grant, D. A. 1948 Eyelid conditioning as affected by verbally induced inhibitory set and counter reinforcement. *American Journal of Psychology*, **61**, 37-49.

Öhman, A., Fredrikson, M. Hugdahl, K., & Rimmö, P. 1976 The premise of equipotentiality in human classical conditioning: Conditioned electrodermal responses to potentially phobic stimuli. *Journal of Experimental Psychology: General*, **105**, 313-337.

8章

Wagner, A. R., Siegel, S., Thomas, E., & Ellison, G. D. 1964 Reinforcement history and the extinction of a conditioned salivary response. *Journal of Comparative and Physiological Psychology*, **58**, 354-358.

Humphreys, L. G. 1939 The effect of random alternation of reinforcement on the acquisition and extinction of conditioned eyelid reactions. *Journal of Experimental Psychology*, **25**, 141–158.

Siegel, S., Hearst, E., George, N., & O'neal, E. 1968 Generalization gradients obtained from individual subjects following classical conditioning. *Journal of Experimental Psychology*, **78**, 171–174.

Moore, J. W. 1972 Stimulus control : Studies of auditory generalization in Rabbits. In Black A. H., & Prokasy, W. F. (Eds.). *Classical conditioning II: Current research and theory*. New York : Appleton-Century-Crofts, pp. 206–230.

9章

Rescorla, R. A. 1966 Predictability and number of pairings in Pavlovian fear conditioning. *Psychonomic Science*, **4**, 383–384.

Solomon, R. L., & Wynne, L. C. 1953.→13章

Garcia, J., & Koelling, R. A. 1966 Relation of cue to consequence in avoidance learning. Psychonomic Science, **4**, 123–124.

Levey, A. B., & Martin, I. 1975 Classical conditioning of human 'evaluative' responses. *Behavior Research and Therapy*, **4**, 205–207.

10章

Thorndike, E. L. 1898 Animal learning ; An experimental study of the associative processes in animals. *Psychological Review Monograph Supplement*, **2** (Suppl. 8), 1–109.

11章

Ferster, C. B., & Skinner, B, F. 1957 *Schedules of reinforcement*. New York: Appleton-Century-Crofts.

Catania, A. C, Matthews, T. J. Silverman, P. J., & Yohalem, R. 1977 Yoked variable-ratio and variable-interval responding in pigeons. *Journal of the Experimental Analysis of Behavior*, **28**, 155–161.

Weiner, H. 1969 Controlling human fixed-interval performance. *Journal of the Experimental Analysis of Behavior*, **12**, 349–373.

Lewis, D. J., & Duncan, C. P. 1956 Effect of different percentages of money reward on extinction of a lever-pulling response. *Journal of Experimental Psychology*, **52**, 23–27.

Mazur, J. 1996 Past experience, recency, and spontaneous recovery in choice behavior. *Animal Learning & Behavior*, **24**, 1-10.

Hoffman, H. S. 1966 The analysis of discriminated avoidance. In Honig, W. K. (Ed.) *Operant behavior : Areas of research and application*. New York : Appreton-Century-Crofts.

Roberts, S. 1981 Isolation of an internal clock. *Journal of Experimental Psychology*, **7**, 242-268.

Nevin, J. A. 1974 Response strength in multiple schedules. *Journal of the Experimental Analysis of Behavior*, **21**, 389-408.

12章

Weis, K. M. 1978 A comparison of forward and backward procedures for the acquisition of response chains in humans. *Journal of the Experimental Analysis of Behavior*, **29**, 255-259.

13章

Solomon, R. L., & Wynne, L. C. 1953 Traumatic avoidance learning : Acquisition in normal dogs. *Psychological Monographs: General and Applied*, **67**, 1-19.

Dinsmoor, J. A., & Winograd, E. 1958 Shock intensity in variable-interval escape schedules. *Journal of the Experimental Analysis of Behavior*, **1**, 145-148.

Azrin, N. H., Holz, W. C., & Hake, D. 1962 Intermittent reinforcement by removal of a conditioned aversive stimulus. Science, **136**, 781-782.

Maier, S. F., Seligman, M. E. P., & Solomon, R, L. 1969 Pavlovian fear conditioning and learned helplessness: Effects on escape and avoidance behavior of (a) the CS-US contingency and (b) the independence of the US and voluntary responding. In B. A. Campbell & R. M. Church (Eds.), *Punishment and aversive behavior*. New York: Appleton-Century-Crofts.

Sidman, M. 1953 Two temporal parameters of the maintenance of avoidance behavior by the white rat. *Journal of Comparative and Physiological Psychology*, **46**, 253-261.

Sidman, M. 1966 Avoidance behavior. In W. K. Honig (Ed.), *Operant behavior: Areas of research and application*. New York: Appleton-Century-Crofts.

McKeamey, J. W. 1969 Fxted-interval schedules of electric shock presentation : Extinction and recovery of performance under different shock intensities and fixed-interval durations. *Journal of the Experimental Analysis of Behavior*, **12**, 301-313.

14章

Azrin, N. H., Holz, W. C., & Hake, D. F. 1963 Fixed ratio punishment. *Journal of the Experimental Analysis of Behavior*, **6**, 141-148.

Camp, D. S., Raymond, G. A., & Church, R, M. 1967 Temporal relationship between response and punishment. *Journal of Experimental Psychology*, **74**, 114-123.

Azrin, N. H., & Holz, W. C. 1966 Punishment. In W. K. Honig (Ed.) *Operant behavior: Areas of research and application*. New York : Appreton-Century-Crofts.

Holz, W. C, & Azrin, N. H. 1961 Discriminative properties of punishment. *Journal of the Experimental Analysis of Behavior*, **4**, 225-232.

Azrin, N. H. 1960 Sequential effects of punishment. *Science*, **131**, 605-606.

Hake, D. F., & Azrin, N. H. 1965 Conditioned punishment. *Journal of the Experimental Analysis of Behavior*, **8**, 279-293.

Weiner, H. 1962 Some effects of response cost upon human operant behavior. *Journal of the Experimental Analysis of Behavior*, **5**, 201-208.

Ferster, C. B. 1957 Withdrawal of positive reinforcement as punishment. *Science*, **126**, 509.

15章

Jenkins, H. M., & Harison, R. H. 1960 Effect of discrimination training on auditory generalization. *Journal of Experimental Psychology*, **59**, 246-253.

Jenkins, H. M., & Harison, R. H. 1962 Generalization gradients of inhibition following auditory discrimination learning. *Journal of the Experimental Analysis of Behavior*, **5**, 435-441.

Herrick, R. M., Myers, J. L., & Korotkin, A. L. 1959 Changes in S^D and in S^Δ rates during the development of an operant discrimination. *Journal of Comparative and Physiolgical Psychology*, **52**, 359-363.

図表出典

- Hanson, H. M. 1959 Effects of discrimination on stimulus generalization. *Journal of Experimental Psychology*, **58**, 321–334.
- Terrace, H. S. 1963 a Discrimination learning with and without "errors". *Journal of the Experimental Analysis of Behavior*, **6**, 1–27.
- Ono, K., & Iwabuchi, K. 1997 Effect of histories of differential reinforcement of response rate on variable-interval responding. *Journal of the Experimental Analysis of Behavior*, **67**, 311–322.
- Reynolds, G. S. 1961 Attention in the pigeon. *Journal of the Experimental Analysis of Behavior*, **4**, 203–208.
- Mackintosh, N. J., & Little, L. 1969 Intradimensional and extradimensional shift learning by pigeons. *Psychonomic Science*, **14**, 5–6.
- Hermstein, R. J., & Loveland, D. H. 1964 Complex visual concept in the pigeon. *Science*, **146**, 549–551.

16章

- Galizio, M. 1979 Contingency-shaped and rule-governed behavior : Instructional control of human loss avoidance. *Journal of the Experimental Analysis of Behavior*, **31**, 53–70.
- Lattal, K. A., & Doepke, K. J. 2001 Correspondence as conditional stimulus control : Insight from experiments with pigeons. *Journal of Applied Behavior Analysis*, **34**, 127–144.

17章

- Herrnstein, R. J. 1961 Relative and absolute strength of response as a function of frequency of reinforcement. *Journal of the Experimental Analysis of Behavior*, **4**, 267–272.
- Rachlin, H., & Green, L. 1972 Commitment, choice and self-control. *Journal of the Experimental Analysis of Behavior*, **17**, 15–22.

18章

- Ono, K. 1987 Superstitious behavior in humans. *Journal of the Experimental Analysis of Behavior*, **47**, 261–271.
- Morse, W. H., & Skinner, B. F. 1957 A second type of superstition in the pigeon. *American Journal of psychology*, **70**, 308–311.

19章

Rosenkrans, M. A., & Hartup, W. W. 1967　Imitative influences of consistent and inconsistent response consequences to a model on aggressive behavior in children. *Journal of Personality and Social Psychology*, **7**, 429–434.

Schmitt, D. R. 1976　Some conditions affecting the choice to cooperate or compete. *Journal of the Experimental Analysts of Behavior*, **25**, 165–178.

Ono, K. 2000　Free-choice preference under uncertainty. *Behavioural Processes*, **49**, 11–19.

20章

Kohlenberg, R. J. 1973　Behavioristic approach to multiple personality : A case study. *Behavior Therapy*, **4**, 137–140.

Bornstein, M. R., Bellack, A. S., & Hersen, M. 1977　Social-skill training for unassertive children : An multiple baseline analysis. *Journal of Applied Behavior Analysis*, **10**, 183–195.

Caldwell, M. L., Taylor, R. L., & Bloom, S. R. 1986　An investigation of the use of high-and low-preference food as a reinforcer for increased activity of individuals with Prader-Willi syndrome. *Journal of Mental Deficiency Research*, **30**, 347–354.

Foxx, R. M., & Rubinoff, A. 1979　Behavioral treatment of caffeinism : Reducing excessive coffee drinking. *Journal of Applied Behavior Analysis*, **12**, 335–344.

引用文献一覧

Ader, R., & Cohen, N. 1982 Behaviorally conditioned immunosuppression and systematic lupus erythematosus. *Science*, 215, 1534-1536.

Alberto, P. A., & Troutman, A. C. 1986 *Applied behavior Analysis to teachers*: 2nd Ed. Bell & Howell Company. (佐久間　徹・谷　晋二 監訳　1992 『初めての応用行動分析』二瓶社.)

Appel, J. B., & Peterson, N. J. 1965 Punishment: Effects of shock intensity on response suppression. *Psychological Reports*, 16, 721-730.

Azrin, N. H., Huthinson, R. R., & Hake, D. F. 1966 Extinction induced aggression. *Journal of the Experimental Analysis of Behavior*, 9, 191-204.

Baer, D., & Sherman, J. A. 1964 Reinforcement control of generalized imitation in young children. *Journal of Experimental Child Psychology*, 1, 37-49.

Bandura, A. 1965 Influence of models' reinforcement contingencies on the acquisition of imitative responses, *Journal of Personality and Social Psychology*, 1, 589-595.

Baum, W. M. 1970 Extinction of avoidance responses through response prevention (flooding). *Psychological Bulletin*, 74, 276-284.

Baum, W. M. 1993 Performance on ratio and interval schedules of reinforcement: Data and theory. *Journal of the Experimental Analysis of Behavior*, 59, 245-264.

Brogden, W. J. 1939 Sensory pre-conditioning. *Journal of Experimental Psychology*, 25, 323-332.

Bruner, A., & Revusky, S. H. 1961 Collateral behavior in humans. *Journal of the Experimental Analysis of Behavior*, 4, 349-350.

Capaldi, E. D., Campbell, D. H., Sheffer, J. D., & Bradford, J. P. 1987 Conditioned flavor preferences based on delayed caloric consequences. *Journal of Experimental Psychology: Animal Behavior Processes*, 13, 150-155.

- Catania, A. C., & Cutts, D. 1963 Experimental control of superstitious responding in humans. *Journal of the Experimental Analysis of Behavior*, **6**, 203-208.
- Catania, A. C. 1975 Freedom and knowledge : An experimental analysis of preference in pigeons. *Journal of the Experimental Analysis of Behavior*, **24**, 89-106.
- Catania, A. C, Matthews, B. A., & Shimoff, E. H. 1982 Instructed versus shaped human verbal behavior: Interactions with nonverbal responding. *Journal of the Experimental Analysis of Behavior*, **38**, 233-248.
- Cooper, J. O., Heron, T. E., & Heward, W. L. 2007 *Applied behavior analysis :* 2nd Ed. Pearson Education, Inc（中野良顯 2013 応用行動分析学 明石書店.）
- Davenport, D. G., & Olson, R. D. 1968 A reinterpretation of extinction in discriminated avoidance. *Psychonomic Science*, **13**, 5-6.
- De Houwer, J., Thomas, S., & Baeyens, F. 2001 Associative learning of likes and dislikes : A review of 25 years of research on evaluative conditioning. *Psychological Bulletin*, **127**, 853-869.
- Dougherty, D. M., & Lewis, P. 1991 Stimulus generalization, discrimination learning, and peak shift in horses. *Journal of the Experimental Analysis of Behavior*, **56**, 97-104.
- Duncan, B., & Fantino, E. 1972 The psychological distance to reward. *Journal of the Experimental Analysis of Behavior*, **18**, 23-34.
- Epstein, S., & Burstein, K, R. 1966 A replication of Hovland's study of generalization to frequencies of tone. *Journal of Experimental Psychology*, **72**, 782-784.
- Epstein, R. 1984 Spontaneous and deferred imitation in the pigeon. *Behavioural Processes*, **9**, 347-354.
- Epstein, R. 1985 Extinction-induced resurgence : Preliminary investigations and possible appreciations. *Psychological Record*, **35**, 143-153.
- Falk, J. L. 1961 Production of polydipsia in normal rats by an intermittent food schedule. *Science*, **133**, 195-196.
- Fantino, E. J., Sharp, D., & Cole, M. 1966 Factors facilitating lever-press avoidance. *Journal of Comparative and Physiological Psychology*, **62**, 214-217.

Fitzgerald, R. D., & Teyler, T. J. 1970 Trace and delayed heart-rate conditioning in rats as a function of US intensity. *Journal of Comparative & Physiological Psychology*, 70, 242-253.

Grace, R. C. 1996 Choice between fixed and variable delays to reinforcement in the adjusting-delay procedure and concurrent chains. *Journal of Experimental Psychology: Animal Behavior Processes*, 22, 362-383.

Gustavson, C. R., Kelly, D. J., Sweeny, M., & Garcia, J. 1976 Prey-lithium aversions: Coyotes and wolves. *Behavioral Biology*, 17, 61-72.

Guthrie, E. R., & Horton, G. P. 1946 *Cats in a puzzle box*. New York: Holt, Rinehart and Winston.

Harzem, P., & Miles, T. R. 1978 *Conceptual issues in operant psychology*. Chichester: John Wiley & Sons.

Herman, R. L., & Azrin, N. H. 1964 Punishment by noise in an alternative response situation. *Journal of the Experimental Analysis of Behavior*, 7, 185-188.

Hernstein, R. J., & Hineline, P. N. 1966 Negative reinforcement as shock-frequency reduction. *Journal of the Experimental Analysis of Behavior*, 9, 421-430.

Herrick, R. M., Myers, J. L., & Korotkin, A. L. 1959 Changes in S^D and in S^Δ rates during the development of an operant discrimination. *Journal of Comparative and Physiological Psychology*, 52, 359-363.

Horne, P. J., & Lowe, C. F. 1996 On the origins of naming and other symbolic behavior. *Journal of the Experimental Analysis of Behavior*, 65, 185-241.

Howard, M. L., & White, K. G. 2003 Social influence in pigeons (COLUMBA LIVIA): The role of differential reinforcement. *Journal of the Experimental Analysis of Behavior*, 79, 175-191.

Hursh, S., & Fantino, E. 1974 An appraisal of preference for multiple versus mixed schedules. *Journal of the Experimental Analysis of Behavior*, 22, 31-38.

今田 寛 1996 『学習の心理学』培風館.

実森正子・中島定彦 2000 『学習の心理:行動のメカニズムを探る』サイエンス社.

Jones, M. C. 1924 A laboratory study of fear: The case of Peter. *Peda-

gogical Seminary, 31, 308-315.

Jones, M. C. 1974 Albert, Peter, and John B. Watson. *American Psychologist*, 29, 581-583.

Kamin, L. J. 1968 "Attention-like" processes in classical conditioning. In M. R. Jones (Ed.), *Miami symposium on the prediction of behavior : Aversive stimulation*. Coral Gables, FL: University of Miami Press. pp.9 − 31.

Katzev, R. D.,& Berman, J. S. 1974 Effect of exposure to conditioned stimulus and control of its termination in the extinction of avoidance behavior. *Journal of Comparative and Physiological Psychology*, 87, 347-353.

Keller, F. S., & Schoenfeld, W. N. 1950 *Principles of psychology : A systematic text in the science of behavior*. New York: Appleton-Century-Crofts.

Kendall, S. B. 1974 Preference for intermittent reinforcement. *Journal of the Experimental Analysis of Behavior*, 21, 463-473.

Kendall, S. B. 1989 Risk-taking behavior of pigeons in a closed economy. *The Psychological Record*, 39, 211-220.

Kimble, G. A. 1961 *Hilgard and Marquis' Conditioning and Learning*. New York : Appleton-Century-Crofts, pp.281.

Laraway, S., Snycerski, S., Michael, J. & Poling, A. 2003 Motivating operations and terms to describe them: Some further refinements. *Journal of Applied Behavior Analysis*, 36, 407-414.

Lattal, K. A. 2010 Delayed reinforcement of operant behavior. *Journal of the Experimental Analysis of Behavior*, 93, 129-139.

Lowe, F. C., Beasty, A., & Bentall, R. P. 1983 The role of verbal behavior in human learning: Infant performance on flxed-interval schedules. *Journal of the Experimental Analysis of Behavior*, 39, 157-164.

Matthews, B. A., Shimoff, E., Catania, A. C., & Sagvolden, T. 1977 Uninstructed human responding: Sensitivity to ratio and interval contingencies. *Journal of the Experimental Analysis of Behavior*, 27, 453-467.

Michael, J. 1982 Distinguishing between discriminative and motivational functions of stimuli. *Journal of the Experimental Analysis of Behavior*, 37, 149-155.

Miller, N. E., & Dollard, J. 1941 *Social learning and imitation.* New Haven : Yale University Press.

Miltenberger, R. G. 2001 *Behavior modification: Principles and procedures.* 2 nd Ed. Wadsworth Pub Co. (園山繁樹他訳 2006 『行動変容法入門』二瓶社.)

中島定彦 1995 見本合わせ手続きとその変法 行動分析学研究, **8**, 160-176.

Neuringer, A., & Neuringer, M. 1974 Learning by following a food source, *Science*, **184**, 1005-1008.

Nevin,J. A. 1983 The analysis of behavioural momentum. *Journal of the Experimental Analysis of Behavior*, **39**, 49-59

日本行動分析学会 2014 日本行動分析学会体罰に反対する声明 行動分析学研究, **29**, 96-107.

Pages, S., & Neuringer, A. 1985 Variability is an operant. *Journal of Experimental Psychology: Animal Behavior Processes*, 11, 429-452.

Porter, D., & Neuringer, A. 1984 Music discrimination by pigeons. *Journal of Experimental Psychology : Animal Behavior Processes*, 10, 138-148.

Premack, D. 1962 Reversibility of the reinforcement relation. *Science*, **136**, 255-257.

Premack, D. 1965 Reinforcement theory. In D. Levine (Ed.), *Nebraska symposium on motivation, Vol. XIII,* 123-180.

Rachlin, H., Raineri, A., & Cross, D. 1991. Subjective probability and delay. *Journal of the Experimental Analysis of Behavior,* **55**, 233-244.

Rescorla, R. A. 1988 Pavlovian conditioning : It's not what you think it is. *American Psychologist*, **43**, 151-160.

Rescorla. R. A., & Wagner, A. R. 1972 A theory of Pavlovian conditioning : Variations in the effectiveness of reinforcement and nonreinforcement. In A. H. Black & W. F. Prokasy (Eds.), *Classical conditioning II : Current research and theory.* pp. 64-99. New York: Appleton-Century-Crofts.

Robert, M. 1990 Observational learning in fish, birds, and mammals: A classified bibliography spanning over 100 years of research. *The Psychological Record*, **40**, 289-311.

Rodriguez, G., & Alonso, G. 2002 Latent inhibition as a function of CS intensity in taste aversion learning. *Behavioural Processes*, **60**, 61-67.

Seligman, M. E. P., & Maier, S. F. 1967 Failure to escape traumatic shock. *Journal of Experimental Psychology*, **74**, 1-9.

Sidman, M. 1994 *Equivalence relations and behavior: A research story*. Boston, M. A : Authors Cooperative.

Sidman, M., & Tailby, W. 1982 Conditional discrimination vs. matching-to-sample : An expansion of the testing paradigm. *Journal of the Experimental Analysis of Behavior*, **37**, 5-22.

Skinner, B. F. 1938 *The behavior of organism*. New York : Appleton-Century-Crofts.

Skinner, B. F. 1948 "Superstition" in the pigeon. *Journal of Experimental Psychology*, **38**, 168-172.

Skinner, B. F. 1950 Are theories of learning necessary? *Psychological Review*, **57**, 193-216.

Skinner, B. F. 1953 *Science and human behavior*. New York: Macmillan. (河合伊六 他訳 2003『科学と人間行動』二瓶社.)

Skinner, B. F. 1957 *Verbal behavior*. New York : Appleton-Century-Crofts.

Skinner, B. F. 1971 *Beyond freedom and dignity*. New York: Alfred A. Knopf, Inc.

Skinner, B. F. 1986 The evolution of verbal behavior. *Journal of the Experimental Analysis of Behavior*, **45**, 115-122. (岩本隆茂・佐藤香・長野幸治監訳 1996 言語行動の進化.『人間と社会の省察：行動分析学の視点から』勁草書房.)

Skinner, B. F. ／佐藤方哉訳 1990 『罰なき社会』行動分析学研究, **5**, 87-106.

Solvason, H. B., & Ghanata,V., & Hiramoto, R. H. 1988 Conditioned augmentation of natural killer cell activity : Independence from nociceptive effects and dependence on interferon-B. *Journal of Immunology*, **140**, 661-665.

Spence, K. W., & Norris, E. B. 1950 Eyelid conditioning as a function of the inter-trial interval. *Journal of Experimental Psychology*, **40**, 716-720.

杉山尚子・島宗理・佐藤方哉・マロット, R. W.・マロット, M. E. 1998 『行動分析学入門』東京：産業図書.

Terrace, H. S. 1963 b Errorless transfer of a discrimination across two continua. *Journal of the Experimental Analysis of Behavior*, **6**,

223-232.

Thorndike, E. L. 1911 *Animal intelligence.* New York : Macmillan.

Todrank, J., Byrnes, D., Wrzesniewski, A., & Rozin, P. 1995 Odors can change preferences for people in photographs : A cross-modal evaluative conditioning study with olfactory USs and visual CSs. *Learning and Motivation*, **26**, 116-140.

Vaughan, M. E., & Michael, J. L. 1982 Automatic reinforcement : An important but ignored concept. *Behaviorism*, **10**, 217-227.

Wagner, G. A., & Morris, E. K. 1987 "Superstitious" behavior in children. *The Psychological Record*, **37**, 471-488.

Wanchisen, B. A., Tatham, T. A., & Mooney, S. E. 1989 Variable-ratio conditioning history produces high-and low-rate fixed-interval performance in rats. *Journal of the Experimental Analysis of Behavior*, **52**, 167-179.

Watson, J. B. 1936 *Behaviorism.* (安田一郎訳　1980　『行動主義の心理学』河出書房新社.)

Watanabe, S., Sakamoto, J., & Wakita, M. 1995 Pigeons' discrimination of paintings by Monet and Picasso. *Journal of the Experimental Analysis of Behavior*, **63**, 165-174.

Watson, J. B., & Rayner, R. 1920 Conditioned emotional reactions. *Journal of Experimental Psychology*, **3**, 1-14.

「あとがき」にかえて

　「まえがき」で,「本書が想定している読者は,心理学あるいは,人間のこころや行動に興味を持っている一般の方々である」と書いたが,一般向けにしては本書が扱っている内容はかなり高度で専門的である。執筆にあたっては,その難解な内容を,できるかぎり心理学が初めての人でもわかってもらえるように腐心したつもりである。

　筆者は 2003 年 3 月から 1 年間,イギリスのウェールズ大学に滞在し,そこで何人かの日本からの留学生に出会った。かれらは経済的,言語的,社会的などさまざまな制約の中で,それでも目を輝かせて心理学を学んでいた。もちろん,日本で教員として働くなかでも多くの人たちが心理学を真剣に学ぶ姿を見てきた。筆者が本書を執筆するときに読者として想定したのは,実はそういう人たちであった。かれらの興味はかならずしも学習や行動の分野に限ったものではないが,どの分野を学ぶにしろ,しっかりとした「行動の基礎」を身につけてほしい,そのためには,体系的かつわかりやすい本が必要だと考えたのである。

　かく言う筆者自身も,まだ行動のことが十分にわかっているわけではない。本書は現段階での筆者の考えをひとまずまとめたものであるが,考え違いや誤りが各所にあるのではないかと思う。読者の皆様のご意見やご批判をステップにして,さらに内容を充実させていきたいと考えている。

　おわりに,日本行動分析学会のニュースレターに掲載した「私と行動分析学との出会い」というエッセイを日本行動分析学会の許可を得て,転載させていただくことにした。

「あとがき」にかえて

私と行動分析学との出会い

　私が行動分析学と出会ったのはかなり昔であるが，その真価を理解し本格的に研究に携わるようになったのは比較的最近のことである。最初の出会いは1966年に佐藤方哉先生の原典講読という授業でスキナーの"*Science and human behavior*"を読んだときである。その時私は慶応義塾大学の2年生で佐藤先生もまだ30代半ばのお若さであった。佐藤先生は「こういうことだと思うんだよね」といいながら，自らの考えを確かめるように要所要所を解説してくださった。しかしながら，専門課程に進んだばかりの私にとっては，スケールの大きな考えだなという印象を持ったぐらいでほとんど何も分からなかった。副読本として，Holland & Skinnerの"*The analysis of behavior*"をプログラム学習形式で自習した。こちらの方はたとえば，「respondentは反応がelicitされる」「operantは反応をemitする」といったようなことを繰り返し繰り返し答えるもので，内容的にはそれほど難しくなかったのでとりたてて何かを学んだという印象はないが，ボディブロウのように後になってその効果は出てくるようである。

　大学生活の後半になって私は，心理学とは別に哲学や宗教の本をよく読むようになった。父が私が大学3年のときに他界するまで6年間癌を病んでいたこともあって，生や死ということをより身近に感じていたためであろう。いろいろな本を読み進むうち宗教の中でも仏教，仏教の中でも禅，禅の中でも道元というように共鳴するものが局限されてきた。時間があれば三田の煉瓦の図書館で道元の「正法眼蔵（しょうぼうげんぞう）」を読みふけっていたことを思い出す。

日本行動分析会ニュースレター　J-ABAニュース　1999春号 No.15より収録。

卒業論文も禅に関連したものにしたいと考え，恐る恐る小川隆先生に尋ねてみたら，「面白そうだからやってみたらどうですか」と，鶴見の総持寺で2週間泊り込みの実験ができるような配慮までしてくださった。当時助手であった河嶋孝先生は車で機材を運んでくださり，先輩の浅野俊夫さんには機器の使い方や実験実施のすべてにわたってご指導いただいたが，中でも浅野さんらしさとして印象に残っているのは，GSRに交流障害が出て困ったときに，実験室として借用した和室の火鉢のなかから火箸を1本引き抜き，アースがわりに苔むした庭にさして問題を解決したことである。佐藤方哉先生には実験計画についていろいろとアドバイスをいただいた。こうして考えてみると現在の日本行動分析学会の常任理事でいらっしゃるそうそうたる先生方のお世話になった訳で，思い出すと頭が上がらなくなるので，なるべく思い出さないようにしている。

　大学卒業後，生活のこともあったので就職するか進学するか悩んだが，結局進学することにした。秋重義治という先生が九州大学から駒澤大学に移られて禅の心理学を研究する大学院を開設したので行ってみたらどうかという小川先生の勧めで駒澤大学の大学院に進学した。そのため行動分析学とはますます遠ざかることになった。

　秋重先生は院生にテーマを与えるという方式をとっており，私に与えられたテーマは「信の態度に関する心理学的研究」というものであった。信の態度と言われてもよく分からず，「信仰」とは違うのかとか「モチベーション」と考えていいのかなどと聞いたら，そんな瑣末なことではなく，カントの「構想力」やショーペンハウアーの［盲目的意志］にも通じる根源的なものだということであり，私のテーマの目的はその信の態度の働きを実験的に明らかにすることなのであった。最初のうちは何でも面白く張り切って勉強していたが，研究

を進めるうちに何か違うという印象を抱き始めた。「生理」レベルのデータを「認知」レベルで説明し、さらに「概念」レベルで統括する。あるいは、「概念」レベルの事柄を「認知」レベルに翻訳し、さらにそれを「生理」レベルに還元して実証する、好きで選んだ道とはいえ、そのような作業にやがて行き詰まりを感じるようになった。博士課程の後半の頃、ついに何かの実験のことで秋重先生とお話した折に「もうこれ以上はできません」と申し上げ、それから1年ほどは研究からもまた研究室からも離れていた。

　1年遅れて博士課程を満期退学してからしばらくは非常勤講師をしながら、自分の今後の研究について考えた。折角やりかけた「信」の研究を無駄にせず、かつ、自分に納得できる研究ができないだろうか。そこで考えたのが「確信」と「迷信」である。授業の終わった教場で文献を読み、かつ、実験のデザインを考え、学生に残ってもらって予備実験をする日々が続いた。この間に私は、スキナーの著作や行動分析学に関する文献を読みながら、同一レベルのテクニカルタームで、飛躍せず着実に知識を積み上げて行くスタイルに「肌合いが合う」ことを実感した。

　1979年、32歳の時に駒澤大学の専任講師に採用された。云うことを聞かなかった弟子を秋重先生が採用してくださったのである。私は専任に採用されたとき、これまではあれこれ方向が定まらなかったが、これからは落ち着いて研究や教育に時間を費やそうと思った。早速、オペラント行動実験用のレバー装置を向島の鉄工所に発注し、制御回路を学生達と試作して、人間を被験者とした「迷信行動」の実験を開始した。1983年に、初めてABA（国際行動分析学会）に参加し、迷信行動の研究を発表した。そのときスキナーの直弟子であるメリーランド大学ボルティモア校のカタニア教授が研究に興味を持って、いろいろ貴重な助言をしてくれた。この

出会いがきっかけとなって1985年から1987年にかけて1年半あまり，カタニア先生のもとで在外研究を行い，行動分析学について多くを学び，またたくさんの行動分析家とも知り合うことができた。アメリカから帰国後，折よく駒澤大学の心理学実験室が移転することになり，その機会にハトの実験室を作ることが認められ，1988年9月に動物実験を行う環境も整った。

　このように私と行動分析学との本当の意味での出会いはごく最近のことで，巡りめぐって行動分析学にたどり着いたという感じである。従って，分からないことも多いが，一方，知らないことを学ぶ度に新しい発見があり，新しい行動分析学との出会いがあるという喜びもある。特にうれしいのは，少し僭越な言い方ではあるが，スキナーの著作を読んでいて自分と同じことを考えていたんだなということを発見したときである。芭蕉がいう「古人の跡を求めず，古人の求めたるところを求めよ」ということであろうか。

　つい先日，私の大学院ゼミの学生であった山岸直基君が，資料室にある故秋重義治先生の文庫の中にスキナーの"*Cumulative record*"があることを発見した。その本の見返しには，端正な筆致でスキナーのサインと献辞が書かれている。記録によれば，確かに秋重先生は日本学術会議の視察団の一員として1961年にハーバード大学を訪れスキナーに出会っていたのである，それも私よりもはるか前に。この際，この本をしばらく拝借して研究室の机の上に置かせてもらおうと思っている。場所はスキナーが"*Cumulative record*"を捧げたBoringの"*A history of experimental psychology*"の隣である。

索　引

人名索引

アズリン（Azrin, N. H.）　180, 203, 208, 209, 212
アルバート（Albert）　68
岩淵（Iwabuchi, K.）　237
ウィノグラッド（Winograd, E.）　179
ウィン（Wynne, L. C.）　175, 186
エイダー（Ader, R）　100
エプスタイン（Epstein, R.）　327, 329
小野（Ono, K.）　237, 309
ガスリー（Guthrie, E. R.）　2, 307
カタニア（Catania, A. C.）　136, 141, 142, 314
カッゼヴ（Katzev, R. D.）　193
カッツ（Cutts, D.）　314
ガリツィオ（Galizio, M.）　278
ガルシア（Garcia, J.）　93
キャンプ（Camp, D. S.）　206
グラント（Grant, D. A.）　63
グリーン（Green）　301
ケラー（Keller, F. S.）　250
ケーリング（Koelling, R. A.）　93
コール（Cole, M.）　189
坂本（Sakamoto, J.）　249
サグボールデン（Sagvolden, T.）　141
ジェンキンス（Jenkins, H. M.）　223, 226, 227

シェーンフェルド（Schoenfeld, W. N.）　250
シドマン（Sidman, M.）　186, 187, 191, 265, 267, 268
シモフ（Shimoff, E.）　141, 142
シャープ（Sharp, D.）　189
シャーマン（Shennan, J. A.）　330
シュミット（Schmitt, D. R.）　332
ジョーンズ（Jones, M. C.）　69
スキナー（Skinner, B. F.）　2, 23, 33, 113, 133, 167, 217, 253, 255, 260, 315
スペンス（Spence, K. W.）　2
世阿弥　33
セリグマン（Seligman, M. E. P.）　181
ソルバソン（Solvason, H. B.）　101
ソロモン（Solomon, R. L.）　175, 186
ソーンダイク（Thorndike, E. L.）　2, 110, 113, 327
タサム（Tatham, T. A.）　143
チャーチ（Church, R. M.）　206
ディンスムア（Dinsmoor, J. A.）　179
デカルト（Descartes, R.）　21
デプキー（Doepke, K. J.）　286
テラス（Terrace, H. S.）　234
道元　32
トドランク（Todrank, J.）　99

ドラード（Dollard, J.） 326
トールマン（Tolman, E. C.） 2
ニューリンジャー（Neuringer, A.） 162, 249, 325
ニューリンジャー（Neuringer, M.） 325
ネーヴィン（Nevin, J. A.） 154
ノリス（Norris, E. B.） 63
ハインライン（Hineline, P. N.） 196
ハーゼム（Harzem, P.） 115, 201
ハータップ（Hartup, W. W.） 328, 329
パブロフ（Pavlov, I. P.） 2, 57, 83
ハーマン（Herman, R. L.） 193, 208
ハリソン（Harison, R. H.） 223, 226, 227
ハル（Hull, C. L.） 2
ハーンスタイン（Hernstein, R. J.） 196, 248, 249, 294, 296
ハンソン（Hanson, H. M.） 230, 233
バンデューラ（Bandura, A.） 330
ハンフレイズ（Humphreys, L.） 74
ビースティ（Beasty, A.） 142
ファースター（Ferster, C. B.） 133, 216
ファンティノ（Fantino, E. J.） 189
プラトン（Plato） 21
ブルーナー（Bruner, A.） 313
プレマック（Premack, D.） 120
ベア（Baer, D.） 330
ヘイク（Hake, D. F.） 180, 203, 212
ページ（Page, S.） 162
ヘリック（Herrick, R. M.） 228
ベントール（Bentall, R.） 142
ポーター（Porter, D.） 249
ホートン（Horton, G. P.） 307
ホルツ（Holz, W. C.） 180, 203, 209
ホーン（Horne, P. J.） 260, 269, 271

マイケル（Michael, J.） 38
マイルズ（Miles, T. R.） 115, 201
マーチン（Martin, I.） 97
マッキーニー（McKearney, J. W.） 190
マッキントッシュ（Mackintosh, N. J.） 240
マヒューズ（Matthews, B. A.） 141, 412
ミラー（Miller, N. E.） 326
ムーニー（Mooney, S. E.） 143
モース（Morse, W. H.） 315
モリス（Morris, E. K.） 312
ラックリン（Rachlin） 301
ラッタル（Lattal, K. A.） 168, 286
ラブランド（Loveland, D. H.） 248, 249
リトル（Little, L.） 240
レイナー（Rayner, R.） 68
レイノルズ（Reynolds, G. S.） 239, 243
レイモンド（Raymond, G. A.） 206
レヴィ（Levey, A. B.） 97
レヴュスキー（Revusky, S. H.） 313
レスコーラ（Rescorla, R. A.） 88
ロー（Lowe, F. C.） 142, 260, 269, 271
ローゼンクランス（Rosenkrans, M. A.） 328, 329
ロバーツ（Roberts, S.） 134
ロバート（Robert, M.） 328
ワイス（Weis, K. M.） 172
ワイナー（Weiner, H.） 143, 214
脇田（Wakita, M.） 249
ワーグナー（Wagner, G. A.） 312
渡辺（Watanabe, S.） 249
ワトソン（Watson, J. B.） 68
ワンチセン（Wanchisen, B. A.） 143

事項索引

あ 行

アセスメント 344
R-S間隔 90, 187
意識 6, 102
意識レベル 20
1次性強化子 119
異反応分化強化 161
イメージ 23, 271
イントラバーバル 257
隠蔽 82
ウィンステイ, ルーズシフト 319
エコーイック 256, 262
S-S間隔 90, 186
S-O-R 6
ABAデザイン 345
ABデザイン 348
FIスケジュール 133
FRスケジュール 131
塩化リチウム 93
延滞条件づけ 65
応用行動分析学 3, 342
応用行動分析誌 3
オートクリティック 257
オペラントクラス 156
オペラント行動 5, 43, 47, 104
オペラント条件づけ 104, 105, 194
オペラントレベル 106
音声言語行動 251
音声模倣 263

か 行

外在性強化子 121
概念 245
回避行動 175
回避条件づけ 175
科学と人間行動 3
学習 50

学習心理学 50
学習性絶望 181
確立操作 37, 38, 105, 124
仮説的構成概念 8, 27
活動性強化子 120
カテゴリ化 247
間隔DRH 159
間隔DRL 159
感覚的迷信 310, 315
間欠強化 130
眼瞼(瞬目)反射 18, 56, 75
観察学習 324, 327
感性予備条件づけ 83
完了反応 145
器官 15
聞き手行動 260
基準変更デザイン 352
拮抗条件づけ 76
機能的刺激クラス 247
機能分析 198
キーペッキング 122
逆向連鎖法 172
逆行条件づけ 65
吸啜反射 56
強化 38, 44, 105, 115
 ——の遅延 167
驚愕反応 56
強化後の反応休止 131
強化子 117
強化刺激 117
強化スケジュール 128
強化遅延勾配 168
教示 62
強制選択 299, 339
競争行動 332
競争随伴性 333
強度 157

共同注視　261
恐怖条件づけ　64, 90
協力行動　332
協力随伴性　333
偽ルール　281, 317
偶然的強化　307
屈曲反射　18, 56
継時弁別　227
系統発生　9, 336
結合スケジュール　166
嫌悪化　39, 202
嫌悪刺激　175, 202
言語　11
　—の使用　140
言行一致　285
言語オペラント　254
言語共同体　253
言語行動　3, 251, 253
言語的シンボル　268
嫌子　118
効果の法則　2, 112, 167
攻撃行動　184
好子　118
高次（2次）条件づけ　83
後続事象　38, 105
行動の変動性　162
行動間多層ベースラインデザイン　348
行動形成　123
行動契約　353
行動次元　156
行動主義　2
行動随伴性　38, 44, 114
行動対比　229
行動分析学　2
行動モメンタム　155
行動レパートリー　156
行動レベル　20
行動連鎖　169

高反応率分化強化（DRH）　158
興奮過程　74
国際行動分析学会　5
こころ　6
個人随伴性　333
コスト　214
個体差　336
個体発生　9, 336
骨格筋系　18
固定間隔（FI）スケジュール　133
固定時間（FT）スケジュール　307
固定遅延強化　300
固定的活動パターン　169
固定比率スケジュール　131
古典的条件づけ　57
コンカレント迷信　313
混合スケジュール　164
痕跡条件づけ　66
コントロール条件　98

さ　行

3項随伴性　105
参照視　261
恣意的刺激クラス　247
恣意的見本合わせ　265
シェイピング　123, 259
時間スケジュール　306
時間的接近　167
刺激　6
刺激クラス　245
刺激次元　226, 240
刺激性制御　108, 221
刺激等価性　267
刺激統制　221
刺激場面間多層ベースラインデザイン　348
刺激般化　226
次元外シフト　241
次元内シフト　241

試行間隔　67
試行錯誤行動　110
自己受容感覚　18
自己生成ルール　284
自己罰行動　190
自己モニタリング　354
自己ルール　142, 284
視床下部　19
事象記録　129
自然的概念　245
自然的環境　36
持続時間　157
持続時間分化強化（DRD）　160
膝蓋腱反射　43
実験神経症　80
実験セッティング　145
実験的行動分析学　342
実験的行動分析誌　3
実験箱馴致訓練　125
私的出来事　23, 102
自動的強化子　121
自動的反応形成　128
シドマン型回避　89, 186
自発的回復　72, 150
自閉性障害　305
社会的学習理論　330
社会的強化子　120
社会的嫌悪刺激　203
社会的刺激　36
社会的随伴性　321
社会的存在　13
社会・文化的環境　36
弱化　38, 44, 105, 115, 200
写真-写真パラダイム　98
遮断化　39, 202
シャトル箱　176, 182
習慣的行動　262
自由選択　299, 339
従属変数　30, 344

循環論　31
順向連鎖法　171
消化腺　57
消去　71, 129, 146
消去抵抗　74, 146
消去手続き　71
消去バースト　149
消去誘発性攻撃行動　149
消去誘発性行動変動　149
条件交替デザイン　350
条件刺激（CS）　60
条件性強化子　119
条件性嫌悪刺激　180, 203, 211
条件性情動反応　67
条件性食物選好　96
条件性弁別　243
条件性免疫抑制　100
条件性抑制　212
条件反応（CR）　60
象徴の見本合わせ　266
衝動性　299
正法眼蔵　32
情報刺激　300
省略訓練　160
除去デザイン　345
植物性器官　16
自律神経系　19
信号付遅延　168
人工的概念　246
新行動主義　2
信号なし遅延　168
身体　12, 15
身体器官　15
心電図　24
推移性　267
随意反応　18
随伴性形成行動　276
随伴操作　107
スキャロップ　134

スケジュールパフォーマンス 140
スケジュール誘発性多飲 29
性格 31
生活体 9
制止過程 74
精神主義 4, 32
精神的分泌 57
生体 6, 9
　—の行動 2
生体防御器官 16
生得の反応連鎖 169,
正の強化 115, 203
正の弱化 115, 200
正の罰 200
生物学的制約 49
生理的早産 13
生理レベル 20
セットアップ 133
セルフコントロール 299
全課題提示法 172
選好 298
先行経験 181
先行刺激 105
先行事象 38
潜時 157
選択行動 292
選択交配 337
双曲線関数 304
即時強化 167
阻止 82

た　行

対応法則 294, 296
対称性 267
対処行動 184
代替行動分化強化（DRA） 161
体内時計 134
タイムアウト 213, 215
代理強化 324

唾液分泌反応 58
択一スケジュール 166
タクト 256
　—の学習 258
多元スケジュール 163
他行動文化強化（DRO） 160
他者ルール 284
多層ベースラインデザイン 348
多標本実験デザイン 338, 344
単一被験体法 3, 339, 343
遅延価値割引 304
遅延強化 167
遅延大強化 299
逐次接近法 126, 259
注意 240
注意欠陥／多動性障害 305
中枢神経系 19
中性刺激（NS） 59
聴衆 273
頂点移動 230, 233
直後小強化 299
直列スケジュール 164, 170
対提示 60
定位反射 59
定速度反応分化強化（DRP） 160
低反応率分化強化（DRL） 159
テクスチュアル 257
電気刺激 176, 182, 203
同一見本合わせ 267
等価性 267
道具的条件づけ 106
同時弁別 227
道具の使用 11
動作模倣 263
同時条件づけ 65
同時見本合わせ 265
同反応分化強化 162
逃避行動 175, 184
逃避条件づけ 175

索　引

動物実験　12
動物性器官　16
独立変数　30, 344
トークン　119
トポグラフィ　157

な　行

内在性強化子　121
内臓器官　17
内的原因　26
内的構成概念　4, 27
内的事象　7
ナチュラルキラー細胞　101
2過程理論　194
2次性強化子　119
日本行動分析学会　5
2要因理論　194
認知心理学　4
認知的理論　195
ネイミング　268
脳脊髄神経系　48

は　行

把握反射　56
媒介変数　7
バースト　131
パーソナリティ　340
罰　118, 200
罰訓練　203
罰子　118
罰対比効果　211
バビンスキー反射　43, 56
パフ　62, 75
バブリング　262
パブロフ型条件づけ　57
般化　77
般化勾配　77, 226
般化模倣　263, 289, 330
反射性　267

般性強化子　119, 145
反転デザイン　345
反応　6, 48
反応間間隔（IRT）　313, 314
反応切替時強化遅延（COD）　295, 314
反応コスト　212, 214
反応時間制限（LH）　134
反応生成ショック　190
反応ブロッキング　193
ハンフレイズ効果　75
ピーク手続き　134
被験者間多層ベースラインデザイン　348
皮膚電位反応　24
非分割遅延　300
非弁別回避条件づけ　185
非弁別回避手続き　278
評価条件づけ　97
漂流現象　310
非両立行動分化強化（DRI）　161
VIスケジュール　136, 337
VIヨークト手続き　137
VRスケジュール　132, 337
VRヨークト手続き　137
フィーダートレーニング　125
風姿花伝　32
フェイドアウト　235
フェイドイン　234
不確実強化　300
複合強化スケジュール　129
複合刺激　239
複合条件づけ　82
不随意反応　18
復活　153
物理的刺激　36
物理的刺激クラス　245
負の強化　115, 174
負の弱化　115, 200, 212

負の罰　200
部分強化　129, 130
部分強化効果　75
フラッディング　193
フリーオペラント回避　186
フリージング　196
ブレイクアンドラン　131
プレマックの原理　120
プロンプト刺激　258
分化強化　124, 158
分化強化スケジュール　129
分化条件づけ　79
分割遅延　300
並行スケジュール　165
並立スケジュール　165, 191, 293
並立連鎖スケジュール　293, 297
ベースライン　344
変化抵抗　153
変動間隔（VI）スケジュール　135, 307
変動時間スケジュール　309
変動遅延強化　300
変動比率（VR）スケジュール　132
弁別　79, 226
弁別オペラント　226
弁別回避条件づけ　185
弁別後般化勾配　230
弁別刺激　37, 43, 105, 220
防御反応　196
飽和化　39, 202

ま　行

末梢神経系　19
マンド　256
味覚嫌悪学習　61, 93
見本合わせ手続き　265
見本合わせ法　247
無誤弁別　234

無条件刺激（US）　58
無条件性強化子　119
無条件性嫌悪刺激　202
無条件反応（UR）　59
名称関係　268
迷信行動　306
命名　268
免疫機構　16
文字言語行動　251
モデル　328
模倣　324
摸倣行動　263, 288, 324
問題箱　2

や　行

やる気　27
誘発刺激　37, 43, 58
ヨークトコントロール　136
4項随伴性　243

ら・わ　行

理解　264, 271
リセットありの遅延　168
リセットなしの遅延　168
立毛反射　43
履歴効果　237
臨床試験　11
累積記録　129
ルール　277, 317
ルール支配行動　276
レスコーラ・ワーグナー理論　88
レスポンデント行動　5, 43, 47, 56
レスポンデント条件づけ　87, 194
連鎖化　171
連鎖スケジュール　164, 170
連鎖的行動　164
連続強化　129, 130
ワーカー・パラサイト　336

著者略歴

小野 浩一（文学博士）
おの　こういち

1969年　慶應義塾大学文学部社会・心理・教育学科心理学専攻卒業
1975年　駒澤大学大学院人文科学研究科心理学専攻博士課程満期退学
1985年　文学博士（慶應義塾大学）
1997－2003年　日本行動分析学会理事長
1979－1989年　駒澤大学文学部社会学科心理学コース専任講師・助教授
1989－2017年　駒澤大学文学部心理学科教授
現　在　駒澤大学名誉教授

主要著書

『行動心理ハンドブック』（共著，培風館）

Behavior Analysis of Language and Cognition（共著, Context Press : Reno, NV）

『ことばと行動――言語の基礎から臨床まで――』（共著，ブレーン出版）

主要論文

Superstitious behavior in humans. *Journal of the Experimental Analysis of Behavior*, 1987, 47, 261-271.

帰納的判断の規定要因の検討――確信反応閾による行動論的分析――．心理学研究，1989, 59, 334-341.（1989年度日本心理学会研究奨励賞受賞）

Effects of experience on preference between forced and free choice. *Journal of the Experimental Analysis of Behavior*, 2004, 81, 27-37.

その他著書，論文多数

Ⓒ 小野 浩一 2016

2005年 5月16日	初 版 発 行
2016年 4月 8日	改訂版発行
2020年 9月30日	改訂第3刷発行

行 動 の 基 礎
豊かな人間理解のために

著 者 小野浩一
発行者 山本 格

発行所 株式会社 培風館

東京都千代田区九段前4-3-12・郵便番号102-8260
電 話(03)3262-5256(代表)・振 替00140-7-44725

東港出版印刷・牧 製本

PRINTED IN JAPAN

ISBN 978-4-563-05247-8 C3011